沈尹默五十岁标准像

沈尹默为青少年书写习字贴　新华社记者王子瑾摄

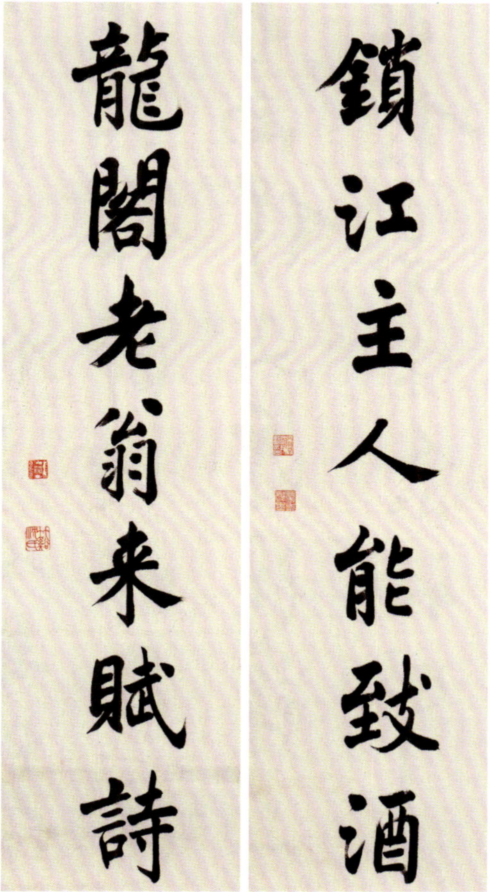

沈尹默楷书七言对联

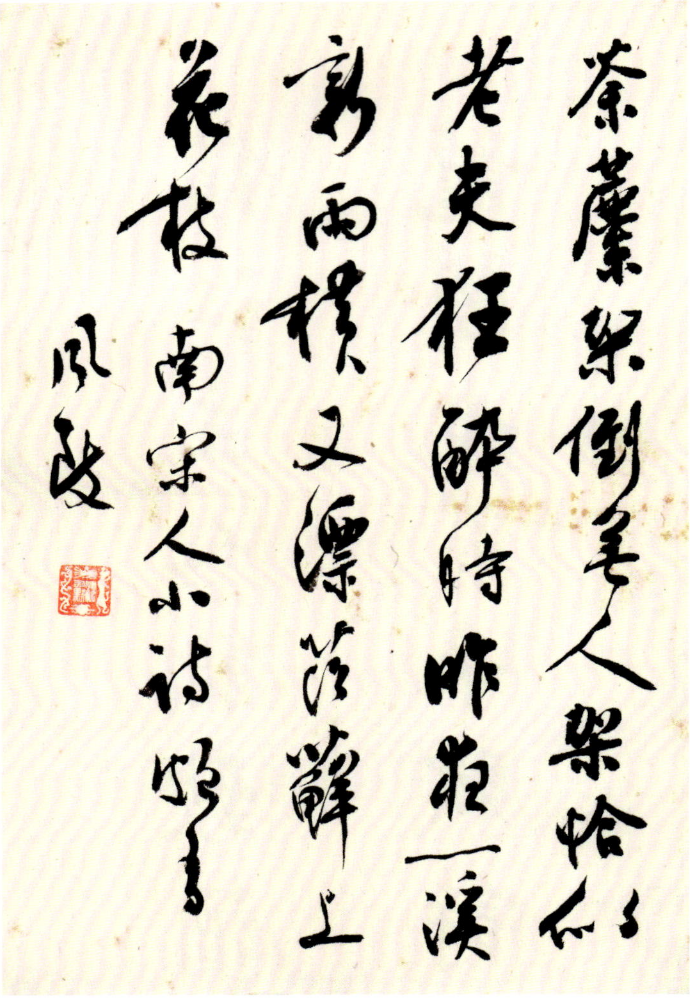

沈尹默书宋人诗："荼蘼架倒无人架，恰似老夫狂醉时。昨夜一溪新雨横，又漂苔藓上花枝。"

纵横百家

做 更 好 的 ……

沈尹默传

郦千明 · 著

中国大百科全书出版社

图书在版编目（CIP）数据

沈尹默传 / 郦千明著 .—北京：中国大百科全书出版社，2020.9

ISBN 978-7-5202-0830-7

Ⅰ . ①沈… Ⅱ . ①郦… Ⅲ . ①沈尹默（1883-1971）—传记 Ⅳ . ① DK825.72

中国版本图书馆 CIP 数据核字（2020）第 172293 号

出 版 人 刘国辉
策 划 人 曾 辉
责任编辑 帖慧祯 曾 辉
责任印制 常晓迪
封面设计 今亮后声
出版发行 中国大百科全书出版社
社 址 北京阜成门北大街 17 号
邮政编码 100037
电 话 010-88390969
网 址 www.ecph.com.cn
印 刷 北京地大彩印有限公司
规 格 710 毫米 ×1000 毫米 1/16
印 张 27.75
字 数 333 千字
印 次 2020 年 10 月第 1 版 2020 年 10 月第 1 次印刷
书 号 ISBN 978-7-5202-0830-7
定 价 88.00 元

序

写一部《沈尹默传》的打算在十多年前就有了。最初笔者穷尽式地搜集文献资料、采访沈氏亲友，然后对材料进行整理和考订，着手编写年谱。两年前，六十余万字的《沈尹默年谱》顺利出版，受到读者的欢迎，被《新京报·读书周刊》选入年度好书 88 本入围书单。不久，接到中国大百科全书出版社的邀约电话，撰写沈传的任务才最终确定下来。

关于沈尹默，大多数人第一个想到的是书法。其实，他首先是学者和诗人，然后才是书家。长期以来，由于书名太盛，以致他在其他方面的成就被严重低估了。他生前曾感叹："我无字不入诗，为诗坛之公认。平心而论，我之成就当以诗为第一，词次之，书法最下。世人不察，誉我之书法，实愧哉矣！"

沈尹默幼时上过几年私塾，靠自学打下坚实的旧学根基。23 岁自费留学日本，因家庭经济困难，被迫中途回国。民国初年，经人推荐到北京大学任教，正式登上大学的讲坛。其间，又在燕京大学、北京师范大学、北京女子师范大学等校兼课。他专攻古典文学，在北大国文系长期讲授"诗名著选""唐诗"等课程，曾编写《学术文录》《唐诗英华》等教材和讲义，是当时的著名教授和学者。20世纪30年代初，连续多年被北大聘为名誉教授，还一度担任研究所国学门研究生导师。他教书十分认真，注重启发式教育，鼓励学生勤于思考，不断总结学习心得，收到良好的教学效果。老北大学生沈雁冰（茅盾）曾著文回忆："沈尹默教国文，没有讲义，他说，他只指示研究学术的门径，如何博览，在我们自己。他教我们读庄子的《天下》篇，荀子的《非十二子》篇，韩非子的《显学》篇。他说先秦诸子各家学说的概况及其互相攻讦之大要，读了这三篇就够了。他要我们课本精读这些子书。他又说《列子》是伪书，其中还有晋人的伪作，但《杨朱》篇却保存了早已失传的'杨朱为我'的学说。"

由于喜爱古典诗词，沈尹默青年时代便开始学写旧体诗，一生创作宏富。1925年他将历年所作辑为《秋明集》，由北京书局印行。此书前诗后词，诗约百余首，词七十余阕。抗战时期，他流寓重庆，将所作恭楷抄录成《漫与集》《写心集》《山居集》诗三卷及《念远词》《松壑词》二卷，其余作品散见于《民族诗坛》《时代精神》《世界月刊》《中央日报》等报刊。郭沫若赞其诗笔可爱，是不可多得的近现代诗人佳作。现代词学大家夏承焘则称其"高揖冯欧，俯视周吴"。1951年，友人将其抗战胜利后所作诗词汇编成《秋明室杂诗 秋明室长短句》印行。1983年，《沈尹默诗词集》由书目文献出版社出版，除收录早期部分作品外，还收录1949年以后的诗作。另外，他还在《光明日报》《解放日报》《新民晚报》等刊登过不少诗词。上述出版和发表的诗词总计有几百首，但不及作者自称"诗逾万"的十分之一。除了旧体诗，作者还擅长作新诗。新文化运动时，他在《新青年》发表新诗十八首，其中《月夜》被称为中国现代诗歌史上第一首散文诗，另有多首被民国时期的诗集和中小学教材选录，影响颇大。他因此被公认为我国第一批白话诗作者之一。

沈尹默从五岁开始习字到八十九岁辞世，一生钻研书法，从未间断。经过八十多年的艰苦探索和不断创新，取得了巨大的成就。他以“二王”为宗，融会诸家之长，楷、行、草皆擅，尤以行书为精，书法俊秀飘逸，自然流畅，雅俗共赏，自成一体。民国时期，他的书法已闻名海内，书坛有“南沈北于”之称。著名文物鉴赏家、书画家谢稚柳对其推崇备至，认为“数百年来，书家林立，盖无人出其右者”。他还对书法理论进行深入探索，这一点在同时代的书家中是很少见的。自抗战时发表《执笔五字法》一文，后来又陆续撰写《书法论》《历代名家学书经验谈辑要释义》《二王法书管窥》等系列书论文章，逐步确立其科学笔法的理论。他善于从实践中总结理论，再用理论来指导实践，然后再由实践检验理论正确与否，如此循环往复，不断提高认识水平和书写水平。他还以自身的地位和影响，于 1961 年推动成立上海中国书法篆刻研究会，团结和带领广大书法艺术家，为振兴祖国文化事业贡献力量。

考察沈尹默的一生，他之所以在文学艺术领域大放异彩，主要原因有二：一是超常的勤奋刻苦。他幼年患过眼病，双目高度近视，看书写字都十分吃力，但他克服困难，坚持每天学习。据亲友回忆，清晨吃过早饭，他便会准备一砚台墨汁，然后端坐在书桌前，专心致志地写字，直到墨汁用尽。完成写字“日课”后，不是读书看报，就是写诗作文，终日不得空闲。二是善于顺应时代的潮流，迎难而上。都说“时代造就人才”，反过来“人才也能促进时代的发展”。新文化运动时，进步知识分子高举民主与科学的大旗，向封建复古势力进行猛烈冲击。擅长旧体诗创作的他毅然改用白话写诗，以实际行动支持文学革命运动。白话诗的出现对革命思想的传播和文学创作的发展，发挥着重要的作用，他因此被誉为五四新文化运动的先驱。1949 年后，文艺事业迎来了春天，他对书法的前途充满信心，于是不顾年老体衰，一面亲自执笔撰写书论文章、介绍书法知识，一面倡导成立书法组织、举办书法培训班和书法展览，使这门古老的艺术逐步焕发了生机，为“文化大革命”后“书法热”的兴起奠定了基础。

此书依据大量翔实可靠的文献资料和口述史料，通过纵向和横向、历史和现实的比较描写，力图还原传主波澜起伏的人生轨迹。不当之处，敬请方家指正。

郦千明

2020 年 7 月于杭州

沈尹默家系图

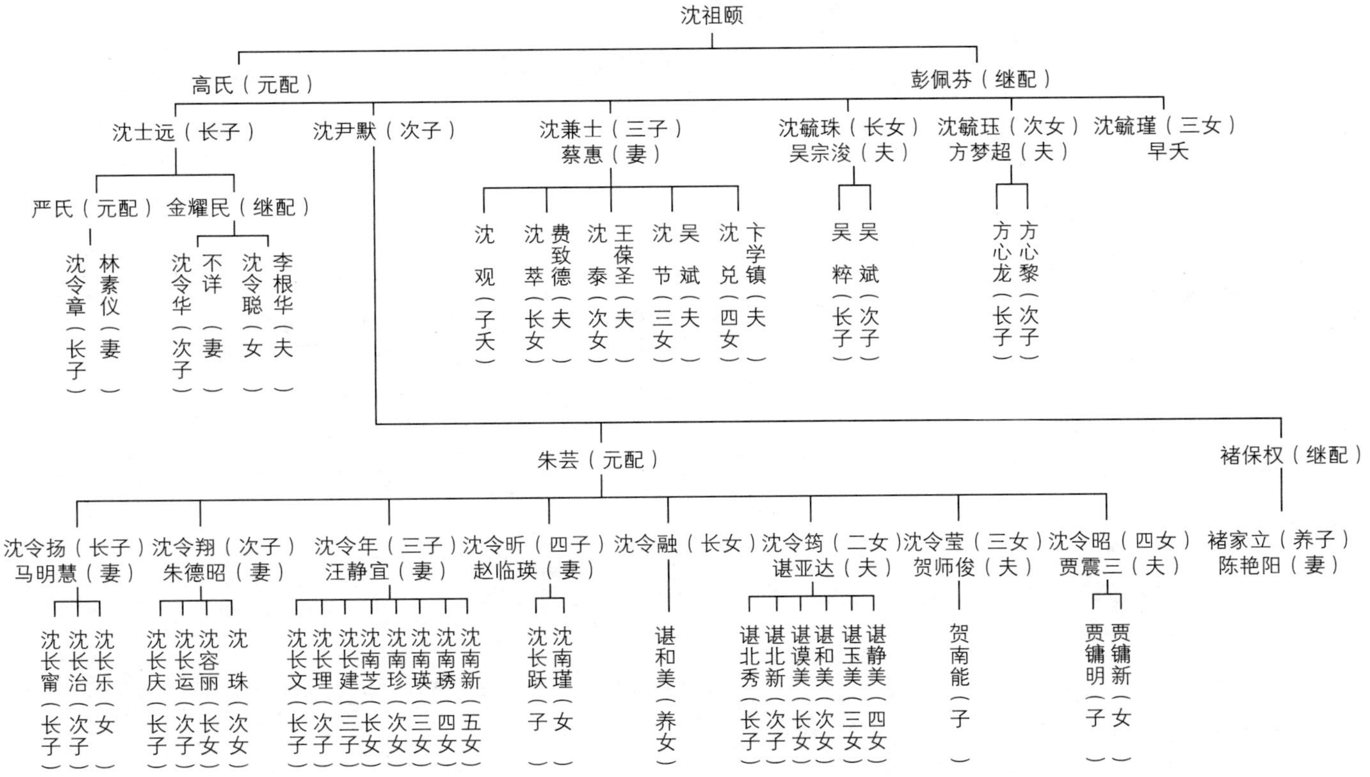
沈祖颐
高氏（元配）
彭佩芬（继配）
沈士远（长子）
沈尹默（次子）
沈兼士（三子）
蔡惠（妻）
沈毓珠（长女）
吴宗浚（夫）
沈毓珏（次女）
方梦超（夫）
沈毓瑾（三女）
早夭
严氏（元配）
金耀民（继配）
沈令章（长子）
林素仪（妻）
沈令华（次子）
不详（妻）
沈令聪（女）
李根华（夫）
沈观（子夭）
沈萃（长女）
费致德（夫）
沈泰（次女）
王葆圣（夫）
沈节（三女）
吴斌（夫）
沈兑（四女）
卞学镇（夫）
吴粹（长子）
吴斌（次子）
方心龙（长子）
方心黎（次子）
朱芸（元配）
褚保权（继配）
沈令扬（长子）
马明慧（妻）
沈令翔（次子）
朱德昭（妻）
沈令年（三子）
汪静宜（妻）
沈令昕（四子）
赵临瑛（妻）
沈令融（长女）
沈令筠（二女）
谌亚达（夫）
沈令莹（三女）
贺师俊（夫）
沈令昭（四女）
贾震三（夫）
褚家立（养子）
陈艳阳（妻）
沈长甯（长子）
沈长治（次子）
沈长乐（女）
沈长庆（长子）
沈长运（次子）
沈容丽（长女）
沈珠（次女）
沈长文（长子）
沈长理（次子）
沈长建（三子）
沈南芝（长女）
沈南珍（次女）
沈南瑛（三女）
沈南琇（四女）
沈南新（五女）
沈长跃（子）
沈南瑾（女）
谌和美（养女）
谌北秀（长子）
谌北新（次子）
谌谟美（长女）
谌和美（次女）
谌玉美（三女）
谌静美（四女）
贺南能（子）
贾镛明（子）
贾镛新（女）

目 录

第三章

执教北京大学（上）

第四章

执教北京大学（下）

第五章

从教育厅长到大学校长

第六章

移居上海滩

第七章

在重庆的抗战岁月

第八章

重回申城

第九章

沐浴在新中国的阳光下

第十章

暮年时光

第一章

生在陕南的吴兴人

一、故乡与家世

1883年6月11日（农历五月七日），著名学者、诗人、书法家沈尹默出生在陕西省兴安府汉阴厅（今陕西省安康市汉阴县）[①]的一户官宦人家。他原名君默（墨），又名实，字中，号秋明、匏瓜、闻湖蘧庐生。据周作人回忆，在北京大学教书时，因为有人名沈默君，所以他把口字去掉，改作尹默。老朋友仍叫他君默，他不得不答应。又因在兄弟中排行老二，故人称沈二、沈老二或沈二爷。沈家原籍浙江省湖州府归安县竹墩村（今湖州市南浔区菱湖镇竹墩村）。中华民国成立后，归安与邻县乌程合并为吴兴县，旧属两县百姓习惯称吴兴人。沈尹默在诗词、书法作品中也常署“吴兴沈氏”“归安沈氏”“竹溪沈氏”。据现年七十八岁的沈尹默孙子沈长庆说，从上小学时起，父亲就让他们兄妹在“籍贯”一栏填浙江吴兴。不论出生何地，家里几辈人都遵循祖训，籍贯或写归安或填吴兴，一直视吴兴竹墩为故里。

据传，沈姓源于西周沈子国。周武王病殁，子成王诵即位。成王

---

① 清代在新开发的地区和军事要塞设置厅，为地方政权机构。厅有直隶厅和散厅之别。前者隶于省，与府、直隶州平行；后者属府管辖，与州、县平级。汉阴厅与后面提及的砖坪厅、定远厅均属散厅。

年幼，武王弟周公旦辅政。管叔、蔡叔怀疑周公有篡夺王位之意，极为不满。商王纣的儿子武庚乘机拉拢管叔、蔡叔，起兵反周。周公奉成王之命，率文王十子聃季载等东征，诛灭武庚，杀死管叔，流放蔡叔。约公元前 1063 年，成王封聃季载于沈（今河南沈丘东南）。聃季载有驯行，又被周公任为司空，负责管理百工及兴建土木、水利等工程。后代以国为姓，聃季载乃沈氏始祖。汉代以后，沈氏祖先逐渐南迁，其中以江南武康（今浙江德清县西）一支最为著名。据沈约《宋书》记载，汉初沈遵迁九江寿春（今安徽寿县东南），后代沈戎被东汉皇帝封为海昏县侯，戎坚辞不受，避居于会稽乌程县（今湖州市）。三国吴甘露二年（266），孙皓取吴国兴盛之意，在太湖西南部置“吴兴郡”，始有吴兴之名。沈氏后代在此生根开花，枝繁叶茂，一直绵延至今。

20 世纪 80 年代，吴兴一带行政区划调整，设立地级湖州市，下辖吴兴、南浔二区及长兴、德清、安吉三县。湖州市位于浙江省西北部，西依巍峨苍翠的天目山，北濒烟波浩渺的太湖。东苕溪和西苕溪似两条银色的飞练，从西部和西南部山区蜿蜒而下，在城郊汇合后，浩浩荡荡涌入太湖。境内河湖密布，土地肥沃，物产丰富，风光秀美。自古有“苏湖熟，天下足”的民谚，这里的“湖”就指湖州。明清时代，湖州是古代王朝重要的赋税来源地，生产的粮食、丝织品通过大运河，源源不断地输送到北方。厚重的历史文化积淀，使当地耕读传家的民风绵延不绝，先后涌现出沈约、孟郊、赵孟頫、沈括、俞樾、吴昌硕等杰出人物。近代欧风西渐，湖州人勇立潮头，敢为人先，书写新的历史篇章。

竹墩是吴兴地区著名的古村落。清代《归安县志》记述：“竹墩市，在县西南三十里，竹墩与前邱相去里许，沈、朱二姓，多习儒业。明以来，科名蔚起。自东至西，清溪曲折回抱，市廛十数家。”村由六

吴兴竹墩村小溪和石桥

个墩组成，而竹字有六笔，代表六个墩，故名竹墩。村周围清溪环绕，绿树成荫，十分幽静。沈尹默的祖先是吴兴沈氏的重要支系，简称竹墩沈氏。据清代沈秉成重修的《竹溪沈氏家乘》所记，元至正八年（1348），居吴兴千金村的沈国祥次子沈子敬入赘竹墩施家。沈子敬为竹墩沈氏始祖。从沈子敬到沈尹默，共传十八世。竹墩沈氏人丁兴旺，曾有四十支系，俗称三十九个半堂，如华省堂、敦仁堂、世德堂、树德堂、怡永堂、宏志堂等，形成庞大的家族群落。旧有“吴兴沈氏出竹墩”之说，后裔散居大陆各省，又远至韩国和台湾地区等地。沈尹默家族属竹墩宏志堂。

竹墩沈氏人文荟萃，诗书传家。清康熙年间，十二世祖沈涵、沈三曾兄弟同榜进士及第，同入翰林。另两个兄弟恺曾、庆曾也先后成为进士。以后，沈三曾儿子沈树本高中榜眼，孙子沈荣仁、沈荣光、沈咸熙也连中进士。十四世祖沈炳震、炳巽兄弟颇有文名，前者撰《三礼异同》《新旧唐书合钞》，后者著《水经注集释订讹》，流传后世。十九世沈秉成是清咸丰年间进士，累官至总理各国事务衙门大臣，安徽巡抚，署两江总督。曾在安徽创办经古书院，以课经史实学。近代著名绣女沈寿（1872—1921）也是竹墩沈氏后裔。她幼承家教，酷爱绘画，后在苏州设立福寿绣品公司，任清工商部工艺局绣工科总教习，刺绣作品曾两次荣获万国博览会奖项。1914 年创办中国近代第一所刺绣专门学校——南通女红传习所，培养刺绣人才。晚年病重时口述毕生经验，由张謇笔录，整理成《雪宧绣谱》，传诸后世。

沈尹默曾祖父沈鲤跃（玉池）早年在家乡务农，后弃农从文，三十五岁中乡试副榜，遂以教书为业。沈尹默晚年回忆："我的曾祖父玉池公是前清副贡生，终身清苦，课徒为生，冬夏一床席，无钱买书，尝手抄经籍，授子侄辈诵习，幼年犹得见其所写小楷《尔雅》。"① 沈鲤跃生金焕、际清、金诏三子，际清（拣泉）即沈尹默祖父。沈际清生于嘉庆十二年（1807），幼时居湖州郡城，与堂兄弟一起，从父读书。三十二岁考取顺天乡试第一名，出任国史馆誊录，议叙知县。因文笔出众，颇受主考官武英殿大学士潘世恩、户部尚书何凌汉的赏识，常为潘代笔。咸丰八年（1858）在原籍捐办团练有功，由正六品知县保升五品同知。同治五年（1866）随左宗棠进入陕西，被派往绥德州任知州。当时陕北一带回民起义军与清军激战正酣，沈际清在任如履薄冰。次年，禹得彦率领回民军三四千人，与西捻军合力攻陷绥德，城内房屋大部被毁，军民死亡达两万多人，他和总兵陶茂森被迫退守米脂、榆林。同治十年（1871）清军取得金积堡战役胜利，沈际清因"办理陕捐出力"，调任汉中府定远厅（今镇巴县）同知，把家安

① 沈尹默《沈尹默自述》，见《文教资料》2001 年第 4 期。

在汉阴。此后沈家三代均在汉阴居住，直到沈尹默二十四岁时才举家迁回湖州故里。从沈际清入陕到后代返浙，沈家人在陕西整整生活了四十年。

沈际清思维敏捷，擅长作诗，每当喝酒喝到高兴时，手不停挥，顷刻成章。他的书法学习颜真卿、董其昌，气度恢宏，用笔峻爽。别人来索墨宝，他往往有求必应，毫不吝惜。任职定远时，社会比较安定，官廨所在地洋河对岸有座正教寺，乃当地名胜，文人墨客都喜欢到那儿吟诗泼墨。工余闲暇，他也时常光顾此处，一边欣赏风景，一边饮酒赋诗。《定远厅志·艺文志》收录他的诗三首，其中一首记录赴任时的情景，题记："庚申（1860）夏初下车值川匪乱，赴滚龙坡督筑关堞设防。感赋纪事用润之前辈韵。"当地土匪横行，百姓苦不堪言。他到任后，经过多年努力，终于清除了匪患。他和游击闵长甲同游正教寺，诗兴大发，挥毫泼墨，留下长诗《偕闵游戎赏桂正教寺》于寺内墙壁上。

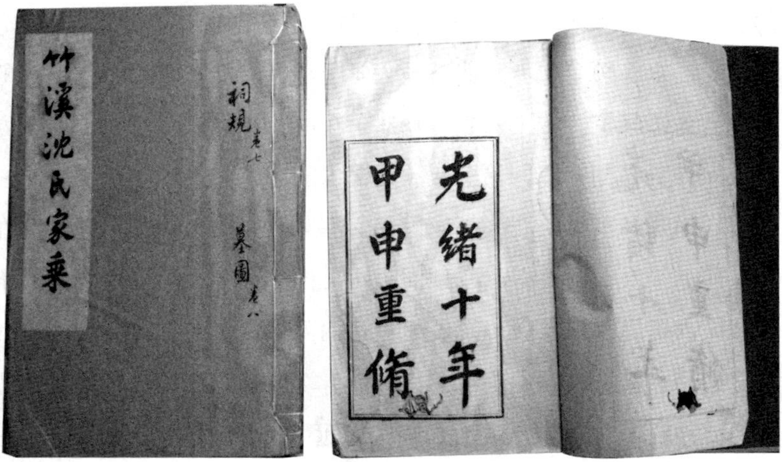

《竹溪沈氏家乘》书影

从左至右：沈祖颐（左一）、沈祖寿（左二）、沈祖勋（左三）、沈际清（右一）

沈尹默出生时，祖父已去世十余年，有关祖父的事迹，都是听家中长辈说起，但对其留下的遗墨，“在幼小时即知爱玩，他是用力于颜行而参之以董玄宰的风格”。可见，祖父的书法对沈尹默影响不小。

沈际清长子沈祖颐（诒仲），即沈尹默父亲，咸丰四年（1854）出生。受父祖两辈的影响，沈祖颐从小喜吟诗文，书法宗欧阳询，兼学赵孟頫，中年爱临北碑。早年以捐资授通判职，先后任陕西兴安府砖坪厅（今岚皋县）、汉阴厅（今汉阴县）抚民通判，安康县知事，汉中府定远厅同知。他为官公正廉明，擅长断案。有一年，安康县西秦郊铺地方陈、张二姓因土地闹纠纷，官司打到县衙。他通过实地调查和走访，并详细审阅案卷材料，最终查实是陈姓伪造地契，瞒报田地和粮食收成，以致少缴粮税。他依律将其治罪，又没收其旱地、水田二十六亩。考虑到本县学田收入微薄，毅然下令把这些田地全部划拨给当地兴贤学社，以充学子学习、生活费用。当地史书赞扬他在任内

"兴学育才，为官清廉，造福一方，颇有口碑"[①]。

沈祖颐不仅官做得好，教育子女也很有办法。他和妻子共生育三子三女，子名士远、尹默、兼士，女名毓珠、毓珏、毓瑾。他熟悉每个子女的性格爱好，能因材施教，收到良好的效果。长子沈士远性爽直，学批公文，以继承父业；次子沈尹默沉稳干练，凡事懂得退让，攻读诗词、书法；三子沈兼士处事严谨，专治语言文字学。三兄弟后来都当了北京大学教授，在各自领域大显身手，人称"北大三沈"，名重一时。三女中除幼女夭折外，长女、次女皆通文墨，擅长作诗，却因时代局限，未能充分发挥才智。她们受门当户对的传统思想影响，选择了"如意"郎君，但婚姻都不圆满，都是中年守寡，历经坎坷。

沈尹默出生在这样的大家庭中，自幼受到诗书的熏陶，为日后从事文艺事业奠定了良好的基础。

① 李国麒《兴安府志》，清乾隆五十三年（1788），30卷刻本。

二、山城少年郎

沈尹默出生时，中国社会正处在大动荡、大变革的前夜。他降生前四十三年即1840年，英国发动罪恶的鸦片战争，腐朽的清王朝未能抵御西方列强的坚船利炮，中国以失败并割地赔款告终，开始沦为半殖民地半封建社会。此后，外国侵略者纷至沓来，穷凶极恶地对中国发动一次又一次的战争，迫使清政府妥协就范。1900年，英、美、法、德等八个主要资本主义国家以镇压义和团运动为借口，发动旨在掠夺和瓜分大清帝国的侵略战争。次年，清政府被迫与列强签订丧权辱国的《辛丑条约》，标志着中国完全沦为半殖民地半封建社会。这一年沈尹默十八岁。他出生和成长的陕西汉阴地处内陆腹地，远离东南海防前线，幸未受到外敌的直接侵扰，当地百姓生活也相对比较安宁。

沈祖颐在汉阴县当抚民通判，按当时的惯例家就在衙门后院。明清两代县衙一般分为三堂，一堂为知县升座办案地，二堂是日常办公场所，三堂属家眷生活区。沈尹默的童年和青少年时期就是在这座陕南小城的廨舍中度过的。

汉阴因汉水得名，古代属西城、安阳、安康管辖，唐至德二年

（757）改称汉阴，有“安康首邑”之称。汉阴城地处月河川道，始建于宋绍兴二年（1132），明清时城内有文庙、社学、钟楼、祖师殿和各省会馆，历史上农民起义军曾多次攻城不克，号称“铁城”。汉阴民风淳朴，崇德尚文，重教兴学。由于频繁发生战争、灾荒和瘟疫，当地原住民不多，而南北各地的移民占人口的绝大多数，因此在建筑风格、饮食起居、伦理道德、语言称呼等方面，兼具东西南北的特点。人文禀赋既含北方人的粗犷豪爽，又兼具南方人的钟灵毓秀，而宗教信仰更推崇道教，风俗习惯受南方影响较多。《兴安府志》记述当地风俗：“汉阴厅人民勤劳，境无荒土。游惰少年，引以为耻，激而务正，故野无惰农。虽富室无挥霍者，民皆朴实节俭。”这一环境，造就了沈尹默不激不厉、朴实厚道、勤奋好学的品性。

沈尹默五岁那年，进私塾读书，跟塾师念《三字经》，诵《千字文》，以后遍读四书五经。塾师李先生是个年过七十的不第秀才，爱好诗词歌赋，时常念《千家诗》中的名句给学生听，令沈尹默印象深刻。有一次，先生突发奇想，要入学不久的沈尹默作咏菊诗。小小年纪的他哪里作得出，结果只能由先生代作一首了事。不过，这种轻松自由的教学方式，让学童幼小的心灵获得知识的营养，在他心里播下了热爱文学的种子。[①]课余时，沈尹默和同学喜欢结伴游览当地名胜，其中最爱去的是县城东南角的文峰塔。此塔建于清同治十二年（1873），由汉阴通判傅汝修倡议建造，以激励邑中子弟科举入士，因此又名“魁星楼”。塔有六角，高五层，似巨笔擎天，气势非凡。三层塔门上端书“文星高照”四字，两旁对联曰“塔势凌云开笔晖，人文启秀焕奎光”，笔画遒丽典雅，雄浑苍劲。同学们登上塔顶，极目远眺，月河似白练

① 沈尹默《沈尹默自述》，见《文教资料》2001 年第 4 期。

汉阴文峰塔

环绕青山，一片生机盎然的景象。清风徐徐吹过，令人心旷神怡。诗情画意，常常令沈尹默留恋忘返。

过了几年，私塾里来了一位姓吴的教员。吴先生是湖南宁乡人，特别崇拜清代书法家黄自元（字敬舆）。一开始吴先生就教学生临摹黄自元的《醴泉铭》，让大家依样画葫芦，不辨好坏地临写。沈尹默自幼受家庭的熏陶，喜欢写写画画，但正式学习书法，还是从吴先生学黄自元书开始的。和大多数初学书法的孩童一样，他只是凭感觉临摹，不懂得要选择适合自己的字帖。一个夏天的夜晚，他在祖母房间里温习功课，临写大楷字帖。忽然父亲走了进来，看到儿子在专心写字，脸上露出满意的神色。看了一会，父亲便拿起笔，"唰唰唰"在仿纸上写了几个字。他发现父亲的字挺劲遒丽，颇有欧阳询《醴泉铭》的神采，而明显胜过黄自元的字，便好奇地问："为什么不照黄体临写呢？"父亲简要地说："不必照黄的样子写。"父亲离开后，他仔细体会刚才的对话，又拿来欧、黄两种字帖对照观摩，发现欧体风神谨严、自成一体，黄字整肃有余而灵动不足、苛求法度而少情趣，难怪父亲摒弃黄字，推崇欧体。此后，他把家藏所有碑帖找出来，逐册仔细观看，反复比较各自特点和优劣，并不时抽空临写，书艺进步神速。同时，通过阅读古书，对前人的学书经验有了一些了解。他特别欣赏叶梦草（号蔗田）所刻的《耕霞馆帖》，因为这部字帖内容丰富，几乎汇集了自钟繇、王羲之至唐、宋、元、明、清诸多名家的字体，足够初学者取法临摹。于是，写字的兴趣越来越浓，临帖的时间也越来越长。[①]这个时期可称他书法的入门阶段，对日后长期从事这门传统艺术，并取得杰出成就，至关重要。

吴先生不仅教书法，还教学生读古诗，规定每位学生都要读《古诗源》《唐诗三百首》，而且重点诗篇要求背诵。沈尹默学习非常认真，对自己严格要求。一次，他偶感身体不适，头昏脑涨，未能完成老师布置的背诵作业，心里很是着急，使病情加重，只好回家休养。在家里趁着闲暇读了不少课外书。他翻阅古典名著《红楼梦》，并渐渐喜欢上了《红楼梦》，几乎达到痴迷的程度，甚至把它当作自己待人接物的指导用书，不自觉地按照书里的故事去品评优劣，判断对错。一直到五四运动时期，还有人因他言必称"红楼"，戏谑他学的是"红老"之学。他还爱读李白、杜甫、韩愈、白居易等唐代诗人的作品，尤其推崇白居易的诗。[②]俗话说："熟读唐诗三百首，不会作诗也会吟。"如此广泛涉猎古典诗词，让少年沈尹默眼界大开，

① 沈尹默《学书丛话》，见《文汇报》1958 年 1 月 20 日。
② 沈尹默《沈尹默自述》，见《文教资料》2001 年第 4 期。

文学修养不断提升。

父亲在汉中府定远厅（今镇巴县）任职期间，沈尹默和兄弟姐妹每逢寒暑假，就会去定远探亲。定远在大巴山西部，离汉阴三百余里，是个偏远的山区小城。境内沟谷幽深，山势陡峭，森林茂密，自然风光优美。定远官廨后园依城为墙，内有亭台、池塘，花木扶疏。登高望远，山川、田野历历在目，河流湍急有声，环境幽静。官廨内缺少娱乐活动，也很少有朋友来访，因此每当春秋佳日，沈尹默兄妹便聚在园内，或闲聊嬉耍，或赋诗作文，度过难得的快乐时光。有时父亲布置作业，要求每人各作一文，并亲自批阅，评定甲乙等次。这种寓教于乐的场景，令沈尹默终身难忘。

十五岁那年，父亲见沈尹默学书已有一定的基础，便布置他做两件事，目的是检验他的书写能力，同时也为了磨砺他的意志。第一件事是命他去定远城西北角正教寺，将寺壁上留存的祖父赏桂长诗，用鱼油纸蒙着钩模下来。那首诗题在寺壁的上方，得用长梯才能靠近，这对年仅十五岁的少年来说，是个不小的挑战。他克服重重困难，最后勉力完成任务，获得父亲的赞扬。第二件事是不久后父亲给他三十把骨扇，要求在这些扇子上书写文字，以锻炼他的腕力。[①] 这两件工作既需要腕力，也需要臂力，让他真切地感受到自己执笔不稳的毛病，以后在实践中不断校正。不过，因为对悬腕写字的重要性认识不足，又尚未真正确立毕生从事书法艺术的志向，以后很长一段时间，他并没有下决心练习悬腕写字，导致在书法上走了一些弯路。

闲暇时节，沈尹默兄妹还会结伴去西安亲戚家游玩。他们常常背

---

① 沈尹默《书法漫谈》，见《新民报晚刊》1955 年 5 月 9 日。

着包裹从汉阴出发，翻越崇山峻岭，由秦岭子午谷到西安，长途跋涉，十分辛苦。1953年，沈尹默得知外孙谌北新从中央美术学院毕业分配到西安美术学院工作，非常高兴。他对外孙说，自己青少年时代经常从陕南到西安，对西安美术学院所在的杜曲、樊川一带十分熟悉。有一次，他写好两把扇面送给谌北新，说是他以前回忆童年在长安时所写的诗词。其中一把扇面上写着："稠酒薰人意兴佳，秦川风土尽堪夸，依前杜曲通韦曲，别是杨家接李家。开广陌，走香车，长安市上旧繁华，欲从何事谈天宝，万古残阳噪乱鸦。"[①]晚年沈尹默又作《西江月》一阕，回忆当年兄弟姐妹结伴往返陕南和西安间的经历，感慨万千。

感忆儿时并南山晨出子午谷口，豁然见朝日于天地之际

子午谷前日出，居然平视曈曈。牛车历尘地天通，未觉风尘澒洞。

五十年来人事，催教老却儿童。金乌来去已匆匆，莫更峰头迎送。

① 谌北新《回忆外公沈尹默》，见吴耀辉、卢之章《凝静——尹默二十年祭》，北京燕山出版社1991年版，第80–82页。

三、初入社会世事艰

1902年，沈尹默虚龄二十岁，迎来人生的第一件大喜事。经父母同意，他和汉阴邻县的朱姓县丞之女朱芸结成秦晋之好。朱芸字云君，祖籍四川，比沈尹默小两岁。她善诗书，通情理，写得一手好字。婚后，夫妇俩依然与父母兄妹居住在汉阴老宅，相濡以沫，恩爱有加。

沈尹默全家合影。后排左起：沈尹默、三女令莹、长女令融、妻朱芸、二姐沈毓珏、长子令扬；前排左起：次女令筠、四女令昭、四子令昕、母彭太夫人、三子令年、次子令翔（1926年摄）

两年后，他们的长女令融在西安降生，当时祖母陆氏尚健在，一家四世同堂，其乐融融。以后每隔两年育一子女，共生育七个子女。儿子依次为令扬、令翔、令年、令昕，女儿是令筠、令莹、令昭。他们夫唱妇随，感情甚笃。沈尹默工作地点多次变换，从西安回到浙江，又去北京教书，夫妻一直生活在一起。丈夫在外工作，挣钱养家。妻子操持家务，照顾年迈的祖母、婆婆和年幼的子女。北京时期，他们经常一起出席同事、朋友的聚会，生活过得平静幸福。沈尹默 1932 年到上海后又转往重庆，直到抗战胜利返沪，其间多次作诗填词，表达对妻子的思念之情。

云君病中，属儿辈寄书促归，因赋此以慰之

一纸书来感岁华，二年何事苦离家。春色不关人聚散，撩乱，芳梅依旧满枝花。

病里须防愁作祟，闲睡，醒时儿女任喧哗。待我归来春未半，相见，从新花月作生涯。

寄云君

春情好在，情共春融深作海。海阔无边，波浪轩然更接天。

从来踽踽，不会人前相尔汝。莫放春过，新妇相看渐作婆。

婚后第二年，父亲沈祖颐因劳累过度，在汉中府定远厅任上去世，享年四十九岁。家中顶梁柱突然倒下，一家人的生活陷入困境。母亲彭夫人异常坚强果敢，一面擦干眼泪，遵照沈氏祖训，协助年近七旬的婆婆陆氏派人将沈祖颐的灵柩运回湖州故乡安葬；一面联系买家，将汉阴老宅售出。然后，率全家投奔西安娘家亲戚，暂时寄居在一处小宅里，依靠卖房所得勉强维持生活，“日以菜羹和杂粮为食，仅免冻馁”。

沈尹默与妻子朱芸

生活的艰难并没有使沈尹默停下脚步，反而促使他更加努力学习文化，广交文人学士，切磋艺术。在西安，他遇到年长他十四岁的蔡宝善，两人意气相投，结成了忘年交。蔡宝善原籍浙江德清，吴兴和德清同属湖州府，因此两人是同乡。蔡宝善进士出身，和同邑名士俞樾的儿子俞陛云同科，曾在京师大学堂做过庶务提调，后调任陕西候补知县。蔡秉性耿直，不喜逢迎，爱结交贤才俊彦，所作诗词得山川清淑之气，芬芳悱恻，有南宋遗韵。书法推崇包世臣，所书字挺拔遒丽，结构方整严谨，富有魏碑笔意。当时崇尚碑学的风气正盛，蔡宝善受此影响，积极宣扬包世臣的学说，对帖学不屑一顾。沈尹默长期生活在陕南偏僻小城，第一次接触包世臣的书学思想，耳目一新，颇受启发。[①] 他自幼以习帖为主，追求秀逸摇曳、含蓄潇洒之美。与蔡宝善交谈后才认识到除书帖外，遒健雄浑、峻峭方整的碑体也极具艺术美。多年后，蔡宝善的妹妹蔡蕙和沈尹默的弟弟沈兼士喜结连理，两人的关系也越来越密切。

沈尹默在西安还结交另一位书法高手王世镗（鲁生）。天津人王世镗出生于官宦家庭，自幼聪颖过人，禀赋极高，少年时所作文章引经

① 沈尹默《学书丛话》，见《文汇报》1958 年 1 月 20 日。

沈尹默与妻子朱芸

据典，闻名乡里。后来投身维新运动，和谭嗣同等常有来往。戊戌变法失败后，王世镗投奔在陕西兴安府做官的大哥王世镆。因学书十分刻苦，每日临池不辍，书法颇具功力。王世镗以一册《爨龙颜碑》相赠，和沈尹默结成一段墨缘。[①]王世镗一直寂寂无名，甚至还遭人诬陷，历经磨难。其呕心沥血撰成《稿诀集字》，被学者罗惇曧、余绍宋认定为晚明人书，称王为“改易数十字，遂窃为己有”。直到 20 世纪 30 年代，沈尹默的朋友于右任发现王世镗的书法，大加赞赏，才使其得到社会的广泛承认，王世镗终于在书坛占有一席之地。

如果说与蔡宝善、王世镗仅仅是同道间的书艺交流，那么和仇继恒（涞之）的交往，对沈尹默以后的学书之路影响极大。南京人仇继恒年长沈尹默近三十岁，是光绪年间进士，历任陕西城固、凤县、合阳等地知县，颇有政声。和大多数科举出身的文人一样，仇继恒的书法受过“馆阁体”的洗礼，端正持重，笔法苍劲，给人以诗书交融的美感。年轻的沈尹默认为仇字流利生动，圆润秀美，非常喜爱。受其影响，以后他用长颖羊毫仿写，一直写了三四年。[②]书法艺术强调共性和个性的双重美感，而“馆阁体”追求横平竖直，千人一面，千部一腔，常常流于媚俗。这种书体对于有才华的书法家来说，是一种无

① 沈尹默《学书丛话》，见《文汇报》1958 年 1 月 20 日。
② 同上。

形的束缚，于书法抒发情性的本质相违背，注定是没有生命力的。许多年后，随着学养的加深，以及对书法艺术的不断探索和积累，沈尹默逐渐认识到这种书体的危害，转而师法晋唐，以畅情适意、抒发个人情感为目的，书艺才有了质的飞跃。

沈兼士

离开私塾后，沈尹默结婚生子，正式踏上社会。可是，时移世易，失学几年后，时代的洪流又把他送进了“学堂”，成为一名令人羡慕的留学生。原来，清末实行“新政”，国内掀起留学热潮。1903 年清政府颁发《奖励游学毕业生章程》，规定对在日本大中学校毕业生经过考试，可以授以进士、举人等头衔。1905 年清廷成立学部，宣布废除科举制度，着手创办大批新式学堂，选派官费、自费留学生。陕西布政使樊增祥遵照清廷的命令，于同年 9 月（农历八月）制定本省选派留日学生办法。消息传出，全省学子奔走相告，欢呼雀跃。沈尹默只上过几年私塾，靠自学打下一定的文化基础，如果有机会出国深造，自然求之不得。可是，赴洋留学需要大笔开销，自己已成家有了孩子，而且父亲早逝，家庭经济困难，因此只能把这种期望深深埋在心底。俗话说，知子莫若父（母）。母亲彭夫人不愧是有远见的女性，尽管家里十分拮据，但她宁愿吃糠咽菜，也要送儿女接受良好的教育。她当即决定让次子尹默和三子兼士同时参加留学选拔考试，期望金榜题名，将来学业有成，光宗耀祖。可惜兄弟俩非陕籍，按规定没有参加选拔官费留学的资格。剩下只有两条路，要么回原籍浙江参加官费考试，要么自费赴日。回浙江路途遥远，情况不明，谈何容易。权衡再三，家人决定还是送哥俩自费去日本留学。

沈尹默留学日本时

这年陕西省计划官费招录留学生五十名，经考试实际录取三十一名，分别由陕西高等学堂、三原宏道学堂和陕西师范学堂遴选。官费生每人学费、宿膳等每年需银三百两，由当局分两次汇解。另外，还招录十七名自费留学生，大多是非陕西籍官宦子弟，沈尹默、沈兼士兄弟就在其中。官费、自费生合计共四十八人，由四川籍举人徐炯（子休）为陕西留日学生监督，带领他们去日本。这是陕西派遣留日学生最多的一次，受到社会各界人士的广泛关注，官府也十分重视。10 月 5 日，樊增祥在西安湖广会馆设公宴欢送留日学生，场面十分热闹。第二天，这批留学生离开西安，浩浩荡荡奔赴郑州，由郑州搭乘京汉铁路火车至汉口，然后乘江轮东下上海，稍作休整后乘海轮前往日本。临行时，樊增祥在城东灞桥举行送行仪式，并亲自宣读自己写的一篇送行序文。[1]出发前，蔡宝善已写信给湖州同乡、在日本留学多年的朋友许炳堃，托其在日本照顾沈尹默兄弟。他们抵达日本时，许炳堃果然热情款待，提供不少帮助，从此互相结为朋友。对沈尹默来说，有机会出国留学，自然十分高兴。他展望未来，满怀信心地赋诗二首，抒发豪情壮志。诗云：

①《秦事汇编》，见《秦中官报》乙巳年（1905）9 月份第 1 期。

鸿鹄元无燕雀媒，乾坤俯仰一倾杯。箧中尚有能鸣剑，未是风尘大可哀。

海上烟云意未平，春风不放十分晴。会须一洗筝琶耳，来听江潮澎湃声。

可是，沈尹默赴日本后，家里卖房子的钱所剩无几，生活越来越困难。母亲东拼西凑，也无力供应两兄弟同时在日本的生活和学习费用。沈尹默被迫中断学业，于次年夏天回到国内。因为中国学生在国内基本没有接触过日语，到日本第一年往往先到语言学校补习日语，等语言关通过后才进入正规学校攻读专业课程。沈尹默应该也是先补习日语，尚未升入专门学校便不得不回国了。弟弟沈兼士如期通过语言学习，考取东京物理学校继续深造的。

第二章

回到江南故乡

一、三尺讲台进阶路

从日本回国后，沈尹默和家人仍生活在西安。他是一个三岁孩子的父亲，尚未找到一份稳定的工作，家里有年迈的祖母，还有母亲和姐姐、妹妹，生活的压力可想而知。哥哥士远已到数千里之外的故乡浙江湖州教书，他和母亲商量，决定举家迁回湖州，希望也能以教书为业，挣钱补贴家用。

1907 年初，沈尹默如愿以偿，应聘到湖州府南浔镇正蒙学社任教。该学社为两等小学堂，由从欧美考察教育归国的富商张增熙（张静江的哥哥）创办，聘双林镇曹砺金为主任。校舍位于镇东栅宜园隔壁，环境幽静。这是沈尹默平生第一份职业，也是几十年教师生涯的开端，因此特别珍惜，上课、备课都很认真，受到学生的欢迎。他班上有名学生成绩特别优异，常居会考榜首。此人就是后来成为著名学者、中华民国政府教育部部长的朱家骅。可惜因为不符合新的学制，办学仅五年的正蒙学社于同年夏天停办，只做了半年小学教员的沈尹默便失业了。

古语云：“祸兮福所倚，福兮祸所伏。”离开南浔后，沈尹默来到湖州城里，经人介绍应聘到湖州府中学堂做教员。湖州府中学堂是当地最负盛名的新式中学，颇受各界人士的瞩目。学堂的监督是沈尹默的族叔沈谱琴，学生主要来自府属乌程、归安、长兴、孝丰、德清、武康等七县，开设的课程有国文、英语、算术、历史、地理、物理、化学、图画、音乐等。沈谱琴早年留学日本，加入中国同盟会，是具有民主革命思想的青年知识分子。他在学校里提倡“驱逐鞑虏，恢复中华”的口号，革新招生办法，延聘名师到校任教。为培养革命骨干，他还聘请日籍教师担任军事教官，对学生实行严格的军事教育。沈尹默受他的影响，也初步接受民主革命思想。

沈士远

那时，沈士远已到杭州浙江高等学堂任教，两兄弟决定把家安置在湖州城里。沈家租住的房子位于承天寺巷东首，房主就是沈谱琴。这是一幢典型的三进江南民居建筑，白墙黑瓦，木制门窗，共有二十多间房屋。左边是自成院落的平房，门前有一个花坛。右边为四合院楼房。沈家人在此居住了三年，直到沈尹默兄弟在杭州的生活安定下来，才将家人接到杭州同住。据说，在湖州生活期间，沈尹默课余不论严冬酷暑，每日临池不辍。由于经济不宽裕，没有写字的书桌，便用两只箱子叠起来代替。一天百余张纸，先用羊毫蘸淡墨水临写，待字迹干后，再用浓墨水书写，最后还要将纸翻过来使用。他开始应邀为一些商店、厂家书写匾额，慢慢有了些名气。又因为在学校教书，他结交了不少文人雅士，彼此诗词唱和，其乐融融。有一次，他和好友俞寰澄、潘芸生等同游城南云巢古庙，船过碧浪湖，突然刮起一阵狂风，浪急船高，差点落入水中。归来后，他赋诗一首，记述这次遇险过程：“坐爱微凉一散襟，酒杯还与澹相寻。闲身可饫风尘味，末俗难知道路心。劫急一枰终扰攘，雨鸣连日暗销沉。前头已试风波险，

湖州承天寺巷旧居

要与先生放浪吟。”俞寰澄对他大加赞赏，惊为奇才。经俞介绍，他又结识了南浔儒商蒋孟蘋和周梦坡。

蒋孟蘋出生书香门第，幼承家学，早年做过清学部郎中总务司行走，后居沪经商办实业。因酷爱书画，曾不惜花巨资搜集南北各地古籍善本，并刊刻丛书，勤于校勘，是江南著名的藏书家和艺术鉴赏家。王国维曾以钦佩的口吻赞扬说：“余谓为子孙者如孟蘋，始可谓之能传书矣。”周梦坡祖上以经营丝业起家，后经营盐业，积资巨万，平常爱好诗词、书画、文物、藏书及著述，有《天目游记》《莫干山志》《浔溪诗征》等多种存世。与蒋、周交游切磋，使青年沈尹默开阔了视野，增加了见识。更为难得的是，在省城办有实业的蒋、周非常赏识他的学识，还把他延聘到杭州任职，做些抄写文稿的工作。后来，经人推荐他又进入浙江高等学堂代课，正式走上大学的讲坛。

民谚云：“上有天堂，下有苏杭。”江南名城杭州素以风光秀丽、名胜古迹众多著称。城西有烟雨朦胧的西子湖，湖边山麓遍布古寺别墅。东南有气势磅礴的钱塘江直通大海，形成天下奇观“钱江潮”。唐代诗人白居易曾为杭州刺史，对西湖情有独钟，离开多年后仍吟唱“未能抛得杭州去，一半勾留是此湖”；北宋词家柳永初来乍到，便一气呵成《望海潮》词，以“三秋桂子，十里荷花”描绘钱塘风光，形神皆备，引得金主完颜亮垂涎欲滴，决意投鞭过江。除了如画风景，湖滨的文澜阁藏有《四库全书》及其他重要典籍，是莘莘学子潜心问学的好地方。初到杭州的沈尹默与兄长士远重逢，手足情深，相谈甚欢。又时常徜徉在湖光山色中，饮酒赋诗，心情十分愉快。他有两首诗是这样写的：

棠社坐雨同兄弟作

乱雨沉春色，寒风转故丛。翛然兰蕙意，尘事百无功。
四海有兄弟，十年几雁鸿。沧浪天未喻，尊酒念何穷！

湖上杂诗

江潮与湖水，两地不相逢。绣裙双蛱蝶，何处着芙蓉？

20世纪初年的浙江，尤其是省会杭州，革命党人十分活跃，革新气象也异常浓烈。浙江高等学堂的前身求是书院，由杭州知府林启创办。名为高等学堂，实际相当于大学的预备学校，开设外语、史地、法政、国际时事等新学课程。内部分预科和正科，规定预科三年肄业，才能升入正科。正科又分成两类，第一类为文科，第二类为理科。文、理科各聘请一名美籍教员，另有日籍教员四人。学校提倡科学精神，注重用民主意识和爱国思想引导学生，先后培养出何燏时、项兰生、钱家治、蒋方震、蒋尊簋等一大批优秀毕业生。从1909年下半年

承天寺巷旧居内半壁亭

开始，沈尹默便在这所浙江省内唯一的高等学校担任文科教员，教授正科二年级“掌故史”。这是一门全新的课程，内容涵盖整个中国文化史。对沈尹默来说，上好这门课既是挑战，也是际遇。他只读过几年私塾，文化程度不高，何况高等学堂的学生不比以前教过的小学、中学生，给他们授课没有一定的国学功底不行。他感到压力很大，同时也有了动力，便利用课余时间，系统自学中国文学和历史、艺术等知识，然后因材施教，收到良好的效果。他的学生中有后来成为著名报人、蒋介石“文胆”的陈布雷。①

在短短两三年时间里，文凭仅为“童生”的沈尹默，实现从小学教员到大学教员的飞跃，这不能不说是一个奇迹。从客观方面来看，20 世纪初年，国内兴办新式学堂的热潮高涨，各级各类学校都注重西学课程的设置，学堂数量激增导致教员紧缺。当时教员的来源主要有两种途径，一是归国留学生，一是国内旧学基础较好的文士。由于出国留学的人毕竟是少数，因此招收留学生做教员连普通高等学堂都不易办到，更不用说中小学校了。这使得沈尹默等接受过旧式教育的人谋得教职成为可能。从主观方面看，沈尹默自幼受书香家庭的熏陶，又有多年私塾教育的训练，打下了较好的国学根基，加上自己热爱教师职业，在学堂里边教边学，勤于钻研，教学上越来越得心应手，最终才成为令人尊敬的大学教员。

---

① 陈布雷《陈布雷回忆录》，团结出版社 2016 年版，第 28 页。

二、陈独秀的“当头一棒”

在浙江高等学堂教书期间，沈尹默又结交了刘三、苏曼殊两位新朋友，常在一起观摩书法、唱和诗词。刘三又名刘季平，在杭州陆军小学堂做教员，书法、诗词俱佳。1905 年，“革命军中马前卒”邹容因“苏报案”病逝狱中，刘三得知后不畏株连，慨然将邹秘密安葬于自家黄叶楼旁，遂以义声闻名天下。有人投赠龚自珍诗句“刘三今义士，愧杀读书人”，就是对刘三气谊、品格的高度赞许。刘三隶书功力很深，自称隶草无第三，却赞扬沈尹默楷书第一：“知君刻意褚河南，一艺从头识苦甘。若赌真书君第一，试言隶草我无三。”苏曼殊比沈尹默小一岁，可以说是一位怪杰。不仅多才多艺，精通英、日、法等多国语言及诗文、书画和禅理，还两次出家却又情缘不断。苏与革命党人联系密切，被孙中山称为“革命和尚”。沈尹默欣赏苏曼殊的画作，曾作题画诗多首，其中两首写道：

题曼殊画册

卖酒炉边春已归，春归无奈酒人稀。剩看一卷萧疏画，合化荒江烟雨飞。

脱下袈裟有泪痕，旧游无处不伤神。何堪重把诗僧眼，来认江湖画里人。

因为刘三的关系，沈尹默还与刘的同事、陆军小学堂历史地理教员陈独秀相识，留下一段沈尹默因陈独秀“当头一棒”发愤钻研书法终成大家的佳话。沈、陈初次见面的时间是1909年冬天。沈尹默在《我和北大》中回忆：

光绪末叶，陈独秀（那时名仲甫）从东北到杭州陆军小学教书，和同校教员刘三友善。刘三原名刘季平，松江人，是当时江南的一位著时望的文人，以刘三名，能诗善饮，同我和沈士远相识。有一次，刘三招饮我和士远，从上午十一时直喝到晚间九时，我因不嗜酒，辞归寓所，即兴写了一首五言古诗，翌日送请刘三指教。刘三张之于壁间，陈仲甫来访得见，因问沈尹默何许人。隔日，陈到我寓所来访，一进门，大声说：“我叫陈仲甫，昨天在刘三家看到你写的诗，诗做得很好，字其俗入骨。”这件事情隔了半个多世纪，陈仲甫那一天的音容如在目前。当时，我听了颇觉刺耳，但转而一想，我的字确实不好，受南京仇涞之老先生的影响，用长锋羊毫，又不能提腕，所以写不好，有习气。也许是受了陈独秀当头一棒的刺激吧，从此我就发愤钻研书法了。

我和陈独秀从那时订交，在杭州的那段时期，我和刘三、陈独秀夫妇时相过从，徜徉于湖山之间，相得甚欢。[1]

陈独秀

陈独秀是性情中人，为人爽直，坦诚相见，又富有学问和极强的艺术鉴赏力，因此能一眼指出沈尹默诗和字的优劣，并给予恰当的点评。他从小受擅长隶书的嗣父陈昔凡的影响，苦临碑帖，又对文字学极感兴趣，在日本留学时，朋友就说他“也是搞汉学，写隶书的人”。曾从好友马一浮处获得由谢无量转赠的《铁云藏龟》，就依据国内最早发现的甲骨拓片研究古代文字。他善写各体书法，其狂草类似郑板桥，尤其令人喜爱。他论书法之法，颇有见地。说：“写字如作画一样，功夫锻炼内劲，天分表现外秀。字要能达内劲外秀，那就有点样子了，即所谓‘中看’了。庸人写字，只讲究临摹碑帖，写来写去，超不出碑帖规范，难免流于笨拙。有点才气的人，又往往不屑临摹，写出字来有肉而无骨，两者都难达到妙境。”陈独秀对沈尹默字的批评，大概也是指这一点。

时年二十五岁的沈尹默本来就是虚心好学的人，听了陈独秀的当面批评，不仅没有生气，反而能冷静反思，检讨自己学书的不足，并承认陈独秀的批评很有道理。之后，他以此自警，学书竭力摒弃俗气，

① 沈尹默《我和北大》，见《文史资料选辑》第 61 辑。文中“光绪末叶”不确。据程演生手稿《仲甫家世及其他》（未刊稿）记载，陈独秀开始担任杭州陆军小学堂教员是在 1909 年底。又陈独秀 1910 年致苏曼殊信：“去年岁暮，再来杭州，晤刘三、沈君默。……”可见沈、陈初识应在 1909 年底。

专意取法魏碑，甚至到了不应酬书件而专心魏体的程度，以期脱胎换骨。这次“当头一棒”的经历令他终身难忘，日后屡次提及。20 世纪 50 年代，他与沪上朋友谈起这件往事，曾感慨地说：“他（指陈独秀）对我写的字，作这样直率的批评，当时我只觉得满身发热，两颊更是烫得如火在烧。等把他送走，我就急着想出门去买纸，下决心把书法从头学起，只是天色已晚，怕纸店已关门了。第二天一早，我就上街把自己身边仅有的钱全拿出来，买了一大卷‘尺八纸’回家。这‘尺八纸’比毛边纸的质量还差，每刀九十六张，我先用淡墨写，等它干了，又用浓墨写一次，这样可以节省纸张。”正是这种闻过则喜的态度，以及坚持不懈的努力，使他最终成为公认的中兴帖学的一代宗师。

不过，抗战时期在重庆，陈独秀偶然从朋友处看到沈尹默的书法，依然认为进步不大。在写给北大时的学生台静农的信中，他说：“尹默字素来工力甚深，非眼面前朋友所可及，然其字外无字，视卅年前无大异也。存世二王字，献之数种近真，羲之字多为米南宫临本，神韵犹在欧褚所临《兰亭》之下，即刻意学之，字品终在唐贤以下也，尊见以为如何？”[①] 可见，陈独秀虽然欣赏沈尹默临帖下的极大的功夫，普通人无人能及，但仍认为其书法没有表现出“外秀”，说白了就是才气不足。沈尹默书法天赋不算高，这一点他自己也多次说过。但他异常勤奋，离开杭州到北京后，花了十五六年的时间，着力临学魏碑，“自觉腕下有力”，然后遍临唐碑，尤其注重褚遂良法书。由魏碑再回到唐碑后，其审美层次有了明显的提升。沈尹默还注重研究书法理论，取得笔法、笔势等多方面的研究成果。作为民国书坛“二王”流派的代表人物，沈尹默在书坛发挥着重要的领导作用，被世人所公认。陈

①《台静农先生珍藏书札》，台北“中央研究院”中国文哲研究所筹备处编印（1996），第 113–114 页。

独秀性格豪爽，不拘小节，艺术上追求张扬个性，崇尚品位。沈尹默沉稳内敛，不急不躁，书法上学习先贤，推陈出新。两人的艺术观念和审美情趣，都有较大的差别。陈独秀毕竟不是职业书法家，对书法艺术继承传统和创新发展，缺乏感同身受的体验和感悟，因此他对沈尹默书法的看法只能说是见仁见智。

沈尹默在杭州的生活，过得舒适而安详。春秋佳日，他和陈独秀夫妇、马一浮、刘三等，或登临城西群山，或泛舟西湖，十分快活。陈独秀 1910 年致苏曼殊的一封信中说："与公别后，即遭兄丧，往东三省扶棺回里。路过上海，晤邓秋枚，始知公已由日本乘船过沪赴南洋。去年岁暮，再来杭州，晤刘三、沈君默，均以久不得公消息为恨。……仲现任陆军小学堂历史地理教员之务，虽用度不丰，然'侵晨不报当关客，新得佳人字莫愁'。公其有诗贺我乎？刘三沈实均无恙，惟望惠书至切。"①

朋友们时常聚在一起，谈文论艺，诗词唱和。有一年夏初，正逢梅雨季节，沈尹默独坐家中，想起好友陈独秀和刘三，挥笔写下《梅雨独坐呈陈刘二子》："阶痕滋碧藓，雨气熟青梅。闭户成幽隐，出门非世才。长贫文字贱，多难管弦哀。尊酒平生意，旁人莫浪猜。"一次，他应邀访问刘三位于上海郊区的寓所黄叶楼，作诗《题刘三黄叶楼》："眼中黄落尽雕年，独上高楼海气寒。从古诗人爱秋色，斜阳鸦影一凭栏。"陈独秀、刘三也时常回赠他诗作。1911 年暑假，陈独秀不幸生了一场大病，躺在病床上无聊至极，因想念离杭远游的刘三和沈尹默，遂抱病写下《杭州酷暑寄怀刘三沈二》的诗篇。有一次，沈尹默和刘三共饮，酒过三巡，刘乘兴作诗《赠尹默》一首。

---

①《陈独秀致苏曼殊》，见水如《陈独秀书信集》，新华出版社 1987 年版，第 1 页。

三、灵峰雅集题长诗

在杭州，沈尹默和同乡好友周梦坡的交往依然密切。周梦坡客居杭州多年，“性耽风雅，闻山水佳处，长溯洄从之”。其间他无数次游历西湖山水，访读历史文献，被清幽的湖山美景和深厚的文化底蕴所吸引，尤其对湖西灵峰古迹，情有独钟。沈尹默对好友寄情山水的人生态度深为赞许，于是常与之相伴出游，涤荡心灵。

灵峰历来是杭州的赏梅胜地。五代吴越国时，此地建有禅寺，香火兴盛。北宋苏东坡任职杭州时，曾游览灵峰禅寺，并在寺壁题诗留念。此后，灵峰的名声逐渐传扬开来，每当春秋佳日，善男信女前往进香，络绎不绝。清末道光年间，有人在此地种植梅花，点缀成林，招徕游人。咸丰时，名士陆小石等在此雅集，由杨振藩（蕉隐）绘就《灵峰探梅图》，一时文人雅士纷纷在图上题咏，其中最著名的为翁同龢题诗。太平天国时，灵峰梅花毁于战火，而《灵峰探梅图》劫后余生，辗转为寺僧莲溪所藏。1909 年正月初三，周梦坡探访灵峰寺，在住持莲溪处见到此图及相关题咏，非常欣赏。当读到杨雪渔的诗句“补梅绘咏更何年？山灵日日望吾辈”时，周被深深打动。又发现寺周围梅径久芜，树影花香不存，黯然神伤，于是决定斥资补种梅花，恢复旧观。不久，周梦坡雇工在灵峰寺外遍植梅花三百余株，并在寺西造屋三楹，命名“补梅庵”。又陆续修建来鹤亭、掬月泉、掬月艇、罗汉廊和皮经室等建筑，供游客观赏和憩息。次年灵峰补梅庵工程全部完成，沈尹默应周梦坡邀请，到灵峰寺眠云堂品茗聊天。周要求客人作一篇序文，记述其补梅筑屋的经过，将勒石于壁间，以昭示来者。周诚恳地说：“山水胜地，非人力可攫为私有。我所营建的房屋都归寺院，我来时权当主人，离开则归游客所有。无论保存，还是修葺，都有赖于后来者，真没有别的奢望啊。”沈尹默听后大为感动，觉得周的行为功在当时，泽被后世，是真正热心公益的人，遂挥笔撰成《灵峰补梅记》一文，笔调清新，自然流畅，是早期一篇不可多得的美文。①

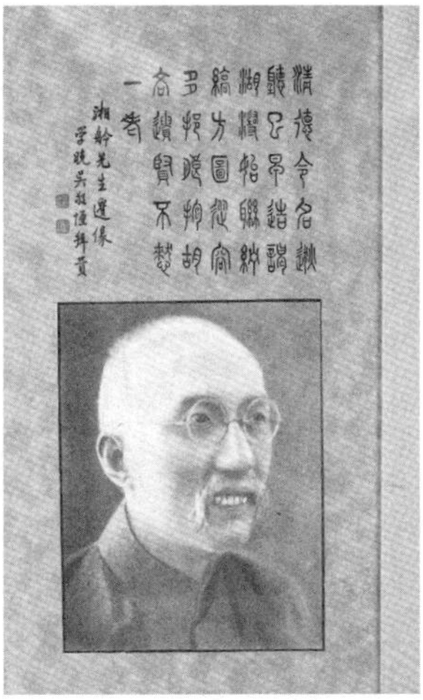

周梦坡

沈尹默还按周梦坡的要求，先后写下《掬月泉》《罗汉廊》《灵峰补梅图咏》《〈灵峰探梅图〉题咏》《梦坡先生属题灵峰亭池因呈四均》等十多首诗作。又为周的一方玉带砚题写铭文：“署墨石邪，心者跌邪。幸约持之，户违僻邪。”他所作长诗《题补梅庵》既有优美的韵致，又跌宕起伏，表现出人类与大自然的和谐之美，寄托着作者的别样心境。诗云：

凌虚靡劲翮，逍遥陕八荒。霜雪交四序，冥色生高堂。

① 周庆云《灵峰志》，清宣统刻本。

坐阅尘世人，忧艰竞侯王。渊渊山水理，于兹异炎凉。
诛茅媚穹谷，怀哉此周行。高名今见殉，寂寞岂其常。
沉沦既不易，萌志亦高翔。昔闻市朝隐，今见丘山性。
循隙遵荒涂，服御迫从政。高怀缅前修，信志崇逸行。
灵峰何年辟，山寺弥幽敻。故老厌喧嚣，颇言寄觞咏。
风雪满天地，不踏孤山径。寒葩岂终荣，根枯随岁竟。
三椽写新构，百树复前盛。障岩修竹密，凿土方池净。
惬心在寓目，苍翠深桐映。栖止爱长夏，非必悦冬令。
沉冥契妙理，世缘绝将迎。幽籁发清虚，知情信予圣。
少欲决世网，叔季郁忧心。嘉遁岂不念，岁月坐浮沉。
淹留力事蓄，尘秽愧书琴。乡邦佳山水，及兹颇幽寻。
出意埃堨内，微尚感苔芩。清赏寄高咏，逸情美薄斟。
仁德乐崇峻，林峦理致深。岂要适俗韵，烟霞饷知音。
嘒嘒新蝉响，冥冥灌木阴。良候伊可怀，当风愿投簪。
抱梅遂终老，何论古与今。①

此后，周梦坡时常偕友人到灵峰赏梅观景、游宴聚会，沈尹默有时也参与其中。周梦坡原名周庆云，一生钦慕苏东坡，据说有一次梦见苏东坡来访，询问何处山水为佳，醒来后大为惊奇，故为自己取号梦坡。农历 1910 年十二月二十九日（公元 1911 年 1 月 19 日）是苏东坡诞辰 874 周年纪念日，周梦坡特邀杭州名士十多人，在灵峰举办诗酒雅集，隆重纪念这位历史上有名的大文豪。沈尹默躬逢其盛，喜不自胜。参加聚会的还有丹徒戴子开（启文），余杭褚伯约（成博）、褚

① 周庆云《灵峰志》，清宣统刻本。

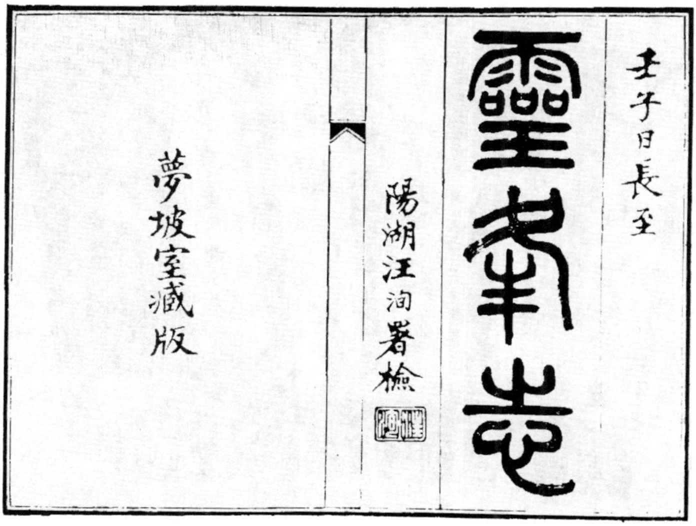

《灵峰志》

稚昭（成昌），秀州沈衡山（钧儒），桐乡郑佩之（衔华），杭州孙厘才（智敏）、戴彤轩（兆鋆）、郑遗孙（履征）、程光甫（宗裕），海宁马绪卿（汤楹），湖州包迪先（公超）、张笃生（善裕）、俞康侯（玉书）等。纪念仪式从上午开始，一直到日落才结束。大家缅怀东坡，饮酒赋诗，抒发幽思，作竟日之游。周梦坡亲自主持大会，吴县籍画家秦散叟绘就《东坡生日灵峰宴集图》长卷，沈尹默作《东坡生日灵峰燕集序》。[①] 沈尹默在序文中详细记述宴游的全过程，又回顾苏东坡游宦杭州的故事，并盛赞周梦坡发起纪念活动的意义。他说："梦坡先生雅倧好文，不宦不隐，行综人事而志在丘壑，故结庐兹峰，且资逃俗。而平生景行苏公，若或梦见，爰以今日燕集群贤于此，不有诗歌，焉申雅意？酒酣高咏，固所宜也。"

① 周延礽《吴兴周梦坡先生年谱》，北京图书馆出版社 1999 年版。

沈尹默题签《吴兴周梦坡先生年谱》

沈尹默对周梦坡始终怀着敬意，因为周在灵峰植梅筑屋为当地的文化建设画上了浓墨重彩的一笔。后人探访灵峰，在欣赏自然美景的同时，又可考察人文古迹，可谓一举两得。岁月流转，沧海桑田，灵峰寺、补梅庵等建筑也许还会经历倾废、坍塌，但沈尹默等人创作的诗词、书画作品必将长久流传。

沈尹默与周梦坡互相欣赏，互相鼓励，一直保持着深厚的情谊。1933年冬，周梦坡病逝于上海，沈尹默闻讯十分悲伤，当即赋长诗以表达哀思。又受周家人的委托，为《吴兴周梦坡先生年谱》题签。

四、教书习艺收获多

离开浙江高等学堂后，沈尹默到浙江官立第一中学堂任教。第一中学堂是全省最早的官办中等学校，其前身是创办于清光绪二十五年（1899）的养正书塾，是杭州地区的知名学府。辛亥革命后，该校更名为浙江省立第一中学校，鄞县籍留日学生马裕藻任校长，校舍在大方伯圆通寺旧址。马裕藻在日本和沈兼士一起从章太炎学习语言文字学，因沈兼士的关系，沈尹默与马裕藻相识。当时，沈兼士还介绍其他章门弟子与沈尹默结交，其中包括钱玄同、朱希祖、周作人、周树人（鲁迅）等。这些人在辛亥革命前后陆续回到浙江，有的在教育司任职，有的在各地大、中学校担任教职。

马裕藻到省立一中后，大力整顿学风，聘请沈尹默、钱玄同等有新思想、新知识的教员到校授课，引起部分旧教员的反对。1912 年 9 月 7 日，新学年开学第二天，该校高年级同学以英文教员郑表万学问底子薄、在课堂上操温州方言极难听懂为由，要求校长马裕藻撤换此人，被严词拒绝。这次事件的幕后推手就是旧教员杨学洛、唐德业、戴承胙三人。此前杨学洛等因品行不端，有辱师德，遭学校辞退。三人怀恨在心，便怂恿学生趁机发难，企图逼迫马校长辞职，使他们可以重返学校。过了几天，杨学洛等又煽动学生在课堂上刁难另一名英文教员郑昂生，致使课堂秩序大乱，被迫停课。唐德业还撰写攻击校长和部分教员的匿名文章，刊登在《新浙江潮》日报上，以混淆视听。在沈尹默、钱玄同等教员的支持下，马裕藻向浙江省教育司报告真实情况，希望教育司主持公道，斥责杨、唐、戴等人。可是，教育司畏惧杨等在省政府有靠山，不敢公开处罚，反而认为马校长有负领导职责，横加指责。一星期后，部分四年级学生无理要求校方更换化学教员，仍遭校方拒绝，少数学生竟带领低年级生罢课。省教育司闻讯，立即派官员到校训话，但学生不肯复课。这次罢课事件仍由杨学洛等人暗中策动，目的还是想逼走校长。随后，省教育司派两级师范校长经亨颐、民政司佥事汤尔和两人到校调停。汤尔和是杭州人，在政界人脉很广。沈尹默、钱玄同等教员认为汤尔和为民政官员，不该插手教育界，表示强烈抗议。两人还合作起草《全体教员致沈司长书》，质问教育司长沈钧儒为何派汤尔和干涉学校事务。与此同时，马裕藻通电市区各中学，呼吁大家主持公道、挽救教育，并表示对省教育当局失望至极，决意辞去校长职务。沈尹默和钱玄同也同时提出辞呈，以示支持马校长。不久，沈尹默转到浙江两级师范学校任教，钱玄同去浙江高等学校教文字学。

浙江两级师范学校在校长经亨颐的领导下，教学秩序井然，师生精神饱满。学校共有三届学生，学制均为五年（预科一年，本科四年）。从第三届开始，每届招两个班，每班四十人。规定预科科目为修身、读经、国文、习字、外国语、数学、图画、乐歌、体操。本科第一部科目有修身、读经、教育、国文、习字、外国语、数学、历史、地理、博物、物理、化学、法制经济、图画、手工、农业、乐歌和体操，另外可选修商科。本科第二部除习字、外国语等少量课程外，其

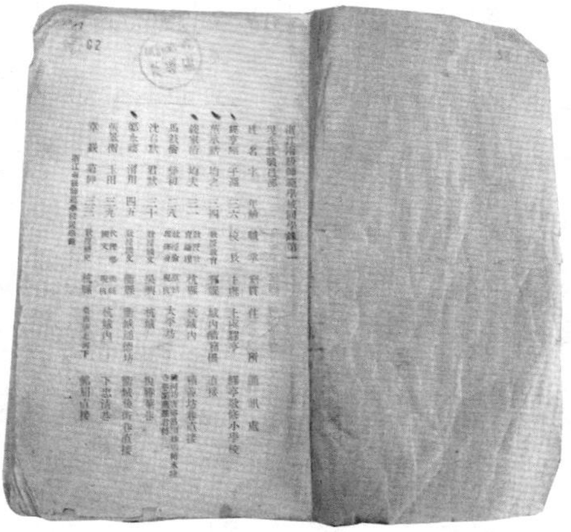

《浙江两级师范学校同学录（1912）》

余与第一部相同。学校聘请不少名师授课，教学质量稳步提高。沈尹默任国文教员，其他有伦理修身教员马叙伦、教育教员范承祐、教育伦理教员钱家治等。①

在浙江两级师范学校，沈尹默的教学工作比较顺利。课余时间，他刻苦练习书法，并对汉碑产生浓厚的兴趣，据说临写的碑体字每个有西瓜那样大。又钻研包世臣《艺舟双楫》，纠正自己的执笔方法，严格按照“掌竖腕平”的要求书写，还在手腕背上放一枚小镜子，看会不会掉下去，以此来判断是否做到“掌竖腕平”。如此勤学苦练，一丝不苟，日夜不辍。钱玄同觉得很有趣，便笑道：“你这样傻乎乎的，真是何必呢！”他回答：“我知道自己天资不高，只好用笨办法。”他自幼就患沙眼，这时眼疾又有所加重，看书写字都很费力，往往鼻头已挨近纸上，自己却浑然不知，然而写的行款从来没有一丝歪斜，写诗稿、写信都非常熟练。有一次，他拿出珍藏多年的清代书法家、篆刻

①《浙江两级师范学校同学录（1912）》，铅印本，杭州档案馆藏。

家邓石如的三种隶、楷书，被钱玄同发现，大为赞赏，认为邓氏隶书第一，篆书稍逊一筹，行草书仅能成逸品而已。他觉得邓氏隶书学的是《曹全碑》，钱玄同却不同意。不过，钱玄同对他很推崇，曾说自己写大字时悬腕、悬肘能运用自如，全赖沈尹默教给的正确的执笔方法。又一次，两人讨论唐朝文学家、书法家李阳冰篆字的优劣，意见竟完全相反。钱玄同称学篆书不外两种路径：一种求古者以《石鼓》为正宗，参考钟鼎文；另一种专学汉篆及碑额之类。认为邓石如篆书虽为清代第一，其隶笔从容作篆，比李阳冰字矫揉造作，实际胜过不少。他则推崇李阳冰，认为邓石如远不及。钱玄同在日记中写道："尹默论书，吾素所倾佩，惟过尊阳冰，则期期以为不可也。"

沈尹默和钱玄同还经常结伴出游，探亲访友。1912 年 12 月初的一天，两人同赴上海游玩，与已就职商务印书馆的马裕藻等饮酒闲聊。餐毕，又同访寓居沪渎的书画名家吴昌硕，见吴宅门首悬"聋寓"匾，十分诧异。后来经人指点才明白其中的缘故，吴年老耳聋，连说话也比较困难，所以有此自题匾额。离开吴宅，他们又去周梦坡家做客，发现主人藏有端方著《匋斋吉金录》十册，内含十多件精拓影石，叹为观止。钱玄同感叹："端氏当年设计屠杀革命党人，固然是我辈之敌人，然其保存古物之功不可没。要不是他精心设法，则不少千年器物将落入外国人手中。"沈尹默深表赞同，并有感而发："上海通运公司专运古器物卖给外国人，其中最古老的是钟鼎器，近世的如乾隆朝瓷器等。张弁奉、张静江等经手出卖古文物无数，实应与卖国者同科处以死罪。"

沈尹默在杭州的朋友圈里，还有一位留学日本时代就结识的青年才俊，此人就是浙江省立甲种工业学校校长许炳堃。许是浙江教育界的风云人物，不仅为本省培养了不少工业技术人才，而且交游极广，与北京教育界不少浙籍人士稔熟。正是由于许炳堃的鼎力推荐，沈尹默才有机会进入国内最高学府北京大学执教，从此开启了新的人生之路。有关他应聘去北大的经过，他自己曾回忆说：

> 大约在一九一二年春节，许炳堃来访，谈及京师大学堂已改名为北京大学，严复（又陵）校长去职，由工科学长何燏时代理校长，预科学长是胡仁源。胡也是浙江吴兴人，在日本仙台高等学校留过学。何、胡都是许炳堃的朋友。据许炳堃说，在那以前，中国留学生在日本正式大学毕业的只有两个人，其一即何燏时。那天闲谈时，许炳堃告诉我："何燏时和胡仁源最近都有信来，燏时对林琴南教书很不满意，说林在课堂上随便讲讲小说，也算是教课。"我笑着说："如果讲讲小说，那我也可以讲。"我当时不过是随便讲讲罢了，不料炳堃认起真来，他说："啊，你能讲，那很好，我介绍你去。"我还以为他也是随便讲讲的，就没有放在心上。过了一个多月，许炳堃忽来告诉我，何燏时、胡仁源电报来了，约我到北大预科去教书。我出乎意外，连忙说："我不能去，我不会讲话，教不了书。"炳堃着了急，他说："那不行！人家已经请了你，不能不去。"
>
> 何燏时、胡仁源为什么要请我到北大去呢？当时，太炎先生负重名，他的门生都已陆续从日本回国，由于我弟兼士是太炎门生，何、胡等以此推论我必然也是太炎门下。其实，我在日本九个月即回国，未从太炎先生受业，但何、胡并未明言此一道理，我当时也就无法否认，只好硬着头皮，挂了太炎先生门生的招牌到北京去了。同去的有太炎先生门生朱希祖，他是应吴稚晖的邀请，到北京去参加教育部召开的关于注音字母的会议。其时

是一九一三年二月。[1]

沈尹默此次赴京，还有两名同伴。一为任职浙江教育司的朱希祖，一为教育部主事戴螺舲。前者作为新任命的浙江省教育代表，赴京出席由教育部主持召集的国语读音统一会会议。后者与鲁迅是同事，前往教育部履职。1913年2月7日（农历正月初二），三人乘火车北上，于第三天傍晚抵达北京。

① 沈尹默《我和北大》，见《文史资料选辑》第61辑。

第三章

执教北京大学（上）

一、年轻的文科教授

1913年2月，天气异常寒冷，初抵北京的沈尹默安顿好住处后，便赶赴位于景山东门外沙滩的北京大学报到。时任北大校长的浙江诸暨人何燏时接待了他。何校长请来教务长姚叔节，共同商量沈尹默的功课问题。姚叔节是桐城古文派姚鼐的后代，在北大教文言文。姚简单介绍校中情况后，安排沈尹默新学期到预科教中国历史。不久，姚叔节离开北大，沈尹默再也没有见到他。

第二天，沈尹默在北大校园见到文科学长胡仁源，对方笑着说："我已经晓得你来了。昨天浮筠（北大理科教授夏元瑮）对很多人说，现在好了，来了太炎先生的学生，三十岁，年纪轻。"沈尹默乍一听有些奇怪，事后才明白话外之音。原来北大教师中多抱残守缺的老先生，尤以桐城古文派人数最多，势力也最强。这些老教员竭力维护旧传统，反对新事物，是北大革新的绊脚石。何燏时、胡仁源、夏元瑮为代表的留洋归国教员试图改革北大现状，主张聘请年轻有学问的教员到校任教。"现在好了"的意思就是新教员的力量增强了，旧教员必将退出历史舞台，学校的各项改革就能顺利进行。

可是，北大的革新之路依然艰难曲折。当时北大分为文、理、法、商、医、农、工七科，又设预科和本科，规定学生预科毕业升入本科。何燏时上任后，大刀阔斧地进行内部改革，其中废除预科毕业生直升本科的旧例，规定预科生升入本科必须经过入学考试。此举引起预科学生的很大不满，以校方的做法违反教育部颁布的《大学令》，多次要求予以取消。学校对学生未能及时疏导，一味强推新规，致使矛盾激化。

沈尹默进北大时，学生的反抗情绪正在积聚。5 月 28 日，预科学生百余人集会商议向校长请愿，要求取消入学考试的新规，会后一齐涌进校长室，与何校长当面辩论，遭严词拒绝，结果学生逼迫校长写下辞职字据。[①]事后学校呈报教育部，要求严惩闹事学生。学生方面也公推代表十三人，赴教育部请愿。两天后，校长发出布告开除贾德润、林肇煌等八名预科学生，引起学生更大的不满。部分学生摇铃集会，再次到校长室抗议，被学校保卫人员制止。一批学生赴教育部交涉，声言不达目的，决不罢休。隔日，又有两百七十一名预科生赴国会请求保障权利。[②]随后，教育部宣布"将现时在校之预科学生暂时解散"，这才把学潮压制下去。此次学潮严重干扰了学校正常的教学秩序，预科长时间处于停课状态，沈尹默的历史课也时断时续，一个学期便很快结束了。

这年暑假，北京大学在北京、上海、汉口等地大规模招生，共录取本科新生一百一十七名、预科新生一百一十五名，并预定 9 月 25 日开学。不料，开学前两天突然接到教育部命令，暂缓举行开学典礼，并约何校长次日到部面谈。新任教育总长汪大燮以北大"费用过多，风纪不正，学生程度尚低，拟将分科暂行停办"。校长何燏时坚决反

---

①《大学预科生驱逐校长风潮》，见《申报》1913 年 6 月 2 日。

②《大学校风潮近闻》，见《申报》1913 年 6 月 9 日。

对，在给大总统呈文中据理力争："办理之不善可以改良，经费之虚糜可以裁节，学生程度之不齐可以力加整顿，而此惟一国立大学之机关，实不可遽行停止。"应北大全体师生的强烈要求，汪大燮不得不发布指令，表示"但有整顿之意，并无撤废之心"。可是，汪又提出要把北京大学与天津北洋大学合并。所谓合并仍是变相裁撤北大，仍然遭到北大师生、校友以及社会舆论的反对，教育部不得不暂停合并计划。第二学期沈尹默依然在乱哄哄的北大校园中度过，教学活动很不正常。

从第二年开始，沈尹默改授预科国文，原来教授的历史课由刚从北大文科史学门毕业的陈汉章接任。沈尹默对中国历史和古典文学下过很大的功夫，尤其对古典诗词用力较多，对古代诗歌流派、诗人及优秀作品，不仅烂熟于心，而且有独到的见解。他性格内向，平时少言寡语，但在课堂上总是侃侃而谈，特别注意启发式教育，强调要学好古典文学，必须做到精读与泛读相结合，鼓励学生勤于思考，不断总结学习心得，既不强拉学生走，也不抱着学生走，收到良好的教学效果，受到同学们的普遍欢迎。著名作家茅盾也是班上的学生，晚年曾撰文回忆当年师生互动的情景。

> 沈尹默教国文，没有讲义，他说，他只指示研究学术的门径，如何博览，在我们自己。他教我们读庄子的《天下》篇，荀子的《非十二子》篇，韩非子的《显学》篇。他说先秦诸子各家学说的概况及其互相攻讦之大要，读了这三篇就够了。他要我们课本精读这些子书。他又说《列子》是伪书，其中还有晋人的伪作，但《杨朱》篇却保存了早已失传的"杨朱为我"的学说。
>
> 至于文学方面，沈老师教我们读魏文帝《典论·论文》，陆机《文赋》，刘勰（彦和）《文心雕龙》，乃至近人章实斋的《文

史通义》；也教我们看看刘知几《史通》。

茅盾

清朝末年，江西诗派盛行，江西诗派的始祖是黄山谷，沈老师抄示黄山谷的《池口风雨留三日》，诗是七律，其辞如下："孤城三日风吹雨，小市人家只菜蔬。水远山长双属玉，人闲心苦一舂锄。翁从旁舍来收网，我适临渊不羡鱼。俯仰之间已陈迹，暮窗归了读残书。"他又说，山谷自言，欲仿庄周，分其诗文为内、外篇，《池口风雨留三日》见外集。沈老师说他自己也喜欢黄山谷的诗，但他不是江西诗派。他还把他作的诗抄给我们看，可惜我现在一首也记不起来了。

同学中有问沈老师是不是章太炎的弟子？回答：不是，但又说沈坚士曾从太炎先生受"小学"要旨。同学中又有人问：听说太炎先生研究过佛家思想，是不是真的？回答是真的。沈老师又说，你们想懂得一点佛家思想，不妨看看《弘明集》和《广弘明集》，然后看《大乘起信论》。我那时好奇心很强，曾读过这三本书，结果是似懂非懂，现在呢，早已抛在九霄云外，仅记其书名而已。①

沈尹默在北大预科任教，月工资二百四十元，生活比较安定。每逢课余或节假日，他都会与朋友、同事外出游玩，颐和园、万牲园、圆明园等都留下了他们的足迹。但他光顾最多的是琉璃厂，那是著名的"京都雅游之所"，古玩、书画、图书商店林立，荣宝斋、一得阁、

① 茅盾《我的学生时代》，新蕾出版社 1982 年版，第 63-64 页。

槐荫山房等老铺远近闻名，他可以在这里买到心仪的书画字帖和文房四宝。

在北京，他的朋友圈渐渐扩大，经常交往的有朱希祖、钱念劬、钱稻孙、戴螺舲、马裕藻、沈兼士、鲁迅、许寿裳、马叙伦、陈大齐、邵裴子、胡仰曾等。这些人大多是浙江籍在京人士，有大中学校教师，也有政府官员和学校校长。其中，联系最密切的是朱希祖和鲁迅。

沈尹默和朱希祖到北京后，一直同住在敫家坑海昌会馆，平常一起下馆子，一起逛街购物，一起去鲜鱼口天乐园、大栅栏中和园听戏。有一次，谭鑫培、王瑶卿、梅兰芳、路三宝等京剧名角在天乐园连演四天，观众云集。他和马裕藻、朱希祖乘兴而去，现场人山人海，几无插足之地。名角轮番上场，观众大呼过瘾。他们认为演员名头都不小，而真正唱演俱佳的，仅梅兰芳一人。

鲁迅当时在教育部任社会司科长，寓所在北半截胡同绍兴会馆，离海昌会馆不远。沈尹默和鲁迅来往密切，有时共同出席朋友的宴席。沈尹默后来回忆：

> 一九一三年二月，这年是癸丑，我应北京大学预科文史教员之聘，同朱逷先、戴螺舲结伴北上，豫才他先我一年壬子就到了教育部任社会司科长，那时教育总长是蔡元培。豫才寓所在北半截胡同绍兴会馆，我初到北京时住在敫家坑海昌会馆，两处都在宣武门外，相去不远，得闲时常相往还。我不善于谈天，却有耐心听人谈天，豫才的话不甚多，但是每句都有力量，有时候要笑一两声，他的笑声是很够引人注意的。玄同形容他神似猫头鹰，这正是他不言不笑时凝寂的写真。
>
> 他住在会馆一个小偏院里，有两三间小屋，书案向着一扇方

格糊纸的窗子，有一次，发现窗纸上，有一个胖而且大的壁虎，很驯熟的样子，见人来了也不逃走，后来才知道这是他喂养着的，每天都要给它稀饭吃。右手墙上挂着一个篾条弯的小弓，他说是用来从窗缝里射那些正在院子小门边墙角小便的人们的，我常常想这个暗箭，究竟能够不能够伤人，可惜当时没有机会向住在会馆中的绍兴同乡们一问。由这种地方看去，可以了解他平生对于人物的爱和憎。他是老于世故的，所以不喜欢世路人，尤其时常要讽刺那像东吉羊派的一班正人君子们，也不愿意看有些作家们的“创造”脸，但是对于单纯的青年学子，却很肯推诚相与。[①]

---

① 沈尹默《忆鲁迅》，见《文艺新地》1951 年 1 卷 8 期。

二、新旧之争中的新派教员

北京大学的新旧之争，早在中华民国成立时就揭开了序幕。新旧之争的核心是领导权之争，实际还包括政治倾向、思想观念、教育体制、治学方法及人事关系等多方面的纷争。1912 年，京师大学堂更名为北京大学，严复担任校长。学校名称虽然改了，但本质没有太大变化，衙门习气依然严重，离现代大学的标准相去甚远。严复推行一些革新措施，使“校中一切规模，颇有更张”,“全校学生遂与相安于学”。但由于种种原因，这些改革并未引向深入。从 1912 年到 1913 年的短时间内，北大先后换了严复、章士钊、马相伯、何燏时和胡仁源五位校长，但学校依然因袭旧传统，很难将其打破。

这时的北大，教学内容陈旧，没有多少学术气氛。有的教师不学无术，进大学教书只是为做官做准备。有的死守本分，不允许有新思想。有的本来就是清朝或北洋政府的官员，学问不大，派头却不小。沈尹默刚进预科时，教地理的桂蔚丞老先生，每次上课都有一听差挟一地图、捧一壶茶和一只水烟袋跟随上讲堂。听差将茶壶、水烟袋放置在讲台上，然后退出，下课时收拾好随主人离开。这位老先生的教科书、参考书和讲义对学生保密，从来不肯借与阅读，还经常在课堂上留一手，不愿将所学全部教给同学。一次，有学生到教员休息室向沈尹默借去几本书，桂蔚丞大为诧异，对沈尹默说："你怎么可以把书借给学生呢，那你怎么教书呢？"沈尹默回答说，这有什么秘密，书是公开的，学生可以买，也可以到图书馆借阅。还有一位教英文的徐敬侯，开口便是"我们西国"如何如何，似乎忘了自己是中国人。徐在教务会议上都讲英语，周围的人以为时髦，也跟着讲。一次，沈尹默忍无可忍，说："我固然不懂英语，但此时此地，到底是伦敦还是纽约？"又说以后大家再讲英语，自己就不出席了。从此以后，这班人才有所收敛。

钱玄同

教师没有承担教书育人的职责，学生的学习动机也不纯。不少学生以求取功名利禄作为读书的目的，满脑子是"书中自有颜如玉，书中自有黄金屋"。有的学生公然在学校带听差、吃花酒、打麻将、捧名角。有的拉帮结派，热衷于喝酒应酬，以便将来在社会上互相攀附，投机钻营。虽然科举制度已取消多年，但社会普遍认为北大毕业相当于有了举人、进士资格，所以有的学生以毕业后做官为目标。沈尹默进北大时，有一名即将毕业的老学生陈汉章，已过知天命之年，博览群书，知识丰富，人称"两脚书库"。几年前北大慕名请陈来教书，却被对方婉言谢绝，他竟提出宁愿做学生。因为当时流行一种看法，认为京师大学堂毕业生，可称为洋翰林，是新学堂出来的，也是天子门生。陈汉章必欲得翰林以慰平生，因此选择继续读书。可是，不久辛亥革命爆发，清王朝被推翻，陈汉章洋翰林的梦随之破灭。[①]

沈尹默等一批年轻有学问的教员先后进入北大，带来新思想和新的治学方法，必然与旧思想、旧教员发生冲突。北大学潮的背后往往有旧教员的身影，这些人都希望主张革新的校长去职，由支持他们的人来做校长。何燏时去职后，继任者是工科学长胡仁源。胡也是留学生出身，早年毕业于日本仙台高等学校和英国待尔模大学。执掌校政后，制定《北京大学计划书》，实行扩招新生、改进教学法、编写教材和讲授要目、添购教学设备、整理图书等措施。沈尹默被学校指定主编修身和国文教材。同时，继续在预科教国文。虽然工作忙碌，但是上课依然十分认真。曾在北大预科就读的陶希圣后来回忆说，“尹默先生为人谦和，从不缺课”。他“给我的教益很多。他指点我们读这样的几本书，就是《吕氏春秋》和《淮南子》，太史谈《论六家要旨》，刘勰《文心雕龙》，刘知几《史通》，顾亭林《日知录》，钱大昕《十驾斋养新录》，章实斋《文史通义》与章太炎《国故论衡》。这几部书确能将中国文史之学的源流及其演变，摆在读者的面前”。[②]

这时，北大又陆续吸收了一批有留学背景的年轻教员，理科有夏元瑮、胡濬济，法科有陶履恭、张耀曾，工科有温宗禹、孙瑞林等。文科最多，主要有黄侃、钱玄同、马裕藻、沈兼士等章门弟子。他们思想比较激进，又具有全新的治学方法，逐步形成一股新的势力，大致可分成三派。第一派为守旧派，代表人物是章太炎大弟子黄侃，认为旧的都是好的。第二派为开新派，代表人物有钱玄同、沈兼士，认为旧的思想、学术和文化都应该改革。第三派为中间派，以马裕藻为代表，对前两派的主张都表示认同。但他们一致认为旧教员已经落伍，

---

① 沈尹默《我和北大》，见《文史资料选辑》第 61 辑。

② 陶希圣《北京大学预科》，见台湾《传记文学》3 卷 4 号，1963 年 10 月。

北大同仁（左起）刘半农、沈尹默、陈大齐、马裕藻、张凤举、周作人、李玄伯

大学的阵地应由新派教员来占领。沈尹默和新派教员观点相似，进退一致。

此前，北大文科一直由推崇宋学和唐宋古文的桐城古文派主宰。章门弟子学宗乾嘉，文尚魏晋，与桐城派针锋相对。新旧之争的结果，以章门弟子为代表的新派教员逐渐代替以桐城古文派为代表的旧派教员。沈尹默认为中国文化博大精深，应该兼收并蓄，而不可偏重一端或数端，因此既反对桐城派只重唐宋古文的主张，也反对全盘否定旧文学的观念。他在教学实践中努力贯彻这一思想，根据北大文科本、预科学生的实际情况，精心拟编《学术文录》讲义，供学生选用。他把收录的古代著述分为五类：（一）关于古今学术思想升降变迁者；（二）关于经学大义及传经之历史；（三）关于史学者；（四）关于政治者；（五）关于科学者。全书共收录各类文章一百多篇，其中不乏《中庸》《礼运》《桃花源记》等古典名篇。这本讲义，桐城古文派不屑一顾，却受到新派教员钱玄同、马裕藻的高度评价。后来，沈尹默请钱玄同为此书每类分别撰写说明文字，作为文科预科的内部资料，交由北大预科出资印行，方便学生学习参考。

沈尹默和章门弟子早年都参加过革命活动，反对袁世凯的独裁统治。章太炎因拒绝袁世凯的利诱而长期遭到软禁，更加深了他们对袁氏的不满。1915 年下半年，袁世凯为实现复辟帝制的企图，竭力拉拢和收买社会上有名望的知识分子，特别是北京大学的校长和教授。袁曾下令加封北大校长胡仁源为中大夫，又授予北大部分名教授四等、五等嘉禾勋章。儿子袁克定派人游说胡仁源“率大学诸教授劝进”，遭到胡仁源和北大教授的严正拒绝，“仁源本诸教授之意持不可，谢使者，大学遂独未从贼”。袁世凯冒天下之大不韪，悍然宣布自 1916 年起复辟帝制，改元洪宪，并准备在元旦上演登极称帝的丑剧。北大教授马叙伦闻讯，愤然辞去教职并离开北京，以示强烈抗议。此事轰动一时，京沪报纸称其为“挂冠教授”。

三、改革北大的三点建议

袁世凯死后，黎元洪继任大总统，范源濂被任命为教育总长。当时，北京大学校长胡仁源因不称职而当不下去了，国会议员陈黻宸、北大教授马叙伦等向教育部提议，敦请在欧洲留学的蔡元培回来担任北大校长。范源濂在民国元年与教育总长蔡元培是同事，于是欣然同意这一提议。1916 年 8 月 26 日范源濂通过中国驻法国公使转给蔡元培一封电报，电文云："国事渐平，教育宜急。现以首都最高学府，尤赖大贤主宰，师表群伦，海内人士咸深景仰。用特专电敦请我公担任北京大学校长一席，务祈鉴允，早日归国，以慰瞻望。"蔡元培接到电报后，马上启程回国，于 11 月 8 日抵达上海，先在上海、绍兴等地小住。蔡元培的归来，受到同盟会会员和老朋友的热情欢迎，但是大家对他是否应去北大做校长，有不同意见。有人劝他不要到北大任职，"说北大腐败极了，进去若不能整顿，于自己的声名有碍"。也有人说，既然知道北大腐败，更应进去整顿，就是失败，也算尽了心。孙中山认为像蔡元培这样的老同志，应该到官僚气氛笼罩下的北京去主持高等教育，这样才有利于向北方传播革命思想。

赞成蔡元培到北大任职的还有他的老友汤尔和。浙江杭州人汤尔和时任北京医学专门学校校长，是京城教育界有影响的头面人物。汤尔和之所以支持蔡元培，主要是受北大教授沈尹默等人的影响。那时沈尹默一面在北大预科教国文，一面在北京医学专门学校兼职教授修身，与汤尔和交往密切。有一次他偶然听汤尔和说起教育部请蔡元培任北大校长的消息，马上表示赞同。汤尔和正是听了他的话，态度才发生了转变。

> 那时我曾在北京医科专门学校兼课，医专的校长是汤尔和。有一天，我到医科学校上课，汤尔和对我说："我告诉你一件事。你看沈步洲这个人荒唐不荒唐，他要蔡先生来当北京大学校长。你看北大还能办吗？内部乱糟糟，简直无从办起。"我回答说："你以为胡次山（仁源）在办学校吗？他是在敷衍，如果蔡先生来办，我看没有什么不可以。"汤说："呀！你的话和夏浮筠一样，他也认为蔡先生可以来办北大，既然你们都认为如此，那我明天就去和蔡先生讲，要他同意来办北大。"
>
> 夏浮筠和蔡元培在德国同学，夏回国较早，严复长北大时即来北大教书，浮筠和尔和是同乡，极得尔和的信任。
>
> 果然，汤尔和去见蔡元培，极言北大之可办。蔡先生之同意出长北大是否即由汤之一言，我不得而知，但总之，蔡先生在一九一七年一月就到北大来当校长了。①

沈尹默进北大有胡仁源的功劳，两人又是吴兴同乡，私交颇好。不过，沈尹默对胡仁源执掌校政期间因循守旧、敷衍塞责的做法不以为然，因此当听说蔡元培要来做校长时，表示欢迎。他认为以蔡元培

---

① 沈尹默《我和北大》，见《文史资料选辑》第 61 辑。

的名望和资历，一定能将北大办好，造福国家和民族。

蔡元培

蔡元培抵京后，听了汤尔和的介绍，曾亲自到北大与沈尹默见面。沈尹默后来说："汤尔和对我谈蔡元培到北大当校长的时候，我和蔡先生尚无一面之雅。尔和对我谈话以后大约第三天，我在译学馆上课（北大预科当时不在马神庙，在北河沿译学馆旧址），忽然门房来通知我：'有一位蔡元培先生来看您。'我大吃一惊，一则是素昧平生，颇觉意外，二则是心中不免思索：社会上已轰传蔡先生将任北京大学校长，蔡先生已是中年以上的人了，阅历、世故应是很深，可这次不大世故，既然要看我，大可到我家里去，何必到北大预科这个公开场所来呢。"

1917年1月4日，蔡元培到北大走马上任。不久，沈尹默前去拜访，向校长提出学校经费要有保障、成立教授评议会、规定一定年限派教员学生出国留学三点建议。后来，这三点建议被蔡校长全部采纳，成为改革北大的重要举措，取得良好的效果。沈尹默回忆这次拜访经过时写道：

> 蔡先生出任北大校长后，在我心中就有一个念头，北京大学应当办好，蔡先生负重名，我们应当帮助他把北大办好。有一天，我去看蔡先生，和他作了一次长谈。
>
> 我说："蔡先生，这次北洋政府借您的招牌来办北大。到了有一天，您的主张和政府有所不同，他马上就会赶走您。所以，您现在对北大应进行改革，但有一点要注意，凡改革一件事，要拿得稳，不然的话，一个反复，比现在更坏。"

1917年蔡元培（左前六）、沈尹默（左前七）在北京大学三院译学馆

蔡说："你的话对，你的意见是怎么办呢？"

我说："我建议您向政府提出三点要求：第一，北大经费要有保障；第二，北大的章程上规定教师组织评议会，而教育部始终不许成立。中国有句古话：百足之虫，死而不僵，与其集大权于一身，不如把大权交给教授，教授治校，这样，将来即使您走了，学校也不会乱。因此我主张您力争根据章程，成立评议会；第三，规定每隔一定年限，派教员和学生到外国留学。"

我的建议，以成立评议会为最重要，蔡先生深以为然，完全采纳，向当局提出，果然达到了目的。①

沈尹默除建言献策外，还竭力推荐聘请陈独秀担任文科学长。这与蔡元培"延聘纯粹之学问家，一面教授，一面与学生共同研究，以

① 沈尹默《我和北大》，见《文史资料选辑》第61辑。

改造大学为纯粹研究学问之机关”的想法不谋而合。沈尹默回忆：

> 一九一七年，蔡先生来北大后，有一天，我从琉璃厂经过，忽遇陈独秀，故友重逢，大喜。我问他：“你什么时候来的？”他说：“我在上海办《新青年》杂志，又和亚东图书馆汪原放合编一部辞典，到北京募款来的。”我问了他住的旅馆地址后，要他暂时不要返沪，过天去拜访。
>
> 我回北大，即告诉蔡先生，陈独秀到北京来了，并向蔡推荐陈独秀任北大文科学长。蔡先生甚喜，要我去找陈独秀征其同意。不料，独秀拒绝，他说要回上海办《新青年》。我再告蔡先生，蔡云：“你和他说，要他把《新青年》杂志搬到北京来办吧。”我把蔡先生的殷勤之意告诉独秀，他慨然应允，就把《新青年》搬到北京，他自己就到北大来担任文科学长了。
>
> 我遇见陈独秀后，也即刻告诉了汤尔和，尔和很同意推荐独秀到北大，他大约也向蔡先生进过言。①

诚如沈尹默所言，汤尔和也向蔡元培推荐过陈独秀，蔡元培还亲自到旅馆与陈商量出任北大文科学长事。蔡元培《我在北京大学的经历》中说：“我到京后，先访医专校长汤尔和君，问北大情形。他说：‘文科预科的情形，可问沈尹默君；理工科的情形，可问夏浮筠君。’汤君又说：‘文科学长如未定，可请陈仲甫君。陈君现改名独秀，主编《新青年》杂志，确可为青年的指导者。’因取《新青年》十余本示我。我对于陈君，本来有一种不忘的印象，就是我与刘申叔君同在《警钟

① 同上。

日报》服务时，刘君语我：‘有一种在芜湖发行之白话报，发起的若干人，都因困苦及危险而散去了，陈仲甫一个人又支持了好几个月。’现在听汤君的话，又翻阅了《新青年》，决意聘他。从汤君处探知陈君寓在前门外一旅馆，我即往访，与之订定；于是陈君来北大任文科学长，而夏君原任理科学长，沈君亦原任教授，一仍旧贯；乃相与商定整顿北大的办法，次第执行。”

陈独秀到任后，以其拔山盖世的气概，向旧的教育思想和教育制度宣战，对北大文科进行大刀阔斧的改革。首先是广揽人才，聘请钱玄同为文科教授兼国文门研究所教员，刘半农为文科预科教授兼国文门研究所教员，周作人为文科教授兼国史编纂处编纂员，胡适为文科教授兼哲学研究所主任。还成立以陈独秀为首，胡适、沈尹默、钱玄同等参加的学制改革机构，文科教学改革正式启动。其次，提出达到“研究学理之目的”的三条办法，即注重外国语、废讲义、多购参考书。倡导学生从“国故”中走出来，睁眼看世界，独立思考，注重自学，培养思想自由的学术风气。再次，在原中国文学、中国哲学、中国史学、英语四门课的基础上，增设德语、法语、俄语三门，并且单独设立哲学、中文和英文研究所。此外，陈独秀还就课堂纪律、考试制度、选修科目、毕业资格等，分别发表文科学长告白、启事和布告，提出具体意见和建议。凡是违反纪律的学生，决不迁就姑息。这些措施使北大文科一扫往日沉闷颓废之气，展现出生机勃勃的新姿。蔡元培后来说：“北大的整顿，自文科起。旧教员中如沈尹默、沈兼士、钱玄同诸君，本已启革新的端绪；自陈独秀君来任学长，胡适之、刘半农、周豫才、周岂明诸君来任教员，而文学革命、思想自由的风气，遂大流行。”①

①《我在教育界的经验》，见高平叔《蔡元培全集》第7卷，中华书局1989年版，第193-200页。

四、《新青年》轮值编辑

陈独秀来到北大后，他在上海主办的《新青年》杂志也随之搬到北京，社址就在北河沿箭杆胡同九号陈家里。这本杂志仍由陈独秀一人独编，相继刊登胡适的《文学改良刍议》、陈独秀的《文学革命论》和刘半农的《我之文学改良观》，主张用白话文，提出文学革命的口号。不过，这时的《新青年》尚未引起人们的注意，“仿佛不特没有人来赞同，并且也还没有人来反对”（鲁迅语）。胡适却信心十足，在1917年11月21日致美国朋友韦莲司的信中说：“在大学里，我找到了几个志同道合的朋友，此地也是‘文学革命’运动中心所在，‘我们能做的事’远比我预计的要多。我的讲义都是用‘白话’写印的，这在大学里还是创举。此地也有一小群人，他们和我一样，决心用‘白话’来作诗。上个月在百忙中，我们还是写了一些颇为可读的诗。”这“一小群人”当然包括沈尹默。不难看出，以陈独秀、胡适、沈尹默、刘半农等北大教授为核心，以《新青年》杂志为阵地的白话文运动正在悄然兴起。

沈尹默成为《新青年》的主要成员，是1918年1月15日第四卷第一号出版开始的。从这期起，杂志由原来陈独秀一人独编改为大家轮流编辑。第四卷第一至六号轮值编辑依次为陈独秀、钱玄同、刘半农、陶孟和、沈尹默和胡适，出版时间是1918年1月至6月。第四卷第一号刊登刘半农的《应用文之教授》，因写作时得到沈尹默的帮助，所以作者在文末专门作了说明："此文所举种种办法，有一部分得诸沈尹默先生之匡助，书此志谢。"同期还登载刘半农、胡适、沈尹默三人的白话诗九首，这是新文学运动中新诗出现的先声。此后，《新青年》由主要宣传西方自然科学和资产阶级政治学说，逐步成为"打倒孔家店"、宣传马列主义的阵地。沈尹默在《我和北大》中说："《新青年》搬到北京后，成立了新的编辑委员会，编委七人：陈独秀、周树人、周作人、钱玄同、胡适、刘半农、沈尹默。并规定由七个编委轮流编辑，每期一人，周而复始。我因为眼睛有病，且自忖非所长，因此轮到我的时候，我请玄同、半农代我编。我也写过一些稿子在《新青年》发表，但编辑委员则仅负名义而已。"这篇文章是新中国成立后撰写的，文中说周树人、周作人也参加编辑《新青年》明显是误记，周氏兄弟实际是杂志的主要作者。

1918年3月8日，周作人收到《新青年》第四卷第二号。他在当天的日记中写道："上午往校，致陶君函，收二月上半月俸，至广学会购《性之教育》一本。下午往寿宅。收到《新青年》十册，以一寄霞卿，一还君默。三时返寓……"此前沈尹默拿到这期杂志，周作人曾借阅一册，所以这里提到归还的事。沈尹默在这期《新青年》又发表新诗《宰羊》《落叶》和《大雪》三首。

《新青年》第四卷第三号首页刊登《本志编辑部启事》，云："本志自第四卷第一号起，投稿章程业已取消，所有撰译，悉由编辑部同人共同担任，不另购稿。其前此寄稿尚未录载者，可否惠赠本志？尚希投稿诸君，赐函声明，恕不一一奉询，此后有以大作见赐者，概不酬。"这是"编辑部同人"的名称第一次出现在这本杂志中，而这则启事是杂志由按稿计酬的普通刊物转型为无偿供稿的同人刊物的标志。这期杂志的另一大看点是，以“文学革命之反响”的醒目标题，发表王敬轩与刘半农一唱一和的双簧书信。化名“王敬轩”的钱玄同用读者来信的方式，以极其肉麻的赞美之词公开点出林纾、严复等旧文人的名字，从而为刘半农的《复王敬轩书》提供了痛加驳斥的活靶子。此事在社会上引起很大的反响，遭到胡适、陶孟和等人的反对，认为化名写这种游戏文章，不是正人君子该做的。胡适甚至提出《新青年》由他一个人来编，遭到沈尹默和周氏兄弟的反对。沈尹默在《我与北大》中回忆说：

> 胡适是在美国留学时投稿《新青年》，得到陈独秀赏识的，回国以后，在北大教书。《新青年》在北京出版后，曾发生一件事：钱玄同、刘半农化名写文章在《新青年》发表，驳林琴南复古谬论，玄同、半农的文笔犀利，讽刺挖苦（当时，打倒孔家店的口号已提出来），胡适大加反对，认为“化名写这种游戏文章，不是正人君子做的”，并且不许半农再编《新青年》，要由他一个人独编。我对胡适说：“你不要这样做，要么我们大家都不编，还是给独秀一个人编吧。”二周兄弟（树人、作人）对胡适这种态度也大加反对，他们对胡适说：“你来编，我们都不投稿。”胡乃缩手。由这件事也可看出，胡适从“改良文学”到逐渐复古，走到梁任公、林琴南一边，不是偶然的。

钱玄同、刘半农导演的这场“双簧戏”，随即遭到林纾及其弟子张厚载的反攻倒算。《新青年》第四卷第六号“通信”栏刊登张厚载的来信《新文学及中国旧戏》，在谈到最近《新青年》所登载的新诗时，将矛头指向与钱、刘共进退的沈尹默：“贵志第四卷第二号登沈尹默先生《宰羊》一诗，纯粹白话，固可一洗旧诗之陋习，而免窒碍性灵之虞。”接着，话锋一转，直截了当地否定道：“但此诗从形式上观之，竟完全似从西诗翻译而成；至其精神，果能及西诗否？尚属疑问。中国旧诗虽有窒碍性灵之处，然亦可以自由变化于一定范围之中，何必定欲作此西洋式的诗，始得为进化耶？”

《新青年》书影

《新青年》第四卷第五号由沈尹默轮值编辑，因眼疾复发，仍然请钱玄同、刘半农协助操办。该期刊登周作人的两篇文章，组稿工作在上期出版前就已经启动。4 月 8 日，周作人收到日本中西屋邮寄的三本书，其中一本是日本白桦派作家、新村运动组织者武者小路实笃的剧本《一个青年的梦》。4 月 11 日，周作人在日记中写道：“下午作杂文一篇，十二时后睡。”第二天，周又在日记中说：“上午往校，以文交君默，下午三时返。”这里所记的“杂文”，就是随后发表在《新青年》第四卷第五号的《读武者小路君所作〈一个青年的梦〉》。4 月 17 日，周作人又记述：“上午往校……以译文交予玄同。”这里所提及的“译文”，就是与“杂文”一同刊登在《新青年》第四卷第五号的《贞操论》，原作者是日本女学者与谢野晶子。值得一提的是，《新青年》第四卷第五号还刊登了署名“鲁迅”的小说《狂人日记》和署名“唐俟”（即鲁迅）的白话诗《梦》《爱之神》《桃花》。按照惯例，除附录性质的“通信”外，《新青年》都采用真实姓名发表作品，但时任教育部佥事的周树人却独用笔名。这是轮值编辑沈尹默和协助编稿的钱玄同、刘半农给予好友的一项特权。

《新青年》第五卷第一至六号轮值编辑依次为陈独秀、钱玄同、刘半农、胡适、沈尹默和陶孟和，出版时间是1918年7月至12月。第五卷第五号由沈尹默轮值编辑，仍然委托钱玄同、刘半农代编。

《新青年》第六卷第一至六号轮值编辑依次为陈独秀、钱玄同、高一涵、胡适、李大钊和沈尹默。因刘半农和陶孟和准备出国，遂分别由高一涵、李大钊代替。由于陈独秀离开北大和五四运动爆发，第六卷各期未能按时出版，结果延后为1919年1月至11月。自1919年12月第七卷第一号开始，《新青年》又恢复到由陈独秀一人独编的原始状态，作为同人刊物的辉煌历史也就此终结。不久，陈独秀离京赴沪，《新青年》也搬回上海，但陈独秀仍希望原北大同仁支持这份刊物，1920年4月26日写信给北京的李大钊、胡适、张申府、钱玄同、顾孟余、陶孟和、陈大齐、沈尹默、张慰慈、王星拱、朱希祖、周作人十二人，商量《新青年》今后的编辑办法。信中谈到第七卷第六号稿件已收齐，同年5月1日可在上海出版，寄到北京须在五日以后。本卷已全部结束，请大家讨论以后如何办法：一、是否接续出版？二、倘继续出版，对发行部初次所定合同已满期，有无应与交涉的事？三、编辑人问题：由在京诸人轮流担任，还是在京一人担任，或者由他在沪担任。讨论的结果是《新青年》继续由陈独秀一人在沪编辑。[①]

《新青年》是民国史上第一份同人刊物，为新文化运动吹响了号角，在中国出版史乃至文化史上留下了浓墨重彩的一笔。沈尹默作为第四至第六卷的轮值编辑，作出过重要的贡献。

---

①《陈独秀致李大钊、胡适等》，见水如《陈独秀书信集》，新华出版社1987年版，第252页。

五、第一批新诗作者

沈尹默旧诗根底深厚，少年时喜学定庵，至五四运动前已写作诗词上百首。他赞同新文化运动和文学革命，又尝试创作新诗，和胡适、刘半农并称为早期新诗创作的“三驾马车”。他的第一批新诗共三首——《鸽子》《人力车夫》和《月夜》，发表于 1918 年 1 月 15 日出版的《新青年》第四卷第一号。从 1918 年初到 1920 年初的三年内，他在《新青年》共发表新诗十八首，是我国第一批新诗作者之一。

沈尹默在《新青年》刊登的新诗列表

卷　号	出版时间	篇　　目
第四卷第一号	1918 年 1 月 15 日	《鸽子》《人力车夫》《月夜》
第四卷第二号	1918 年 2 月 15 日	《宰羊》《落叶》《大雪》
第四卷第三号	1918 年 3 月 15 日	《除夕》
第四卷第四号	1918 年 4 月 15 日	《雪》
第五卷第一号	1918 年 7 月 15 日	《月》《公园里的“二月蓝”》《耕牛》
第五卷第二号	1918 年 8 月 15 日	《三弦》
第五卷第六号	1918 年 12 月 15 日	《刘三来言，子穀死矣》
第六卷第四号	1919 年 4 月 15 日	《生机》《赤裸裸》
第六卷第六号	1919 年 11 月 1 日	《小妹》
第七卷第二号	1920 年 1 月 1 日	《白杨树》《秋》

沈尹默的新诗注意吸收旧诗的特点，音节上力求抑扬顿挫、和谐悦耳，艺术上做到情景交融、含蓄蕴藉，达到较高的文学水准。根据描写的内容，大致可以分为写景、写实、写情和写意四大类。

第一，写景类。有《月夜》《公园里的“二月蓝”》《生机》《秋》四首。这些诗可归为散文诗，其中《月夜》更被称为中国现代诗歌史上第一首散文诗。

月　夜

霜风呼呼的吹着，
月光明明的照着。
我和一株顶高的树并排立着，
却没有靠着。

手书“月夜”二字

诗人托物言志，在《月夜》中以霜风、明月和高树来烘托并立的“我”，显示“我”独立不倚的人格，使人联想起参加新文化运动的青年，个个都似参天大树，顶天立地，属于国家栋梁之材，预示着国家的未来和民族的希望。这首诗采用叠音词“呼呼”“明明”来写景状物，且每句均有韵脚，读来朗朗上口。诗人康白情（愚庵）在1922年8月北社编《新诗年选》中，对《月夜》作了较高评价：“这首诗大约作于一九一七年的冬天，在中国新诗史上，算是第一首散文诗。其妙处可以意会而不可以言传。”此书所载《一九一九年诗坛略纪》一文云：“第一首散文诗，而具备新诗美德的是沈尹默的《月夜》。”罗家伦在《驳胡先骕君的中国文学改良论》里说：“沈尹默先生那首《月夜》，颇足代表‘象征主义’……”[①] 用散文的句法表达象征的含义，这是该诗获得好评的主要原因。《公园里的“二月蓝”》描写的主要景物是二月蓝。她没有牡丹、芍药那样富贵美丽，而是生长在路旁，满地开放，“没甚稀奇”。“我”是具有民主平等思想的知识分子，既看牡丹、芍药，也看二月蓝，表达“我”热爱劳动人民的思想感情。《生机》写早春的景象，凛冽的寒风和树上的残雪昭示着冬天的余威，但似乎敌不住和煦的春风，大地终将换上绿装。这首诗作于五四运动前夕，中国正处在北洋政府统治的黑暗时代。诗人看到了曙光，预示着中国必将冲破黑暗，走向光明的新时代。清新自然，颇受当时中学生的喜爱。时人评价道：“尹老《生机》一诗，中学生无不深爱之。盖其清新可喜，预示春之将至，……”[②]《秋》发表于1920年1月，在五四运动发生大半年以后，诗人的心情是愉快的，笔下的“秋”也是明亮美丽的。

第二，写实类。有《人力车夫》《耕牛》《三弦》三首。《人力车夫》写天寒地冻中，京城人力车夫辛苦劳作的情景。作为坐车人，同情之心油然而生。这首诗语言简练明白，既有“淡淡”“悠悠”“纷纷”等叠音词，又有“冷不过”“热不过”等口语化白话，是典型的白话诗。民国学者朱是龙评论说：“此诗写车夫苦况，历历如绘，起四句以‘悠、流’为韵，是写天时。第二段以‘多、么’为韵，是写人事。第三段以‘坐、过’为韵，是写坐车之逸。第四段用‘破’字、‘坠’字

①《新潮》第1卷第5号。

② 胥僧《当代诗话·沈尹默》，见《胜流》1947年第6卷第5期。

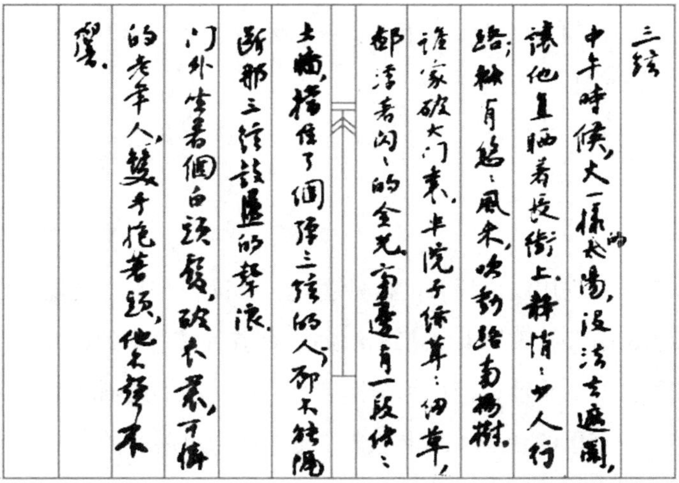

三弦

中午時候，火一樣的太陽，沒法去遮攔，讓他直晒着長街上。靜悄悄少人行路；只有悠悠風來，吹動路旁楊樹。

誰家破大門裏，半院子綠茸茸細草，都浮着閃閃的金光。旁邊有一段低低土牆，擋住了個彈三弦的人，卻不能隔斷那三弦鼓盪的聲浪。

門外坐着個白頭髮，破衣裳，可憐的老年人，雙手抱着頭，他不聲不響。

民国时被选入中小学教科书的《三弦》

承接前韵，是写拉车之苦。一气呵成，如画如话。”①《耕牛》描述北洋军阀统治时期农民缺少耕牛，田地荒芜，民不聊生的社会现实。《三弦》篇幅不长，据说作者足足写了一个月，可谓字斟句酌。这首诗好似一幅景物写生画，让人过目不忘。烈日当空，门外一个穿破衣裳的老人正双手抱着头，如痴如醉地听着三弦的弹奏声。

三　弦

中午时候，火一样的太阳，没法去遮拦，让他直晒着长街上。静悄悄少人行路，只有悠悠风来，吹动路旁杨树。

① 朱是龙《诗概》，见《民立学期刊》第 1 期（创刊号）。

谁家破大门里，半院子绿茸茸细草，都浮着闪闪的金光。旁边有一段低低土墙，挡住了个弹三弦的人，却不能隔断那三弦鼓荡的声浪。

门外坐着一个穿破衣裳的老年人，双手抱着头，他不声不响。

作者充分利用汉语语音的微妙变化，让读者有身临其境、如闻琴声的感觉，耐人寻味。康白情评价说："这首诗最艺术的地方，在'旁边有一段低低的土墙，挡住了个弹三弦的人，却不能隔断那三弦鼓荡的声浪'一句里的音节。三十二个字里有两个重唇音的双声，十一个舌头音的双声，八个元韵的迭韵，五个阳韵的迭韵，错综成文，读来直像三弦鼓荡的一样。据说'低低的'三个字是有意用的。"胡适在《谈新诗》里全文引用后说："这首诗从见解意境上和音节上看来，都可算是新诗中一首最完全的诗。"[①]

第三，写情类。有《除夕》《月》《小妹》三首。《除夕》写诗人经受过年的心路历程，表达随着年龄的增长，生活压力的增强，逐渐体验到岁月的不易和世道的艰难。同时，抒发热爱家庭子女的情感。《月》是一首咏月诗。作者通过咏月对人生进行探索，表达人类与自然和谐相处的豁达胸怀。《小妹》表达人世间的骨肉亲情，读来催人泪下。现实生活中，作者小妹沈毓瑾正当花季年龄，因病去世。失去至亲至爱的人，让诗人痛感人生的悲凉。他用第一人称的手法，直接表达对小妹的怀念之情，写得情真意切，具有极强的艺术感染力。许多年后，著名诗人闻一多读了这首诗，深受感动，也不禁想起自己在天国中的妹妹，特

---

①《星期评论》双十节纪念号，1919 年 10 月 10 日。

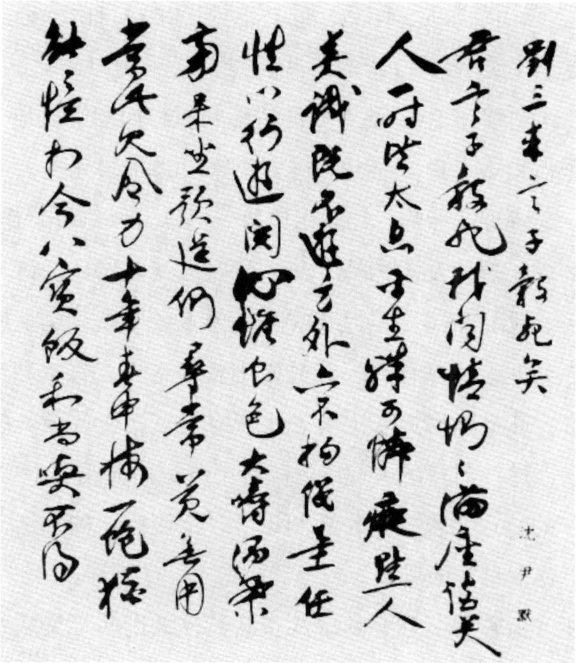

行草书《刘三来言，子穀死矣》

地创作《读沈尹默〈小妹〉！想起我的妹来了也作一首》，以为纪念。

第四，写意类。有《鸽子》《宰羊》《落叶》《大雪》《雪》《刘三来言，子穀死矣》《赤裸裸》《白杨树》八首。这类诗侧重于情感和思想的表达。《鸽子》和《宰羊》写两种动物被人支配的悲惨命运，虽有两个具体的形（动物），但侧重在抒发情感。用鸽子和羊来比喻现实社会中心地善良、性格温和这类人的境遇，从而反映社会的黑暗和道德的沦丧。《赤裸裸》表达挣脱精神枷锁，追求思想的自由和人格的独立。中国长期处在专制社会，人们饱受专制和独裁之苦。鸦片战争以后，民族危机空前严重，一大批先进知识分子逐渐觉醒，宣传自由、平等、科学、民主等思想，激发人们的爱国精神和历史责任感。沈尹默作为先进知识分子的代表，借助文学作品，倡导追求民主和自由，努力冲破思想的枷锁。这首诗继承了古诗的某些特点，又采用口语化的表达形式，别具特色。康白情评论："沈尹默的诗形式质朴而别饶风趣，大有和歌风，在中国似得力于唐人绝句。"《刘三来言，子穀死矣》采用五言古风的形式，全诗讲究押韵，并运用典故，但语言风格可看作是白话诗。这是一首怀念、追悼友人的诗，而这位友人就是作家、诗人、翻译家苏曼殊（字子穀）。清末，作者和刘三、苏曼殊在杭州结成朋友。以后作者和刘三到北京大学任教，苏曼殊则辗转南洋、日本和上海。1918年5月2日，苏曼殊病逝于上海。作者得刘三转告苏曼殊的噩耗，心情异常悲伤，遂挥泪写下这首诗歌。诗中既记述苏氏一生"佯狂玩世，嗜酒暴食"的特点，也表达作者闻讯后"情恻恻"的愁绪，以及满座朋友"一时皆太息"的场景。

除上述《新青年》刊登的十八首新诗外，近些年又从中国社会科学院胡适档案中，新发现沈尹默的一首早期新诗《热天》。这首诗应归为写实类，表现手法与《三弦》类似。

沈尹默的早期新诗具有较大的影响，民国时期曾被不少诗集选录。1920年8月出版的《分类白话诗选》，收录他的《月夜》《人力车夫》《三弦》等十四首。1922年我国新诗的第一部年选集《新诗年选》由上海亚东图书馆出版。该书共选录四十一位诗人的八十九首诗，其中沈尹默一人独占五首，分别是《月夜》《月》《公园里的"二月蓝"》《三弦》《赤裸裸》。1935年10月朱自清主编《中国新文学大系·诗集》出版，收录沈尹默的新诗《三弦》。此外，《月夜》和《三弦》多次被选入中小学国文课本，流传甚广。

参加《新青年》编辑工作和创作大量新诗，奠定了沈尹默作为五四新文化运动先驱的历史地位。

六、任职最长的评议员

从1913年到1928年，沈尹默正处在三十一岁到四十六岁人生最宝贵的时间段。这十六年时光他都是在北京大学度过的，经历了这所最高学府从京师大学堂的封建体制向北京大学民主体制的演变。目睹几任校长经营北大的艰辛历程，深感学校封建习气严重，“新旧之争，内部倾轧”，严重影响办学秩序。于是，从历史的经验中思考大学的未来，逐步认识到“民主”是办好学校的关键。尽管他此时尚未进入学校领导层，但对执教的北大文科预科十分熟悉，对于学校建设也有自己独到的见解。蔡元培刚接任校长职务时，他便向新校长提出三点建议，其中最重要的一点就是成立评议会，依靠集体的智慧谋划学校的重要事务。

其实，在大学建立评议会制度，早在民国初蔡元培任教育总长时已提出来了。1912年10月，北洋政府教育部颁布《大学令》，规定“大学以教授高深学术、养成硕学闳材、应国家需要为宗旨”。又提出“大学设评议会，以各科学长及各科教授互选若干人为会员；大学校长可随时齐集评议会，自为议长”。《大学令》还对评议会的权限作了相应的规定，审议事项主要有五件：（一）各学科之设置及废止；（二）讲座之种类；（三）大学内部规定；（四）审查大学院生成绩及请授学位者之合格与否；（五）教育总长、大学校长咨询事件。[①]1915年11月，北京大学根据《大学令》组织评议会，处理学校行政事务，但时值袁世凯复辟帝制活动猖獗，民主政治遭到严重摧残，因此评议会制度并未真正实行，学校权力仍集中在少数人手中。

1917年蔡元培执掌校政后，北京大学即向教育部报告成立评议会的具体意见，其中说：“本校评议会曾于民国四年十一月间选举会员详报钧部在案。第事隔两年，已逾改选之期。而旧选各员且有离校者，欲实行集会，不得不改选一次。业于本年三月十七日，依法改选十人为会员，理合造具各该员履历清册及评议会简章各一份送呈钧部备案。”[②]报告后附送评议员改选名单。同时，学校着手制订《大学评议会规则》，将评议会作为全校最高立法、权力机构。规定评议会讨论事项即权限，凡学校制定法规都要经评议会议决通过，以容纳众人的意见。其他如关于学科的设立和废止，课程的增减和改革，聘请或辞退教员等重要事项，都必须经评议会审核同意，然后才能付诸执行。评议会由评议员组成，校长为评议长，其余由各科学长和教授代表充任。1917年10月20日，北大正式通过程序选举评议员，组成首届评议会。这届评议会由十九名评议员组成，除校长蔡元培、文科学长陈独秀和工科学长温宗禹外，教授代表有：文科本科胡适、章士钊，文科预科沈尹默、周思敬，理科本科秦汾、俞同奎，理科预科张大椿、胡濬济，法科本科陶孟和、黄振声，法科预科朱锡龄、韩述祖，工科本科孙瑞林、陈世璋。评议会成立的当天下午三时，沈尹默参加由文科学长陈独秀召集的会议，内容为讨论改订《北京大学规程》，与会者还有章士钊、陶孟和、陈大齐、胡适、钱玄同等教授。会议进行两个小时，至

①《教育杂志》第4卷第10号，1913年1月。

②《教育公报》第4卷第8期，1917年6月。

下午五时散会。[1]

依照北大章程规定，评议员任期一年，任满可再被选。开始除校长、学长为当然评议员外，各分科及预科中国专任教员中，每科各选两名评议员。以后除校长、教务长为当然评议员外，决定不再分科，综合全校教授总数，以每五名教授得选评议员一人。所以一年一次的评议会选举，实际是教授代表的选举。评议会作为全校最高权力机构，较好地体现了教授治校的民主精神。从1917年到1927年，北大共组成十届评议会。沈尹默除赴日本游学的1920年、1921年两次未参选以及1922年落选外，其余七届都当选评议员，是北大最高权力机构中任职时间最长的成员之一。

1917年至1927年沈尹默当选北京大学历届评议员情况

届别	产生时间	当选评议员及票数（括弧内数字）	备注
1917—1918学年度	1917年10月20日	蔡元培、陈独秀、温宗禹、胡适、章士钊、沈尹默、周思敬、秦汾、俞同奎、张大椿、胡濬济、陶孟和、黄振声、朱锡龄、韩述祖、孙瑞林、陈世璋	
1918—1919学年度	1918年10月23日	蔡元培、陈独秀、温宗禹、胡适（28）、陈大齐（18）、沈尹默（24）、马裕藻（8）、秦汾（28）、俞同奎（27）、胡濬济（17）、沈士远（7）、马寅初（27）、黄振声（11）、朱锡龄（20）、韩述祖（11）、孙瑞林（27）、何杰（19）	
1919—1920学年度	1919年10月25日	蔡元培、陈独秀、温宗禹、胡适（60）、蒋梦麟（52）、俞同奎（52）、马寅初（48）、陶孟和（47）、马叙伦（43）、陈大齐（39）、张大椿（37）、沈尹默（36）、温宗禹（33）、何育杰（33）、朱希祖（32）、贺之才（32）、马裕藻（31）、黄振声（29）、朱锡龄（28）	

①《钱玄同日记》1917年10月20日。

届别	产生时间	当选评议员及票数（括弧内数字）	备注
1920—1921学年度			沈尹默赴日本未参选
1921—1922学年度			沈尹默赴日本未参选
1922—1923学年度			沈尹默落选
1923—1924学年度	1923年10月14日	蒋梦麟、顾孟余（56）、王星拱（46）、李石曾（41）、马叙伦（40）、李大钊（39）、陈大齐（36）、谭熙鸿（36）、马裕藻（35）、沈士远（34）、朱希祖（32）、冯祖荀（30）、胡适（28）、罗惠侨（28）、余文灿（27）、沈兼士（27）、沈尹默（26）	
1924—1925学年度	1924年10月9日	蒋梦麟、胡适（48）、顾孟余（47）、王星拱（42）、李石曾（36）、丁燮林（36）、陈大齐（36）、马裕藻（32）、马叙伦（29）、谭熙鸿（28）、王世杰（28）、沈尹默（27）、沈兼士（26）、石英（25）、罗惠侨（25）、周览（24）、李四光（24）、朱希祖（24）	
1925—1926学年度	1925年10月27日	蒋梦麟、顾孟余（48）、陈大齐（47）、谭熙鸿（42）、朱希祖（42）、胡适（42）、李石曾（41）、朱家骅（38）、沈尹默（37）、马裕藻（37）、冯祖荀（37）、沈兼士（37）、丁燮林（34）、高一涵（32）、徐炳昶（32）、李书华（32）、周览（31）、王世杰（31）	
1926—1927学年度	1926年11月19日	蒋梦麟、徐炳昶（30）、陈大齐（26）、谭熙鸿（25）、沈兼士（24）、李书华（24）、朱希祖（23）、樊际昌（22）、马裕藻（20）、周览（19）、李宗侗（19）、沈尹默（16）、王星拱（16）	

据北京大学档案资料显示，沈尹默参加评议会会议的次数很多，其中比较重要的有：

1919年8月12日下午四时召开第一次会议，沈尹默、胡适等十一位评议员参加，研究讨论讲师暑假内加薪等九项议题，并一一表决通过。公推并通过沈尹默、马裕藻、胡适、黄振声、俞同奎五位评议员“修正职员任用及薪俸规程”。讨论通过北大所办补习班改为补习学校，今后以私人名义组织，学校捐助一千元为开办经费。最后，讨论决定北京大学英文标准名称，如国立北京大学为“The National University of Peking”，评议会为“University Council”。

1919年11月5日，沈尹默出席评议会第一次常会，公推胡适继任评议会书记，通过组织委员会简章和组织委员会名单。

1919年12月3日，沈尹默出席评议会常会，通过学校组织委员会报告。又议决通过由“校长提议国文教授会主任沈尹默教授在校五年以上，照章可以出洋考察，现拟赴日本，除仍支原俸外，由本校每月津贴六十元”。

1920年4月1日，沈尹默出席由校长蔡元培主持召开的评议会常会，讨论李石曾提出的在法国里昂设立北京大学国外部一案，沈尹默等多数评议员表示反对。全体通过由胡适所拟一议案，即在里昂设立中国大学的计划，并请蔡元培及李石曾代表北大襄助筹款及一切进行事宜。同时，会议还通过评议会规则修正案和评议会会议细则。

1920年7月8日，沈尹默出席特别会议，讨论通过由教务会议提交的《研究所简章》，主要内容有：（一）仿德、美两国大学办法，为专攻一门知识之所；（二）研究所暂分四门：国学、外国文学、社会科学、自然科学；（三）研究所不另设主任，其研究课程故列入各系内；（四）研究所之阅览室并入图书部；（五）各学系之学课有专门研究之必要者，由教员指导学生研究；（六）各种研究在图书馆或实验室内举行；（七）指导员授课时间与授他课同样计算；（八）三年级以上学生及毕业生，均得择习研究课。

所书国立北京大学校牌

1924年3月8日，沈尹默出席新一届评议会第四次会议。针对教员章廷谦出洋请求仍给助教薪一事，沈尹默表示反对，认为如果有此先例，“恐他人援例以应对”，评议会表决通过。关于北大派赴留德学生毛准、姚士鳌请加学费事，沈尹默表示听说毛准在某处改学他种科目，与原来条件不符，提醒大家特别注意。于是会议议决，待毛、姚二生实在情形调查明白后再议增加。

1924年5月28日，沈尹默出席新一届评议会第九次会议，议决通过教务会议提出的下学年添设教育和东方文学两个系的议案，应向教育部要求增加预算，并决定暂由教务长负责筹备及进行组织事宜。

1925年2月14日，沈尹默出席评议会会议，讨论通过评议员石瑛缺出，由余文灿增补。对蔡元培来信要求暑假后仍依教授留学例继续出外留学一年事，议决由评议会去函请其于暑假中返国，将来回国后仍盼其在可能范围内，继续留校办理校务。

评议会在制定和审核学校的各种规章、条令，决定学科的废立，审核教师的学衔和学生成绩，提出学校的预决算费用等方面，拥有很大的权力。沈尹默长期担任北大评议员，对推动北大民主思想的不断发展，发挥着积极的作用。评议会是他活动的一个舞台，他的思想更多地以评议会决议的形式体现出来。

七、教务长选举风波

北京大学原先设有预科、本科二部，这二部各自为政，常相冲突。时人评论："该校预科，名为大学预备，而该科学长，素不愿受大学校长指挥，凡事好与大学立异，甚至自称预科大学，一切课程均故意不与大学接洽，以致虽系预科，而功课与本科并不衔接。"[①]为纠正这种弊端，蔡元培提议组建各学科教授会，作为各科管理机构，并制订《学科教授会组织法》，规定依学科类别相近各自组成一个部，每部设一教授会，成员包括教授、讲师、外国教员。每部选举主任一名，任期两年，统一规划和管理该部预科和本科的教学工作。经学校评议会讨论决定，自1917年底起，先行组织国文、英文、数学三科教授会。同年12月12日下午四时，北大国文部教授会在校长室召开第一次会议，该部教员刘师培、吴梅、钱玄同、朱希祖、朱宗莱、马裕藻、刘三、刘文典、伦明、林损、沈尹默、沈颐、魏友枋、程演生、刘复（半农）十五人出席。会议的主要议题就是选举部主任，结果沈尹默以十二票当选。[②]

沈尹默上任不满一周，即于12月18日召集本部教员开临时会议，

①《北京大学之改革》，见《教育杂志》第9卷第5号。

②《国文教授会第一次开会纪事》，见《北京大学日刊》1917年12月15日。

商议通过多项教学事务：（一）本部是否有必要设立执行委员会；（二）本科与预科选授文章及教授方法的区别；（三）本科作文问题；（四）文预科国文减少一小时；（五）文、理、法三预科教授模范文是否用同一种课本；（六）模范文文选法及教授法；（七）规定每月作文次数及批改的方法；（八）预科文字学与本科文字学的区别；（九）文典编纂的必要；（十）审定学术文录。

除日常教学工作外，沈尹默还特别重视选编教辅材料。他接受刘半农的提议，牵头发起征集全国近世歌谣的活动，目的是为编写歌谣选集做准备。刘半农后来回忆："这已是九年以前的事了。那天，正是大雪之后，我与尹默在北河沿闲走着，我忽然说：'歌谣中也有很好的文章，我们何妨征集一下呢？'尹默说：'你这个意思很好。你去拟个办法，我们请蔡先生用北大的名义征集就是了。'第二天我将章程拟好，蔡先生看了一看，随即批交文牍处印刷五千份，分寄各省官厅学校。中国征集歌谣的事业，就从此开场了。"[①]沈尹默、刘半农征集歌谣的倡议获得蔡元培批准后，于1918年2月1日《北京大学日刊》刊登一则《校长启示》，云："本校拟征集全国近世歌谣，除将简章登载日刊，敬请诸君帮助搜集材料。所有内地报馆、学会及杂志社等，亦祈各就所知，将其名目、地址函交法科刘复君，以便邮寄简章，请其登载。此颂公绥。"当天日刊上还登载刘半农拟写的《北京大学征集全国近世歌谣简章》，要求"本校教员学生各就闻见所及，自行搜集"，"嘱托各省官厅转嘱各县学校或教育团体代为搜集"。随后，北京大学歌谣征集处挂牌成立，由沈尹默任主任兼《中国近世歌谣选粹》编辑，刘半农从事来稿初次审定和编辑《中国近世歌谣汇编》，钱玄同、沈

① 刘半农《海外民歌序》，见《语丝》1927年第127期。

兼士负责方言考订。沈尹默等深知扩大宣传的重要性，经多方协商，请《新青年》《东方杂志》《太平洋》等报刊转载《北京大学征集全国近世歌谣简章》，征集歌谣活动遂引起社会的更大关注。简章发布不满三个月，歌谣征集处共收到校内外来稿八十余件，计歌谣一千一百余首。刘半农对这些歌谣进行麟选和整理，并加以评注。从 1918 年 5 月 22 日开始，在《北京大学日刊》上开辟“歌谣选”专栏，每期发表一首，一直到 1919 年 5 月 22 日截止，共计发表四川、江西、安徽、黑龙江、广东、湖北、江苏、直隶、北平、河南、陕西等地区的歌谣一百四十八首。但此后，这种良好的势头渐渐停滞。先是因为受五四运动的影响，接着沈尹默、刘半农分别于 1920 年赴日本、法国留学，加上周作人身体欠佳，歌谣征集处无人负责，征集活动处于冷却状态。到 1920 年底，近三年间才征集一千七百多首，除开始三个月的一千一百余首，后来两年多的时间才搜集六百首左右，离所设定的目标差距很大。尤其搜集的范围不够广大，主要集中在直隶、北平、江苏、山东等几个省市，而新疆、黑龙江、吉林等地居然一首都未收集。就这样，由沈尹默、刘半农等发起的北京大学第一次搜集歌谣运动落下了帷幕。

沈尹默任国文教授会主任期间，恰逢蔡元培着手改革教务体制。北京大学教务原来由各科学长分头负责，各科缺乏联系，处于分散状态。为沟通文理各科，加强统一领导，学校评议会决定取消学长制，分别设立教务处和总务处。教务长由各学科教授会主任推选，任期一年。总务长由校长在总务委员中委任，任期二年，可以连任。令沈尹默始料未及的是，推选第一任教务长，竟引起一场不小的风波。

1919 年 4 月 8 日，蔡元培亲自召集文理两科各教授会主任及政治、经济门主任开会，出席的有秦汾、俞同奎、沈尹默、陈启修、陈大齐、

北京大学同仁（前排左起）沈兼士、马裕藻、陈垣、周作人、李石曾、伊凤阁、蒋梦麟、今西龙、沈尹默、孙伏园、胡鸣盛

贺之才、何育杰和胡适八人。会议的主要议题有四项，其中第三项“由各主任投票公推教务长一人”，投票结果马寅初以四票当选，俞同奎得三票落选。[1]据沈尹默回忆，当时胡适也想做教务长，但蔡元培支持马寅初，最后胡适落选。

> 评议会成立以后，我忘了是哪一年，提出设立教务长，胡适毛遂自荐，要做教务长，而为理科教员所反对。理科反对文科的人当教务长，主要是反对胡适，因为胡适到北大只一年多，神气十足，张牙舞爪，任何人都不在他眼中，为人治学又浅薄，以后是蔡元培把他捧出来的。当时反对胡适最力的是理科天文学教授秦景阳（秦汾）。我们和蔡先生商量，决定提名马寅初为候

①《大学本科教务处成立纪事》，见《北京大学日刊》1919 年 4 月 10 日。

选人。当时，理科提出俞同奎，文科提出陈大齐，法科提出马寅初，这三个候选人势均力敌，在评议会选举时，主席蔡先生投马寅初一票，马得以当选为北大第一任教务长。为什么蔡先生同意以马寅初当教务长呢？一则是理科反对文科的人出来当教务长，我们为了免去无谓之争端，就提出以法科的人来担任；二则是马寅初本来是北大教员会的领导人，不知为什么，他得罪了北京中学界，中学教员很不满意他，而教员会和北京学界的关系密切，因此，我们商量，教员会改推康宝忠和马叙伦领导，马寅初则失之东隅，收之桑榆，当了第一任教务长。

评议会选出马寅初为教务长后，胡适找我说："我在什么地方都喜欢做第一人，这次第一任教务长我要做，是你们出了主意，不要我做，我很不满意。"我答曰："你不满意也只好算了，我有什么法子呢。"①

对北大第一次选教务长事，胡适却有另外一番说法。1922 年 7 月 3 日，胡适在济南参加中华教育改进社第一次年会，在日记中写道："与在君、景阳、孟和、敦复闲谈，直到早二时半始睡。景阳、在君熟识北大的十年历史；在君知道何燏时做校长时及胡仁源做校长时代的历史，景阳知道夏元瑮做理科学长时的历史。当日北大建筑今之第一院时，胡仁源、徐崇钦、沈尹默皆同谋。后来尹默又反怨徐、胡两人；及蔡先生来校，尹默遂与夏元瑮联合，废工科以去胡，分预科以去徐。后来我提倡教授会的制度，蔡先生与尹默遂又借文理合并的计划去夏。我当日实在不知道种种历史的原因，也不免有为尹默利用的地方。……

① 沈尹默《我和北大》，见《文史资料选辑》第 61 辑。

胡适

结果便是浮筠出洋，景阳代他。景阳们虽不肯助浮筠，而也不愿‘本科’学长归仲甫，故景阳首倡废学长之议而代以教务长。但此议后来久不提起，直到后来蔡先生欲辞去仲甫而不欲仲甫居辞去之名；恰好那时景阳调教育部为专门司司长，蔡先生遂以废学长之名义去仲甫，教务长之议遂实行。当时原议教务长只限于文理二科合并的本科，而不管法科。尹默又怕我当选，故又用诡计，使蔡先生于选举之日打电话把政治、经济两系的主任加入；一面尹默亲来我家，说百年（陈大齐）等的意思不希望我第一次当选为教务长。他们明说要举马寅初（经济系主任）。我本来不愿当选，但这种手段是我不能忍耐的；当时我声明要推举俞星枢，开会时我自己先声明不当选，提出星枢来。当时景阳不曾投票，故结果为星枢与寅初各三票，蔡先生加寅初一票，遂举寅初。但后来尹默与寅初又成冤家，至今不已。我对尹默，始终开诚待他，从来不计较他的诡计，而尹默的诡计后来终于毁了自己。而阴谋家的流毒，至于今日，恶果愈显出来了。”[①]

显然，胡适认为自己未能当选教务长，是沈尹默在背后鼓动蔡元培造成的，因此对沈很不满，为日后两人反目成仇埋下了伏笔。沈尹默也承认不赞成胡适做教务长，但结果毕竟是大家选举产生的，胡适只“归罪”于沈尹默一人也不太公平。

① 中国社会科学院近代史研究所中华民国史研究室《胡适的日记》，中华书局 1985 年版，第 392–393 页。

八、最早的书法导师

从杭州到北京，沈尹默没有停止追求书法艺术的步伐。他始终不忘陈独秀的“当头一棒”，在北大一面教书编讲义，一面利用业余时间临池学书。开始时，他一心一意临习北碑，决心彻底洗净从前行草所沾染的俗气。他从《龙门二十品》入手，遍习《爨宝子》《爨龙颜》《郑文公碑》《刁遵墓志》《崔敬邕墓志》等，尤爱《张猛龙碑》。为求得“画平竖直”，又选取了《大代华岳庙碑》，花三四年时间刻意临摹。每作一横幅，往往屏气书写，写完才敢畅意呼吸，然后继续。以后得北魏新出土碑碣，如《元显儁墓志》《元彦墓志》等，都喜欢临习。《敬使君碑》《苏孝慈墓志》早在陕南时就临写过，自己觉得用力还不够，于是继续下工夫练习。其间，除写信外，较少用行书为人作字，主要书写楷体，目的是将楷书的技法掌握得更圆熟。天道酬勤，他的书艺突飞猛进，所写字朴实无华，却气度恢弘，不仅获得身边亲友的喜爱，在社会上也渐渐有了拥趸。由于求字的人越来越多，他试着仿照古例，计件收取润格。那时好友刘三也在北大当文科教授。两人经常研讨诗书，互赠墨宝。经刘三介绍，他于1917年6月加入革命文化团体南社。两人又合作订书例卖字，一时他的行书和刘三的隶书风靡京城。

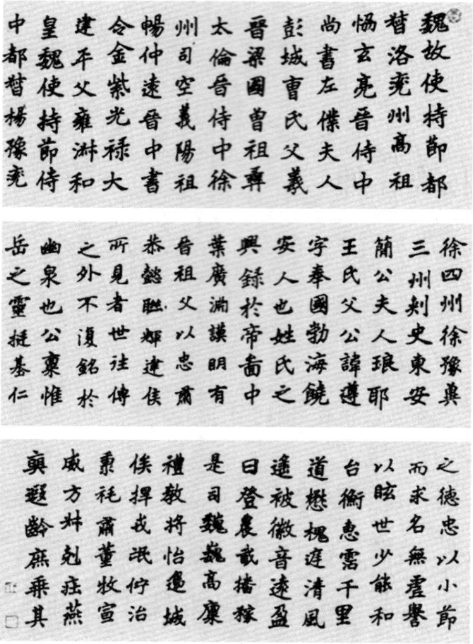

临写的《刁遵墓志》

沈尹默、江南刘三书例

堂幅	每幅银四圆，五尺以外六圆，横幅同例。
单条	每条银二圆，五尺以外三圆。
楹联	每对银二圆，五尺以外三圆。
扇面	每柄银一圆。
堂扁招牌	每字银一圆，二尺以外二圆，三尺以外四圆。
碑志寿屏	另议。

屏联来文加倍，泥金加半。　　磨墨费加十之一，笔资先惠。

通信收件处　上海华泾、北京北京大学　　一月回件[①]

①《南社》第20集。

蔡元培改革北大的一个重要方面，就是通过养成学术风气，改变学生的观念，引起研究问题的兴趣。学校倡导建立各种社团，鼓励开展形式多样的活动，丰富学生的课余生活。在蔡元培的支持下，北大学生社团如雨后春笋般迅速发展，早期有画法研究会、音乐研究会、新闻学研究会、哲学研究会、新潮社等。当时在北大读书的顾颉刚回忆："北大学生本来毫无组织，蔡先生来后就把每班的班长招来，劝他们每一系成立一个学会。许多班长退下来踌躇道：'这件事怎么办呢？'因为同学间实在太散漫了。但靠了蔡先生的敦促和指导，以及学校在经费上的帮助，许多会居然组织起来了。不但每系有会，而且书法研究会、画法研究会、音乐会、辩论会、武术会、静坐会……一个个成立起来。谁高兴组织什么会就组织什么会，谁有什么技艺就会被拉进什么技艺的会。平时一个人表现自己能力时很有出风头的嫌疑，

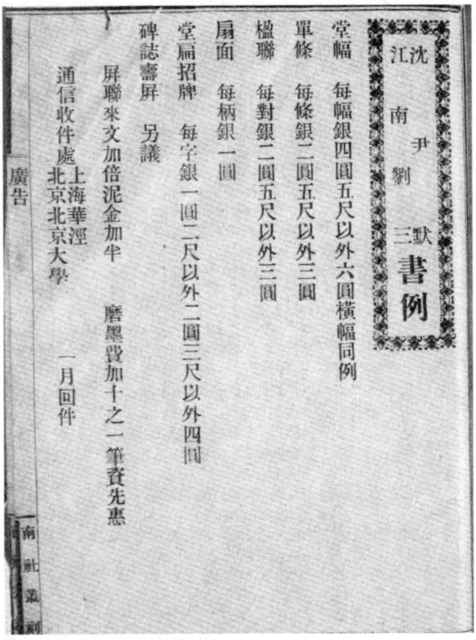

沈尹默
江南劉三
書例

堂幅　每幅銀四圓五尺以外六圓橫幅同例
單條　每條銀二圓五尺以外三圓
楹聯　每對銀二圓五尺以外三圓
扇面　每柄銀一圓
堂扁招牌　每字銀一圓二尺以外二圓三尺以外四圓
碑誌壽屏　另議
屏聯來文加倍泥金加半　磨墨費加十之一筆資先惠
通信收件處　上海華涇　北京北京大學　一月回件

廣告

南社叢刻

沈尹默、江南刘三书例

可是到了这个时候，虽欲不出风头而不可得了。校中尽有消遣的地方，打牌听戏的兴致也就减少了许多了。”①沈尹默响应蔡元培的号召，以实际行动支持学生社团建设，应聘为北大书法研究社导师，义务指导有志于钻研书学的学生。

1917年12月21日，北大学生俞士镇、刘之墉、薛祥绥、马志恒、杨湜生、罗常培、祁仲鸿、董威等发起的书法研究社，在文科第一教室召开成立大会。②公推杨湜生、薛祥绥为执事，负责日常社务。③教员沈尹默和刘三、马衡被聘为导师，随时给社员以指导。该社订有简章，规定以“昌明书法，陶养性情”为宗旨，要求“各社员于每月必须缴字两次，交执事转呈教师评定”，而导师的任务为“指点途径，评骘成绩”。④书法研究社开始并无固定场所，每遇活动往往暂借文科第一教室进行。不久，因社员人数增多，开展活动感到诸多不便，由蔡元培校长亲自协调，执事登门与图书馆主任李大钊协商，最后同意拨出馆内一间小屋，作为该社临时储藏碑帖处。又经校长批准，学校拨出一笔经费，由社中购置碑帖，供社员学习欣赏。由导师沈尹默、文科教授钱玄同共同开列草书碑帖目录，马衡开列碑版目录，报校长审阅后，托马衡随时购买。⑤一个多月后，书法社所藏碑版、草书大增，遂分门别类，陈列于室，社员可以随意研习。一年后，书法研究社迁址北大红楼一层第十三号，规模进一步扩大。

沈尹默经常应邀为书法研究社社员演讲习书经验和有关书法知识。

---

① 余毅《悼蔡元培先生》，见《责善》第1卷第1期，1940年3月16日。“余毅”为顾颉刚笔名。文中“书法研究会”应为“书法研究社”。

②《拟设书法研究社简章》，见《北京大学日刊》1917年12月5日。

③《书法研究社启事》，见《北京大学日刊》1917年12月25日。

④《书法研究社通告》，见《北京大学日刊》1917年12月16日。

⑤《书法研究社报告》，见《北京大学日刊》1918年2月22日。

1918年3月25日晚七时，他和刘三、马衡原本预备在文科第一教室为社员做第二次讲授，内容为用笔的方法。结果他因事未能抽身，只好派人送去手抄本《书法拾遗》，供社员研习参考。1919年1月21日晚，他再次应邀与刘三一起参加导师与社员谈话会。他首先讲演书法的基本知识和基本技法，然后由学生自由提问，两名导师当场答复。当晚到会的社员达三十五人，许多人事先已将学习中遇到的疑难问题，逐条抄录在本子上。大家踊跃提问，会场气氛异常活跃。这种面对面解疑答惑的方式，受到社员的极大欢迎，一致认为效果很好。两个小时的谈话会结束，社员意犹未尽，便陪同两位导师到红楼一层社中休息，观看社员习作，至十点多才散会。[①]

北大书法研究社成立仅三四个月，社员人数竟突破百人。考虑到场地狭小、导师人数有限等问题，社中不得不刊登通告，暂停入社报名申请。由于社中事务日益繁重，经执事杨湜生、薛祥绥与导师沈尹默等商量，决定在研究社成立一周年时，召开社员大会，修正《书法研究社简章》和改选执事。1918年12月13日晚七时，该社召开第四次社员大会，除讨论通过《书法研究社简章》外，公推廖书仓、刘翰章、杨湜生、薛祥绥四人为新一届执事，还决定执事每日轮流在社中值班两小时，以方便社员随意观赏碑帖，上缴书法习作给导师指导。[②]后来，鉴于每次开会人数较多，讨论研究不便，该社又征得导师沈尹默等同意，决定将社员按研习兴趣分成篆书、隶书、楷书、行草四组，每人暂定专习一种书体，参加一个组的活动。又决定四组轮流开会，从事研究和讨论。除社员作业定期由导师点评、开演讲会讨论和上书法课外，沈尹默等导师还与书法研究社执事组织社员参加社会活

①《书法研究社开会纪事》，见《北京大学日刊》1919年1月25日。

②《书法研究社通告》，见《北京大学日刊》1918年12月16日。

动，激发大家学习书法的兴趣，提高艺术创作和艺术欣赏水平。有一次，经北洋政府内务部同意，该社全体社员赴紫禁城古物陈列所参观。古物所陈列着家具、铜器、玉器、书画、钟表、书籍等众多宝物，让社员眼界大开。1919 年 5 月 15 日，北京万国禁烟会在中央公园召开宣传禁烟大会，北大书法研究社组织社员书写标语和口号，贴满会场四周。①

此后，北大书法研究社执事薛祥绥等毕业离校，导师沈尹默赴日本游学，刘三辞去北大教职，社务工作遂陷于停顿。直到1922年4月，沈尹默旅日归国，北大才决定恢复该社的活动，初定学生杨应吉、宋泽负责筹备，沈尹默、马衡继续担任导师。经与学校庶务委员会协商，决定拨第三院旧储藏室为新社址。同年 6 月 8 日下午四时，该社召开谈话会。会上，执事杨应吉报告了书法研究社恢复活动的经过。后两位导师发言。马衡说："本社成立，鄙人即参预其间，尽力不周。谈到书法，关于字体碑帖尤为重要，拟抄一目录略供大家参考。"沈尹默说："书法固然以肯写为主，但于碑帖的选择也应该注意，用腕、用笔、用墨尤其不可不讲求。"会议正式选举杨应吉、宋泽为执事。②

北大书法研究社在沈尹默、马衡两位导师的带领下，积极举办各类活动，团结和培养了一大批书法爱好者，为北大书法艺术的繁荣和进步做出了重要贡献。

---

①《书法研究社通告》，见《北京大学日刊》1919 年 4 月 30 日。

②《北大书法研究社成立纪略》，见《顺天时报》1922 年 6 月 11 日。

九、办“咱们自己的学校”

沈尹默从小没有上过正规的学校，因此一直视教育工作为神圣的职业，特别钟情于办教育。1917 年 12 月 25 日，他与蔡元培、李石曾、马裕藻、马衡等共同发起，在北京东城方巾巷华法教育会事务所，创办了一所新型的学校——北京孔德女子小学校。不久改名北京孔德两等小学校，1919 年又改为北京孔德学校。“孔德”之名取自法国实证主义哲学家奥古斯特·孔德的姓，蔡元培在该校两周年纪念会上说：“我们这个学校，用孔德先生的姓作标榜，并不是他一个人的学问之外，都不用注意，且并不是就用他的哲学来教授小学生。我们是取他注重科学精神、研究社会组织的主义，来作我们教育的宗旨。”[①] 该校学制不同于普通学校初小四年、高小三年、中学四年（共十一年），实为初小四年、高小两年、中学四年，共十年。学生从五年级起就学习法文，毕业后可赴法国深造。学校在京师学务局立案，由学务局每月补助一百元，其余办学经费由创办人向社会募集。此外，华法教育会、北京大学、中法教育基金委员会等也拨过款。沈尹默把这所学校称为

①《北京孔德学校二周年纪念会演说词》，见高平叔《蔡元培全集》第 3 卷，中华书局 1984 年版，第 373 页。

孔德学校大门

“咱们自己的学校”，为方便到北大三院和该校上班，特地将家从城南什坊院搬到北池子骑河楼。

1918 年 2 月，北京孔德学校正式开学，学生只有二十余人，女生居多数，包括创办人蔡元培、李石曾、沈尹默、马衡、齐竺山、齐如山等人的子女。后来，北大教员李大钊的子女李葆华、李星华，刘半农的儿子刘育伦，周作人的儿子周丰一，马裕藻的女儿马珏，钱玄同的儿子钱秉雄、钱三强等，都到这所学校上学。北大教授沈尹默、钱玄同、马裕藻、朱希祖、沈兼士等都曾到校授课，因此该校堪称北京大学的子弟学校。那时，沈尹默等创办人就有一种设想，既要把学校办成读书的场所，还要使它成为人格养成的地方，因此主张教与育并重，要培养有思想的人、情感的人和实际创作的人。训育方面初期虽无严密的校规，但主张废除对学生的体罚。小学部有一名谢姓教师，因体罚学生，被介绍到其他小学任教。学校不给学生教条式的约束，而是在适当的范围内，让学生自由发展个性，以保持他们天真活泼的本性。学生犯了错误，老师随时加以劝导，使学生自觉改正。

1918年春，蔡元培主持召开新教育研究会议，沈尹默等孔德学校教务评议会评议员及部分教员出席，会议主要讨论改革教科书问题。会上，钱玄同建议用白话文编写小学国语课本，而且从小学一年级起就教注音字母。学生学会注音字母，能品读生字后，再读白话的国语课本。沈尹默赞同钱玄同的观点，认为“以注音字母授小学生，语言之统一最易”。又说：“教育者本有改良社会之责任，不可全以循顺社会为事。今之教育，易于教人作伪。商务、中华教科书之缺点，固在材料之缺联络，尤在无主张。教科书无永久不改之理。另外，文理浅显亦是要点，不能以有障碍而不敢用白话。”最后，会议讨论通过编辑新教材的计划。[①]很快，沈尹默与马裕藻、钱玄同、陈大齐等以“新教育研究会的名义”编成一年级国语课本，供孔德学校使用。这套课本的内容有短语、儿歌、故事等，每个生字都有注音，还配有徐悲鸿画的插图，新颖有趣，很适宜儿童学习。以后，孔德学校的小学、中学国文教材都由沈尹默、周作人、钱玄同三人主持编撰，课文一般选自新出版的书报杂志，体裁有童话、故事、小说、散文、短剧、论述文等，如蔡元培在天安门的演说《劳工神圣》，以及《高加索囚人》《托尔斯泰》《哥伦布》等。采用活页讲义的形式，不断增添新文章，每年都会有变化。孔德学校自编教材有近二十年的历史，直到全面抗战爆发才改用书局出版的课本。

孔德学校的行政组织最初叫校务讨论会，会员有蔡元培、李石曾、沈尹默、马衡、钱玄同、蒋梦麟、马叙伦、沈士远、马季明、周作人、陈独秀、马裕藻、朱希祖、沈兼士、黎锦熙等。又公推出校长蔡元培、

①《孔德学校教务评议会简则》，见高平叔《蔡元培全集》第3卷，中华书局1984年版，第160–161页。

REVUE TRIMENSUELLE DE L'ECOLE A.COMTE DE PEKIN

北京孔德学校旬栞

通信處：北京東安門北河沿北京孔德學校旬刊社　本期每份售銅子四枚

21,9,1925.　第十一期　星期一

天生開汽車的樣兒　品青

一張短腿大長方桌子的四周，圍坐了

個玩慣這種玩藝的小孩，不等主考解釋完，

早已劈哩乓啷的擁起來了。但是有幾個小

沈尹默为《北京孔德学校旬刊》题写刊头

校务主任马隅卿。蔡元培因事务繁忙，除学校开办或校庆时出席外，平时无暇顾及学校的事务，实际上他只是个名誉校长。另外学校还设常务董事会，共有七人：主席沈尹默，常务董事蔡元培、李石曾、马衡、钱玄同、陈大齐、马隅卿。沈尹默和蔡元培、李石曾、马衡负责筹划学校经费、制定办学方针等事项，钱、陈二人主要负责编教材，马隅卿负责执行校董会的指示和处理学校具体事务。到 1926 年，学校组织上稍有变更，除校长外，特设学长一人，由校长聘请沈尹默担任，负责学校日常工作。为分掌校务起见，设总务委员会和教务委员会。总务委员会委员长马隅卿，委员沈尹默、马衡。教务委员会委员长张犀海，委员卢逮曾、蓝少铿。教员试行级任制和科任制。

1922 年，孔德学校学生人数增加较多，校舍不敷使用。沈尹默等董事出面与北京大学协商，结果北大将东安门北河沿原第三院部分房屋和操场拨给孔德学校。从此，孔德学校从方巾巷迁到北河沿，校门朝东，门口挂着“北京孔德学校”的牌子。两年后，又加挂一块“北京中法大学孔德学院”的牌子。1928 年，南京国民政府下令拨东华门大街宗人府为孔德学校新校址，面积近二十亩，修建普通教室十多间，又有礼堂、科学馆、实验室、美术室、音乐室、乒乓球室、阅览室等。沈尹默拿出自己多年积蓄两千元，将购得的东华门二十六号四亩地辟为运动场。这一年，学校分成两部分：中法大学孔德学院移到阜外北礼士路，十年制孔德学校仍留在宗人府。

1931 年，沈尹默曾撰文记述孔德学校创办经过，从中可见他的教育思想和教育理念。摘录其中三段如下：

1. 本校创始之经过

本校创始于民国六年十二月，是时蔡（元培）、李（煜瀛）两先生正努力从事于中法间教育事业，因中国学校外国语向来用英文，遂自办一丙等小学，采用法文，校址暂借东城方巾巷崇正义塾之一部分，小学分男女两部，费用由华法教育（基金）会补助，每月二三百元。开办之第二年校中之执事人屡易，华法教育会之补助金亦停付，一切责任完全由现在主持孔德学校诸人担负，蔡李两先生亦不时予以矜助。

2. 教育方针

初办时，同人称教与育应并重。盖学校是人格养成所，不仅为读书识字之机关，以为书坊所编小学课本“为读书而进学校”之主张有流弊，因一般所用之国文课本内容重新审订改编，且以语易文，最低年级并采用注音字母。至教育方面，初时并无若何严密之规定，但主张废体罚，不立教条的约束，在这书之范围以内，任其自由，最要之点是望学生个个能率真，行动不容有丝毫伪饰，同人认为伪作的善是学校教育最大的过失，学生有错误，应随时加以劝导，令其自觉改正。

3. 男女同学

> 初将高小男女分班制改作合班制，颇受一般人士之非难，但同人认（为），学校为一大家庭，兄弟姊妹共展一堂，本无不可，其切弊病皆由歧视男女之一念与其无设立防闲所致，且男女性情怪见不同，同处校，可得相当互助之利益，再就实施男女同等教育上观之，尤有重大之意义。
>
> 本校男女同学自初办至今，不但未发生流弊，且就男女性情行为方面亲密颇有相当的好处，即男女能立于真正同一的地位彼此往来，无轻慢与疑催之态度，但因男女发育年龄不同的缘故，每到初中时期，教课上不免稍有困难之处，若教师能充分注意，亦不致毫无办法。[1]

抗战时期，沈尹默的长子沈令扬主持孔德学校的总务工作。没有了政府的津贴，学校的生存日益艰难。沈令扬牢记父亲的教诲，协助校长蓝少铿采取种种措施，竭力保住学校。教师的工资只能发七折八折，大家的生计越来越困难。沈令扬安排腾空学校暂时不用的部分房屋，让一些教师住进学校，可以节省房租、水电、煤火等费用。1949年北平和平解放，沈尹默写信给已担任孔德学校校长的沈令扬，嘱咐他把学校交给人民政府。1952年9月，孔德学校中学部改为北京市第二十七中学，小学部改为东华门小学。以后，沈尹默依然关心学校的发展和进步。他的大儿媳马明慧曾回忆说："1962年父亲到北京开全国政协三届会议，一下火车第一句话就问'孔德学校现在怎么样了？'我告诉他二十七中和东华门幼儿园都被列入北京市文教群英会先进集体。当他得知我还在孔德学校工作时高兴地拉着我的手说：'你能在孔

① 沈长庆《沈尹默家族往事》，中国文史出版社年2013版，第241–242页。

德学校工作太好了，现在只有你一个人在我们自己的学校工作，你一定要钻研业务，教好孩子，不要再想回大学去工作了。’当长孙长宁保送师大后，父亲对长宁说：‘我是老师、你爸爸是老师、你妈妈是老师，你将来也是老师，咱们全家都是老师。’父亲称孔德学校为‘我们自己的学校’，在教育事业上老人家倾注了全部心血。”①

题写的《孔德月刊》刊头

值得一提的是，孔德学校有一座图书馆，藏书十分丰富。其中主要部分是沈尹默、马隅卿等多年四处奔走，多方求购来的。经过长期的积累，孔德图书馆藏书达六万四千余册，不乏稀有的古籍善本。当年鲁迅研究小说史，曾到孔德图书馆查阅有关词曲和旧小说资料。中华人民共和国成立后，北京市人民政府决定将这批藏书交给首都图书馆接管保存。

① 马明慧《忆父亲》，见吴耀辉、卢之章《凝静——尹默二十年祭》，北京燕山出版社1991年版，第78–79页。

十、陈独秀因“德”出走

当年陈独秀进北大做文科学长，沈尹默曾经向蔡元培竭力推荐。北大让陈体面离开时，沈尹默也参与了讨论。不过，陈独秀走出北大的真正原因还得从蔡元培整顿北大说起。

蔡元培刚到北大时，发现师生课余“竟为不正当的消遣”，经常有人出入京城有名的“红灯区”八大胡同。作为提倡道德教育的学者，他认为“私德不修，祸及社会”，便着手在校内筹设进德会，希望借此规范师生的道德行为，净化校园风气。他亲自起草进德会会规，征询师生职员的意见，并于1918年1月19日正式公布《北大进德会旨趣书》，做公开发起和号召。“旨趣书”强调组织进德会的目的在于培养个人良好道德品质，使自己成为清流之士，负起与俗流斗争、改良社会风气的神圣职责。同时，开列以“三戒”即戒嫖、戒赌、戒娶妾为基础的三个等级的会员条件，任师生职员选择遵守。“甲种会员，不嫖、不赌、不娶妾。乙种会员，于前三戒外，加不作官吏、不作议员二戒。丙种会员，于前五戒外，又加不吸烟、不饮酒、不食肉三戒。”蔡元培对进德会预期达到的社会功效进行说明，即“可以绳己”“可以谢人”“可以止谤”，其核心思想就是注重个人品德修养。[①]

沈尹默积极响应蔡校长的号召，申请加入为甲种会员。与他同时入会的甲种会员还有陈独秀、章士钊、马裕藻、王星拱、陈大齐、胡适、马叙伦、马寅初、朱希祖等知名教授。不到半年时间，进德会甲种会员已达三百七十一人次，乙种会员为九十五人次，丙种会员为二十六人次，另有部分校外会员加入。1918年5月28日下午四时在北大文科第一教室召开成立大会，沈尹默以四十九票的较高票数当选为进德会评议员，同时当选的教员还有章士钊、王宠惠、刘师培三人，当选的职员是蔡元培、王建祖、温宗禹、夏元瑮、陈独秀五人，当选的学生为傅斯年、罗家伦、廖仓书等十六人。[②]6月29日，沈尹默出席由蔡元培主持的北大进德会评议员、纠察员第一次会议。会议决定出版季刊《北京大学进德会杂志》，并推定沈尹默、钱玄同、李大钊和康白情为编辑员。会议还通过决议：废除原定甲、乙、丙等级，以不嫖、不赌、不纳妾为入会的必要条件，其余五条戒律由会员自由认同遵守；会员须重新填写志愿书交本会书记，再由会中宣布名单。会员如有破坏志愿书上所认同的戒律，“经会员签名报告者，书记通信劝告”，劝告后仍有这种行为发生，“经会员十人以上签名报告者，由评议员切实调查”，如果属实，开评议会宣告除名。[③]7月30日，沈尹默重新填写志愿书，成为新进德会首批会员，承诺为“守本会基本三条戒约者”。

北大进德会发起初期，就在社会上引起巨大反响，京、沪各报纷纷登载消息和评论，连日本报刊也非常关注。进德会在北大内部产生

---

① 蔡元培《北京大学之进德会》，见《北京大学日刊》1918年1月19日。

②《进德会报告》，见《北京大学日刊》1918年5月30日。

③《进德会启事·七年六月二十九日进德会评议员纠察员第一次会记录》，见《北京大学日刊》1918年7月4日。

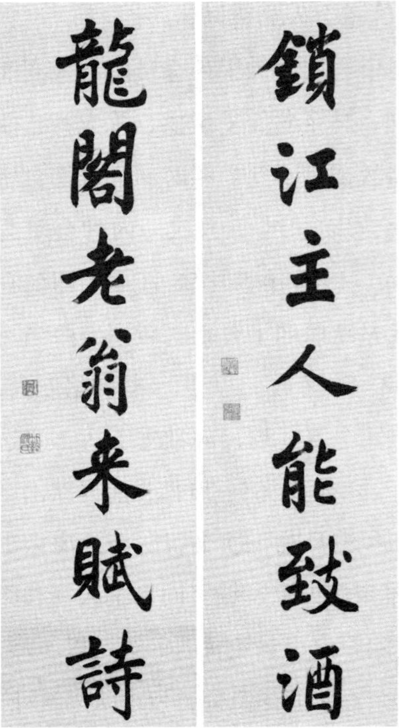

所书七言对联

的影响更大，许多教职员和学生加入此会，承诺遵守会约，学校风纪大为好转。恰在此时，报纸刊文称陈独秀不注重私德，常到八大胡同嫖妓，还与另一人（有人说是北大学生）争同一妓女，陈为此还抓伤妓女下身。一时间，校园内外沸沸扬扬，许多人信以为真。

原来，陈独秀任北大文科学长后，以《新青年》为阵地，提倡科学和民主，抨击专制制度，遭到各种守旧势力的强烈反对。1919 年 2 月，林纾在上海《新申报》发表文言小说《荆生》，用田其美、金心异、狄莫分别影射陈独秀、钱玄同、胡适，把荆生比作“伟丈夫”，恶毒诋毁新文化运动。桐城派古文家、安徽孔教会会长马其昶拿着几本《新青年》，找到总统徐世昌，强烈要求惩治陈独秀、蔡元培等人。林纾的亲信弟子、北大文科学生张厚载在报上发表文章，造谣说“陈独秀近有辞职之说，记者往访蔡校长，询以此事，蔡校长对于陈学长辞职一说，并无否认之表示”，对此胡适曾站出来辟谣。旧势力见围攻失败，便在报纸刊登“陈独秀嫖妓”的新闻。国会议员张元奇弹劾教育总长傅增湘与北大校长蔡元培，说他们纵容陈独秀嫖妓。总统徐世昌指令傅增湘致信蔡元培，斥责陈独秀的《新青年》杂志言论过激。

面对各种压力，蔡元培召集国文教授会主任沈尹默和文科教授马叙伦于3月26日晚到汤尔和家开会，商议“陈独秀嫖妓事件”的解决办法，会议一直开到深夜十二点钟。汤尔和虽然不是北大教员，但极受蔡元培的信任，又是北京教育界的重要人物，是此次会议的主角之一。据现有资料，当晚沈尹默说了什么或者主张什么尚不清楚，唯知汤尔和“力言其私德太坏”，“如何可作师表”，但“蔡先生颇不愿于那时去独秀”。蔡元培亲自发起成立进德会，设立许多戒条，陈独秀积极响应加入，并当选为评议员。按照规则，会员必须遵守“不嫖、不赌、不纳妾”的必要条件，如果陈独秀真有嫖妓行为，无疑触犯了会规，蔡元培也只能照章办事。最后，蔡元培听从汤尔和的提议，于4月8日主持召开文理两科教授会主任会议，宣布废除学长制，选举马寅初为首任教务长，由教务长代替学长。陈独秀的文科学长职务被自动解除，但继续担任教授，并由校方给假一年，实际用一种体面的方式让他辞去教职。① 不久，陈独秀离开了北大。

对此，陈独秀的好友兼同乡胡适非常不满，甚至迁怒于沈尹默和马叙伦等人，认为是沈、马在背后捣鬼，才使蔡元培下决心赶走陈独秀。后来胡适与汤尔和的友谊加深，汤就把自己的日记送给胡适看，胡适在1935年12月28日写给汤尔和的信中说：“我当时所诧怪者，当时小报所记，道路所传，都是无稽之谈，而学界领袖乃视为事实，视为铁证，岂不可怪？”接着话锋一转，把矛头直接指向沈尹默，“当时我颇疑心尹默等几个反复小人造成一个攻击独秀的局面，而先生不察，就做了他们的‘发言人’了”②。

---

①《大学本科教务处成立纪事》，见《北京大学日刊》1919年4月10日。

② 中国社会科学院近代史研究所中华民国史研究室《胡适来往书信选》（中），社会科学文献出版社年2013年版，第607–608页。

可是，与胡适大骂沈尹默的做法相反，陈独秀对沈尹默一直比较友好。以后，沈尹默与陈独秀虽然没有机会再见面，但有时从朋友处获悉彼此的近况，曾托人互相转达问候之意。抗战时期两人都在重庆，陈独秀曾托朋友几次寄赠诗作，沈尹默也回赠数首。有一年，陈独秀编写的《古音阴阳入互用例表》印行，也不忘请人转送给沈尹默一册。陈独秀对汤尔和的态度却截然不同。那晚汤宅会议后，陈很快便从朋友处得知北大准备辞退他的消息，对汤尔和大为不满。过了几天，两人狭路相逢，陈“面色灰败，自北而南，以怒目视”。

十一、五四运动的“伙夫头儿”

中华人民共和国成立后的1950年，沈尹默曾应邀在一次纪念五四运动的座谈会上发言，说：“说到‘五四’运动，我自己觉得有点惭愧。因为我在当时不是队伍中的一个战士，不过是伙夫之流，说得好听点，也不过是一名卫兵，或者是个伙夫头儿罢了。朋友们谈到‘五四’运动时，有的人要归功于我的措施得宜，这话很不敢当。这一件事已经是三十余年以前的事了，现在回忆起来，倒有谈一谈的必要。”[①] 将自己定为五四运动的“伙夫头儿”，这是沈尹默的谦虚说法。事实上，他是这场运动的积极参与者。

众所周知，五四运动的起因是巴黎和会上中国外交的失败。第一次世界大战期间，中国加入协约国，战后中国以战胜国的资格出席1919年1月在巴黎举行的“和平会议”。但整个会议由英、美、法等帝国主义国家操纵，他们不仅拒绝中国政府收回山东权益的要求，反而将德国在山东的权益转交给日本。消息传到国内，一片哗然，国人群情激愤，坚决反对。5月4日下午，北京几所高校的三千多名学生

①《沈尹默先生谈“五四”》，见《解放日报》1950年5月3日。

冲破军警阻挠，云集天安门广场。学生们手执旗帜和条幅，高喊口号，列队游行，要求惩办卖国贼曹汝霖、陆宗舆和章宗祥。大家怒气冲天，赶到赵家楼曹汝霖住宅，痛揍章宗祥，放火焚烧曹宅。大批军警随后赶到，逮捕学生代表三十二人，其中有北大学生许德珩、杨振声等二十人。当晚，北大学生齐集法科大礼堂开会，蔡元培邀请法律专家王宠惠参加，讨论营救被捕同学的办法。

沈尹默当天下午已预感到将有大规模事件发生，他后来回忆说：

> 一九一九年五月四日下半日，无甚事做，有点烦闷，便约了一两位朋友到什刹海会贤堂面湖的楼上吃茶谈天。记得我和一位朋友说，我们在这里偷闲，这个当儿说不定会有一件甚么大事发生。即席便作了一首减兰小词赠他，词是这样写着："会贤堂上，闲座闲吟闲眺望。高柳低荷，解愠风来向晚多。冰盘小饮，旧事逢君须记省。流水年光，莫道闲人有底忙。"后来这首词被人看见，以为"五四"运动我必曾参与其间，至少亦在事前知道。其实并不如此，只能说是瞎猜猜着有这么一回事而已。那天由什刹海回到南小街什方院家门口，看见满街都是水流，街上人说这是消防队在救赵家楼曹宅的火，这火是北大学生们放的。第二天才知其详，打进章宅第一个人是北大理科学生蔡镇瀛，哲学系的杨晦也在内。两年前杨君来谈，还提起这件事，我劝他把最初发动的情形详细写记下来，不知他动手了没有。因为直到现在，人人对"五四"运动的看法和解释，有种种的不同，不妨写出来给大家评论评论。[1]

---

①《沈尹默先生谈"五四"》，见《解放日报》1950 年 5 月 3 日。

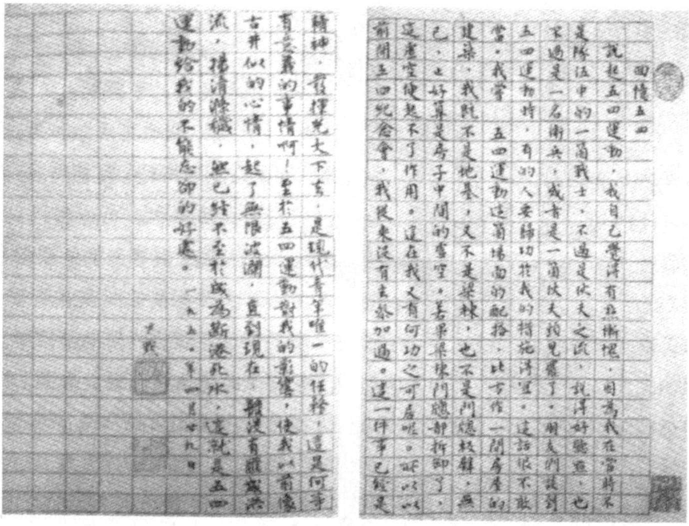

《回忆五四》手稿

随后的几天里，蔡元培积极联络北京十四所高校的校长，与北洋政府严正交涉，要求立即释放被捕学生。迫于社会舆论的强大压力，三天后被捕的三十二名学生回到学校，但反动势力放出种种攻击北大、威胁蔡元培的谣言，诬蔑这次运动是“学阀操纵，学匪干政”。总统徐世昌竟然命令京师警察厅将已释放的学生，重新“送交法庭，依法办理”，并发出整饬学风、查办北大校长等命令。蔡元培憎恶军阀政府，但又深恐因自己累及学校，于是采取离职出走的态度。5 月 9 日清晨，他乘车离京赶赴天津。

蔡元培离京的消息传开，北大内部人心浮动，师生纷纷要求挽留校长。5 月 13 日晚，北大召开评议会与教授主任会联席会议，商量维持校务的办法。沈尹默出席此次会议，表示要和全校师生共同努力，维持好学校秩序，以防奸人破坏。会议决定由法科学长王建祖及张大椿、胡适、黄右昌、俞同奎、沈尹默共同组成委员会，协助工科学长温宗禹代行校务。“两会同人之意以为蔡校长此时虽不在校，而蔡校长之精神犹在，蔡校长年来所苦心创建之种种组织犹在。若此时遽行瓦解，不特蔡校长数年心血弃于一旦，而去吾人希望蔡校长返校就职之目的更远矣。是以两会同人希望本校教职员及同学诸君竭力维持大学，务期校中秩序不乱，外间奸人无隙可乘”[①]。后来校方获悉蔡元培已南下杭州，沈尹默与胡适联合拍电报给蔡，文云：“学潮惟公来可收拾，群望公来。”[②]

其间，胡适等人曾设想将北大迁往上海，遭到沈尹默等大多数师生的反对，此事才作罢。沈尹默曾撰文回忆这段往事：

> “五四”运动时，胡适以“革命”为幌子，主张把北大迁到上海。有一天，我和幼渔、玄同、士远、大齐等人正在商量事情时，胡适、罗家伦、傅斯年进来说：“我们主张把北大迁到上海租界上去，不受政府控制。”我们回答说：“这件事太大了，要商量。”罗家伦和傅斯年接着说：“搬上海，要选择哪些教员、哪些学生可以去，哪些不要他们去。”我们一听，这是拆伙的打算，不能同意。因为弄得不好，北大就会分裂，会垮台。于是决定在第二天早上七时开评议会讨论。开会之前，我们要沈士远去看胡适，告诉他，搬上海，我们不能同意。评议会讨论的结果是不同意迁上海。胡适就来找我，他说：“以后北大有什么事情，你负责！”我说：“当然要负责，不能拆北大的台。”
>
> 当时，我的思想是，学生的态度是激烈的，教师的态度实质上应当和学生一致，但态度要稳重，才能真正维护学生运动，

①《评议会教授会联合会布告》，见《北京大学日刊》1919年5月15日。
②《蔡元培日记》1919年5月25日。

使政府无懈可击，不会解散北大。①

与此同时，北京学生的爱国运动继续高涨。6月3日，北京各校学生数千人走上街头举行宣传活动，其中一百七十六人遭军警逮捕，关押在位于北河沿的北大三院。两天后，被捕学生已达一千多人，北大理科的楼房也被征用为第二监狱。接着，总统徐世昌任命胡仁源为北京大学校长。在这种情况下，代理校务的工科学长温宗禹宣布辞职，法科学长王建祖避而不出。北大教职员于6月7日下午在文科大楼召开全体紧急大会，一致议决“不承认胡仁源为北京大学校长，并由大会用公函告知，以示决心”。同时，一致通过“以评议会、教授会之联合会，选举一人暂代校务，一面要求政府催蔡校长即来”。北京中等以上学校职教员联合会、全国和平联合会等团体纷纷致电北京政府及教育部等机关，声援北大师生的正义行动。教育部不得不发布训令，将胡仁源“调部办事”，北大校务仍由工科学长代理。6月22日，沈尹默与马裕藻、徐森玉、狄福鼎等被北京中等以上学校职教员联合会等团体推为代表，赴杭州当面力劝蔡元培打消辞意，回京复职。经沈尹默等同仁的努力，蔡元培终于答应复职，但以身体不适为由，暂派蒋梦麟先期赴校代行职务。至此，北洋政府破坏北大的阴谋归于失败，爱国师生挽留蔡元培校长的活动取得胜利。沈尹默后来回忆：

五四运动结束后，蔡先生离京，不知何往，北大评议会议决，派我和马裕藻（幼渔）、徐森玉（时任职北大图书馆）、狄膺（学生代表）到杭州去找汤尔和，目的是迎蔡先生回来。汤尔和

① 沈尹默《我和北大》，见《文史资料选辑》第61辑。

因北京各学校在五四运动中罢课，尔和即回杭州。我们不知蔡先生的行踪，但肯定汤尔和是一定知道的，因此，直诣杭州。

到杭州后，先由我一个人去找汤尔和。我一到门口，尔和就迎出来，说："我昨天就知道你来了，蒋竹庄从北京来电报说：'某某阴谋家到杭州来了，你要注意！'"我听了也不答腔，先问他蔡先生在何处，他说："我明天陪你去看蔡先生。"

翌日，尔和偕我到西湖上某庄子（大约是刘庄），见到蔡先生，正在谈话时，尔和走开了（打电话之类的事），蔡先生对我说："很奇怪，尔和昨天来告诉我，你们来了，要我回去，但尔和劝我不要回去。我说，不回去怎么办呢？他说要蒋梦麟代替我去做校长，你说奇怪不奇怪？"蔡先生接着讲："我对尔和说，当初评议会通过办教育系，要梦麟来，任之大吵，你现在要梦麟代我当校长，要通过任之才行。尔和说：任之昨天在杭州，现在到厦门讲学去了，不必告诉他了。"蔡先生又说："你说怪不怪，当初不同意，现在连讲都不必和他讲了。"

总之，蔡先生就答应了。蔡先生对汤尔和如此信任，任其摆弄，我始终不解其故。和蔡见面后，尔和要我们回北京，说："蔡先生可以回来，但暂时不能来，由蒋梦麟代理。"北大诸人亦不知其故，就此了事。①

① 沈尹默《我和北大》，见《文史资料选辑》第61辑。

第四章

执教北京大学（下）

一、去日本考察学习

北京大学章程规定，教授任职满五年，可申请赴国外考察学习一年。1919 年是沈尹默在北大任教的第七个年头，他照章向学校提出赴洋学习的申请。多年来，他受蔡元培、李石曾的影响，十分关注留法勤工俭学活动，希望将来能为沟通中法文化教育贡献自己的一份力量。一年多前，他开始利用课余时间自学法语，还到方巾巷法文夜班学校参加培训。平时手头备一部有发音字母注音的《法文字典》，有空就拿出来阅读。钱玄同偶然发现他在学法文，赞赏不已，也想步其后尘，去法文夜校学习，还托他代购一部同样的《法文字典》。可是，沈尹默的申请在评议会讨论时，因胡适反对，认为"国文教员不必到法国去"，他只好提出去日本。同年 12 月 3 日，北大评议会常会讨论通过他的申请，并决定"除仍支原俸外，由本校每月津贴六十元"[①]。两周后，北京大学举行成立二十二周年校庆典礼，他和同期赴欧留学的刘半农应邀在会上作临别演讲。

正当沈尹默预备前往日本时，代理校长蒋梦麟忽然又不同意放人。

①《评议会议事录（十二月三日）》，见王学珍、郭建荣《北京大学史料》第 2 卷上册，北京大学出版社 2000 年版，第 158–159 页。

他被迫继续留在学校，直到1920年11月才最后成行。由于出发比较匆忙，来不及与朋友告别，抵日本后草成一则启事，发回国内，刊登于《北京大学日刊》，向北大同人表达谢意。启事云：

沈尹默启事

北京大学诸位同事先生公鉴：尹默此次奉学校派遣东游，辱承诸位同人饯别，并至车站相送，隆情厚谊，感荷无似。上月二十三日，乘京奉车出发，二十七日行抵京都。现在与胡君沇东同寓冈崎福川四十二波田方。如有教言，请径赐寄为荷。再尹默前经学校派定后，以清理经手事件，未能实时东行，致劳同人中有时相过问者，不胜愧对抱歉之至。须行冗迫，且未暇一一走别，统希鉴宥，实为厚幸，肃此道意，敬颂健康。沈尹默谨启。十二月二日。[①]

沈尹默此次学习的目的地是京都帝国大学，一所仅次于东京帝国大学的日本高等学府。京都是日本的故都，位于本州岛上。京大坐落在京都东山脚下，环境幽静，景色宜人。学校以“自由的学风”为办学理念，注重培养学生独立思考能力。人文学科名师云集，图书馆藏书丰富，是考察学习的理想之地。沈尹默对京大的学习和生活环境都很满意，决心静下心来，一方面好好研究中国文学，一方面深入了解日本的大学教育体制。考虑到要学习和研究的东西比较多，便向北大提出续假两年的申请，并主动提出辞去学校所给的津贴。1921年3月

①《北京大学日刊》1920年12月9日。

2 日，北大评议会开会同意他的请求。

1921 年 6 月初的一天，沈尹默应同在京大学习的北大教授张凤举的邀请，到张宅参加一个茶会，意外碰到文学家郭沫若、李闪亭等人。郭沫若在《创造十年》中记述：

> 第二天病算好了一些，我应着张凤举的邀约，到他寓里去茶话。我同闪亭去时，凤举又到近处去把当时在京大研究的沈尹默先生请了来。沈先生那时恐怕将近五十岁了，他戴着一副药片眼镜，眼睛好像很不好。脸色很苍白。那苍白的脸色配着药片的眼镜，怎么也好像是日本的一位按摩。
>
> 凤举替我介绍了，说起我们要在上海办一种纯文艺杂志的意思。
>
> 沈先生的第一声是“上海滩上是谈不上甚么文艺的”。
>
> 我听见了这一声，微微地感觉着一种惊异。我不知道为甚么在上海滩上便不可以谈文艺。文艺究竟是该在甚么地方谈？揣想沈先生的意思自然是舍北京而外没有甚么地方说得上的，这一层也就引起了我的一种反抗心理。北京我从前到过，我觉得像那样暮气沉沉的地方倒未见得配谈文艺。这些话自然没有说出口来，我觉得说是多事。——其实照现在看来，就是那样的作想也已经是多事了。沈先生所说的文艺是大学教授的文艺，讲研究要唐钞宋刻，讲写作要古月荒城。……[①]

当时，郭沫若刚从上海筹办一份文学杂志回到日本，准备与文友

①《郭沫若全集·文学编》第 12 卷，人民文学出版社 1992 年版，第 108–110 页。

郁达夫、李闪亭、张凤举等人商定杂志名称、稿件来源和出版时间等问题。沈尹默一句“上海滩上是谈不上甚么文艺的”，意指十里洋场是冒险家的乐园，商业气息浓郁，并不是办文艺刊物的理想场所。由于初次见面，彼此不太了解，这句话便引起郭沫若的“一种反抗心理”。又因为高度近视，戴着厚厚的眼镜，脸色很苍白，三十九岁的沈尹默竟被郭沫若看成将近五十岁了。

在京大考察学习的最后一学期，有一次沈尹默收到弟弟、刚任北京大学研究所国学门主任沈兼士的来信，谈到国学门正在筹办考古学研究室，迫切需要借鉴国外的经验和做法，请其设法联系日本考古学权威、京都大学教授滨田耕作，了解京都大学及整个日本考古研究方面的情况，咨询相关意见和建议，并请求能否给予协作和指导。他便和张凤举设法与滨田耕作教授取得联系，如约登门拜访。那天，宾主交谈甚欢。滨田耕作年长沈尹默两岁，早年留学英国伦敦大学考古学院，并获东京帝国大学文学博士学位，将欧洲国家尤其是英国的考古学理论和方法引进日本，同时从欧洲带回不少考古材料，在京都大学创建考古学研究室，并开设考古学讲座（日本学界第一个考古学讲座）。据滨田介绍，目前京都大学有三间陈列室，所藏材料比较丰富。一间是中国的东西，有些是主人去满洲亲身发掘来的，有些是别人买的或送的。一间是日本、朝鲜、中国台湾等处的东西，大都是自己采掘来的，或者是自做的模型。再一间是西洋及印度的考古材料，有的为购买品，有的来自与其他国家博物馆的交换品，有的属于德国或其他国家做的模型。至于印度或埃及的材料，大多是寄钱去向那边的采掘财团购买的。滨田强调北大应多搜集中国的东西，好的自己保存，坏的留着和外国博物馆或大学交换。又介绍京都大学的考古学专业附属于历史学，尚未完全独立。因为学考古的毕业生不容易谋生，所以

沈尹默（右）与张凤举

来学的人非常少，但是这门学科很重要，不能因为学生少便不讲求。当然研究考古学很费钱，京都大学每年单用于购买和采掘考古材料的费用就需要约两千元。滨田教授对北大设置考古学研究室感到很高兴，建议北大最好将这门学问和美学联系起来研究。因为专攻史学的人去研究，难免有偏颇的地方，往往把它当做补助史学研究的材料看待，那是不正确的。京都大学有过这方面的教训，希望北大能够避免。假如初办时做好规划，将来独立办成研究所，就一定会有良好的结果。另外要把考古学当作自然科学看待，和理工科大学的生物学研究一样才行。希望北大起初搜集中国的考古材料，同时也应购买西洋的，两者比较研究，不可偏废，免得将来生出种种弊端，同时要培养年轻又精通外文的人才。总之，要了解本国的，同时又熟悉西方的，研究的结果才可靠实用。西洋虽有许多考古学者，但大多是历史学家兼的，所以结论总难得中肯。北大假如请西洋学者教授考古学，那么推荐芝加哥大学教授 Sanfer 先生。Sanfer 教授对东方考古素有研究，著作也扎实可靠。若能聘请到这位美国教授，远比请别人好。滨田教授最后强调，办考古研究机构须有教授研究室、学生研究室、陈列室、实验室和图书室，此外要自制或购买相关的幻灯片。京都大学考古学研究室有不少幻灯片，按地域不同分类，宛如图书馆的书目箱，对科学研究非常关键。①

这次拜访令沈尹默印象深刻，回来后就请张凤举执笔给北大写信，向沈兼士主任详细通报会见的过程及滨田教授的意见和建议。北大研究所国学门参考滨田教授的意见和建议，很快筹备成立考古学研究室，由马衡教授任主任。沈尹默又按照北大的要求，与张凤举一起在日本代购许多考古学书籍和资料，还给国学门带来滨田耕作教授赠送的两册京都大学文学部《考古学研究报告》。值得一提的是，以此次拜访为契机，北大研究所国学门与京都大学考古学研究室及滨田耕作教授，后来建立了良好的关系。1926 年 6 月，双方还共同组织东方考古学会，开展考古合作与交流。

在京大考察学习两年，沈尹默于 1922 年 4 月回国。出发前，教育部曾批准他照章领取服装费和川资共一百七十元，因教育部缺钱，这笔钱暂时没有发放，只好向北大借款才成行的。以后，北大几次向教育部催还此款，却始终没有结果。无奈，北大从沈尹默的薪水中逐月扣满此数。直到他回校上课，教育部仍不能发放。最后请兄长沈士远出面，给教育部次长陈垣写信，请求尽快办理，这笔钱才最终得以

---

①《张凤举先生与沈兼士先生书》，《北京大学日刊》1922 年 3 月 6 日。

解决。[1]

陈垣

在日本，沈尹默放下繁重的教学、行政事务，能够静下心来思考和研究问题。回顾新文化运动中，他和蔡元培、陈独秀、李大钊、鲁迅、胡适、钱玄同等同人提倡“反传统、反孔教、反文言”的思想，具有进步意义，但同时也有值得反思的地方。尤其是对中国古典文学的批判，以及对西学的全盘肯定，具有很明显的片面性。于是，他提出“复活祖宗的言语”的命题，并对在京都求学的诗人穆木天等人说：“中国把自己已有的好东西完全扔掉，去费无益的精力去找反倒不及旧的新的同样的东西，未免太不经济了。我们吸收古典中好的东西，我们接得前人的足迹往前去创造。”穆木天非常赞同他的这一想法，曾对朋友说“尹默先生这种‘新古典’的思想，我是永远感服的”。[2]沈尹默还写信给国内的同人周作人、钱玄同等，以“绫罗绸缎”比喻传统文化，主张应该继承和发扬光大。他说：“……叹息前人给我们留下了无数的绫罗绸缎，只没有剪制成衣，此时正应该利用他，下一番裁缝工夫，莫只作那裂帛撕扇的快意事。蔑视经验，是我们的愚陋；抹杀前人，是我们的罪过。”[3]他敢于自我否定，实事求是，这种精神对学者来说非常可贵。

---

①《沈士远来函（一九二二年四月五日）》，见陈智超编注《陈垣来往书信集》，生活·读书·新知三联书店 2010 年版，第 103 页。

②《钱玄同文集》第 2 卷，中国人民大学出版社 2000 年版，第 190–195 页。

③《敬答穆木天》，见《钱玄同文集》第 2 卷，中国人民大学出版社 2000 年版，第 183–190 页。

二、讲义费风潮

沈尹默回国后的第二学期，北京大学爆发了轰动一时的讲义费风潮。此前由于北洋政府未能按时拨付教育经费，学校几乎陷入停课的境地。蔡元培校长 1922 年 9 月 8 日致好友张元济的信中说："教育经费无着，学校殆将停止，国将不国，文化摧残，固意计中事。"北大为维持正常教学活动，改革向学生免费发放讲义的成例，决定实行有偿使用的新规，引起学生强烈不满，最终酿成集体罢课、冲击校长室的严重事件。

同年 10 月 2 日，北大发出布告，决定从新学期起，学生用讲义须先向学校会计课购买讲义费券，持券换取，每页半分。学校评议会估计，仅此一项，学校每年可增收三万元，计划将这项收入用于图书馆增购新书。消息一传出，全校学生议论纷纷，大家推举代表面见校长，要求立刻废止征收讲义费办法。蔡校长以经费拮据、图书馆扩建无款为由，予以拒绝。17 日清晨，部分学生在第三院大礼堂召集开会，主张全校同学一起向校长提出抗议。达成一致后，大家喊着口号向校长室出发，沿途闻声加入的学生不断增多，到校长室门前时已达五六百人，约占全校学生的五分之一。学生们围住红楼，要求校方给出满意答复。蔡元培很吃惊，向学生代表解释说“讲义费取消与否乃评议会之权，校长不能独裁”，劝大家服从学校决定。学生们并不买账，部分人乘机涌进校长室，与校长发生争执。见双方情绪失控，一旁的校务长顾孟余出来打圆场，劝学生向学校评议会提意见，并许诺在评议会得出结果前暂不收费。学生逼问如评议会不通过怎么办，顾氏回答：“如果评议会不予通过，此费由我负责。”有学生当场高呼此系口头承诺，不足为信，并开始砸毁会计课和校长室的门窗。顾孟余见状，不敢再与之辩论，赶紧立下字据，担保讲义费之事由他个人负责。学生得其字据后，纷纷离开。

众人散去后，校长室一片狼藉。蔡元培很生气，对在场的教员说：“吾辈为学生费去许多心血，而学生竟不明事理，且于最高学府之中，而有如此骇人之怪现象，实可痛心！”遂致电教育部提出辞职。当晚，教育总长汤尔和、次长马叙伦赴背阴胡同蔡宅表示挽留，并当面退还辞呈。不料，第二天蔡元培再次递交辞呈，并前往西山暂居。校长室秘书章廷谦（川岛）回忆：“汤尔和一向为蔡校长所器重，也常常预闻北大的事，几乎是言听计从的，这回却不然，可见事情是真的闹大了。”①

蔡校长辞职后，总务长蒋梦麟、庶务部主任沈士远、图书馆主任李大钊、出版部主任李辛白、数学系主任冯祖荀也随即辞职。接着，沈尹默等六十多名教职员也宣布与校长共进退，自即日起暂行停止办公，并发表停职宣言。19 日，除预科及第二院本科各系照常上课外，第一、第三两院本科文理各系学生均因职员停工，教室关闭，未能上课。20 日，沈尹默、沈兼士、马裕藻、朱希祖等在国文教授会办公室

① 川岛《北大一九二二年的讲义风潮与杨度》，见川岛《和鲁迅相处的日子》，四川人民出版社 1979 年版。

北京大学同仁（左起）袁同礼、张凤举、沈士远、周作人、王国维、马衡、马裕藻、沈兼士、沈尹默、陈大齐、今西龙

与学生代表协商，主张国文系暂时停课，大家当场签名表示赞成。[①]

面对乱糟糟的局势，北大评议会召开紧急会议，发表三条布告：一、开除带头闹事的学生冯省三；二、全体教职员在事件解决前停止授课；三、要求全体学生在本星期内，以书面形式向各系主任声明曾否参与事件。如不声明参与风潮，应请校长照章惩戒。评议会要求学生在星期日下午六时前答复，否则集体辞职。19日，上千名学生在第三院礼堂开紧急大会，讨论维持学校办法。到会学生分成两派：一派主张挽留蔡校长，谴责17日的暴动。另一派虽赞同暴动，但不赞同挽留校长。挽留派认为“昨日之暴烈举动，吾人应自认过失，方足以表现最高学府学生高尚人格。而欲表现最高学府学生之高尚人格，舍表现挽留校长外，其道末由”。反对挽留者称，对于自认过失，极表赞

①《钱玄同日记》1922年10月20日，《吴虞日记》1922年10月20日。

成，惟挽留蔡校长认为不可。此外，又有主张以取消讲义费和实行财政公开两事为条件挽留蔡氏的。三方辩论达一小时之久，莫衷一是。大会主席提议表决，以少数服从多数。不过，仍有部分人表示反对，会场秩序大乱。骚乱结束后，挽留派中积极分子二十余人恐节外生枝，当即陪同教员代表何基鸿去蔡校长寓所，请求他打消辞意。一行人扑了个空，只好改道往教育部，请政府代为挽留。学生代表向教育次长马叙伦声称，此次风潮系极少数学生暴动而起，北大全体师生仍拥戴蔡校长。马叙伦正为此事头痛不已，自然爽快答应："无论如何，政府绝不任蔡校长辞职。"挽留派回校后，再次召开大会，决定在学校同意废除讲义费的前提下，对评议会开出的三条布告做出正式回应：同意前两条意见，但对第三条表示拒绝。学生们申明，讲义费一事大家虽有分歧，但各派均系同学，"此次未必皆是甘心破坏，可以促其觉悟"。除在红楼围攻校长的延瑞琪和冯省三外，绝不接受处罚任何学生。且全校学生签字画押，声明未参与暴动，未免有辱人格。

可是，蔡元培坚持除非开除当日闹事学生，全校同学画押确认未参与暴动，不然决不复职。面对僵局，从外地匆匆赶回的评议员胡适负责进行调解。21日，学生干事会开会，讨论决定接受校方的全部条件。至22日晚，全校两千余名学生签名表示未参与暴动，无人公开表示异议，冯省三及相关闹事学生被开除学籍。学校也信守诺言，宣布即日废除征收讲义费新规。24日，蔡元培正式收回辞呈，回校办公。以后，学校应学生要求，在《北京大学日刊》定期公布各项收支明细。

风潮平息后，社会上不少人指责蔡元培因讲义费风潮辞职，有"小题大做"之嫌。对于外间的指责，蔡元培不能接受。25日，他在北大发表演说，解释自己辞职的原因："当日暴动情形，直同车夫在街上，相撞一下，互相詈骂。又如小铺子，一言不合，动起斗殴。似此情状，绝非受过中等教育以上的人，所应出此，今乃见之我们大学，试问还能办教育吗？”而且“因争讲义费一点小事，何以不能从从容容，说明理由，必至毁门打人”。更令教员寒心的是，少数学生闹事，大多数学生竟作壁上观，“一似事不关己，随便来看一看”。如此人情冷漠怎能不令人心生辞意。他认为北大的危机在内而不在外，“若是仅有外来的力量，尚不怕他，最可怕的是自家来破坏自家”，而师生感情的隔膜才是问题的症结所在。①

和大多数北大教员一样，沈尹默在此次风潮中始终与校长蔡元培站在一起，共同进退，对维护学校正常教学秩序做出了应有的贡献。尽管少数人曾在学生宿舍张贴攻击三沈（沈士远、沈尹默、沈兼士）的匿名揭帖，也有学生准备驱逐他的传闻，但他依然爱护北大，希望学生以学业为重，用谈判的方式解决问题，反对暴烈行为。②

①《蔡元培启事》，《北京大学日刊》1922 年 10 月 25 日。

②《北大风潮解决后之余闻》，见《申报》1922 年 10 月 31 日。

三、八道湾周家常客

沈尹默第一次走进八道湾十一号周宅是 1919 年 11 月 23 日，也就是周树人（鲁迅）、周作人搬进这座新居的第三天。他和周氏兄弟都在北京大学国文系教书，彼此又是浙江同乡，意气相投，平时常在一起聚会笑谈，关系十分密切。那天他是去祝贺主人乔迁之喜的，同行的还有北大同事陈大齐（百年）、朱希祖（逷先）、刘半农、马裕藻（幼渔）等人。鲁迅在当天的日记中写道："二十三日晴，风。星期休息。下午陈百年、朱逷先、沈尹默、钱稻孙、刘半农、马幼渔来。"周作人日记记述："午至草厂大坑赴逷先招饮，下午三时返。尹默、逷先、幼渔、百年、半农及钱稻孙君来访。"

因为和周氏兄弟都很要好，沈尹默自然成为八道湾的常客。不仅平时经常光顾，而且每年的元旦总会出现在周家的宴会上。女主人、周作人妻子羽太信子是日本人，八道湾在生活习惯上就不免有日本风味。元旦的宴会，往往有屠苏酒、粢饼、烤鱼、杂煮等日本新年常备的食物，有时甚至连餐具也是由日本制造的。沈尹默在《鲁迅生活中的一节》中回忆："'五四'前后，有一个相当长的时期，每逢元日，八道湾周宅必定有一封信来，邀我去宴集，座中大部分是北大同人，每年必到的是：马二、马四、马九弟兄，以及玄同、柏年、逷先、半农诸人。席上照例有日本新年必备的食物——粢饼烤鱼之类，从清晨直到傍晚，边吃边谈，作竟日之乐。谈话涉及范围，极其广泛，有时也不免臧否当代人物，鲁迅每每冷不防地、要言不烦地刺中了所谈对象的要害，大家哄堂不已，附和一阵。当时大家觉得最为畅快的，即在于此。”[①] 不过，沈尹默记述的时间稍有出入，因为周家搬入新居是五四运动过去半年以后的事。查鲁迅、周作人、钱玄同等人的日记，沈尹默们在周家过元旦最早的一次是 1923 年，最晚的一次是 1929 年，其中从无间断。除上面提及的几位外，常客中还有沈尹默的哥哥沈士远和弟弟沈兼士。

鲁迅在八道湾住的时间并不长，兄弟失和后，他就搬离此地，时间是 1923 年 8 月，因此两兄弟元旦共宴朋友的场景仅有 1923 年一次。这天周作人日记云：“上午招士远、尹默、凤举、耀辰、伏园吃杂煮汁粉，下午三时去。”鲁迅日记记得更简略：“邀徐耀辰、张凤举、沈士远、尹默、孙伏园午餐。”虽然兄弟俩的日记里都没有出现“共邀”字样，但客人是他们的共同朋友，办的是同一个宴会，两人事先应该是商量过的。

从 1924 年起，八道湾元旦宴席的主人就变成周作人一个人。1929 年元旦，周宅最后一次宴会，来客比以往任何一次都多，大人、小孩加起来达十六人。大家一边饮屠苏、吃烤鱼，一边天南海北地笑谈，十分惬意。酒足饭饱后，众人摄影留念，留下了一张珍贵的相片。

八道湾十一号的庭院比较宽敞，分前中后三院。鲁迅先住在前院，后来住中院堂屋后接出的一间“老虎尾巴”。1922 年 2 月，俄国作家

---

① 沈尹默《鲁迅生活中的一节》，见《文艺月报》1956 年 10 月号。

1927 年新年苦雨斋聚会（前排左起）沈士远、刘半农、马裕藻、徐耀辰、钱玄同；（后排左起）周作人、沈尹默、沈兼士、苏民生

1929 年新年苦雨斋聚会（后排左起）沈尹默、徐耀辰、周作人、沈士远、刘半农、马裕藻、黎世衡、沈兼士、谌亚达；（前排左起）张凤举、俞平伯、马隅卿、马豫、马季明、钱玄同

爱罗先珂应邀到北京大学讲授世界语，因为眼睛看不见，又不通汉语，北大校长蔡元培就委托周家来照顾。于是，爱罗先珂住进八道湾后院东头的三间客房，住了九个月左右才离开。这位盲作家的到来，给鲁迅带去很多乐趣。夏天的一个上午，沈尹默到访，与鲁迅、爱罗先珂品茗闲聊，从中国文学谈到俄国文学、日本文学，彼此兴味盎然。鲁迅平常比较严肃，这时却表现得既健谈又幽默。沈尹默听鲁迅说起，他经常陪着盲作家在庭院中散步闲话，爱罗先珂感觉到北京园林中鸟声太少，尤其是没有听到黄鹂的歌唱，引为遗憾。沈尹默与鲁迅一样，都惊讶于爱罗先珂对环境的感觉如此敏锐。①

周作人和妻儿一直住在后院。鲁迅搬走后的第二年夏天，母亲鲁瑞也搬出八道湾，迁到西三条鲁迅购买的新居。腾出的中院正房三间，周作人请人略加装饰，搬了进去。院子里遍植各种花木，连四条甬道也被树荫遮着，枝头的花常拂着行人的头。正房是典型的中国旧式房子，高大宽敞，两间是藏书用的，大概有十几个旧书架，摆满了中西文图书。左手一间是书房，中间挂着“苦雨斋”横幅，由沈尹默题写。20 世纪 30 年代初，梁实秋应聘到北大中国文学系任教，与周作人成为同事。有一次，梁到八道湾拜访，发现“苦雨斋”有一明两暗三间房。明间是一座摆满书架的书库，中西书籍杂陈，但很整洁。右面一个暗间房门虚掩，不知作什么用；左面一间是主人的书房，印象最深的是墙上挂一块小小的镜框，题着“苦雨斋”三字，是沈尹默的手笔。②如梁实秋所记，“苦雨斋”陈设简单，却窗明几净，清幽闲适，“不啻为化外之地”（周作人语）。那里经常高朋满座，品茗宴集，也曾传出一些笑谈。一天下午，钱玄同来访，遇雨受阻，晚上留宿客室。第

① 沈尹默《鲁迅生活中的一节》，见《文艺月报》1956 年 10 月号。
② 梁实秋《忆周作人先生》，见梁实秋《雅舍忆旧全集》，天津人民出版社 2018 年版。

鲍耀明所藏“苦雨斋”匾额

二天清晨起床，钱玄同笑着对主人说，昨晚室内似乎有脚步声，那是什么呢！周作人深信必无此事，以为定是幻觉。等客人离开收拾房间时，见有一只大蛤蟆在床下，猜想乃晚上大雨时混入室内。擅长旧体诗的沈尹默听说此事，大笑道：“玄同眼大，故蛤蟆来与晤对耳。”并翻敬亭山诗句咏道：“相看两不厌，蛤蟆与玄同。”

沈尹默题写的“苦雨斋”匾后附识：“启明兄雅令。尹默。”并钤“沈尹默”白文方印。周作人 1961 年 12 月 28 日致朋友鲍耀明的信中说：“翻检故纸，于其中得沈尹默君写的‘苦雨斋’匾额，原有两枚，其一已裱装，从前挂在屋内，经乱已经散失，此一幅未曾裱好，现今斋已不存（已改造现由小儿居住），无所用之，拟以奉赠，当另封寄上。此系大约三十年前之物，其时沈君尚未成为海上书家，其字似更有其趣，请察阅，未知以为如何。”由此可知沈尹默“苦雨斋”题匾额原有两件，一件裱好并装木框挂于周作人书房中，现已散失。另一件一直由周作人保存，于 1962 年赠送给朋友鲍耀明。后来，鲍耀明在《难忘的北京新街口八道湾十一号》中提到此事，称“信内所述这幅‘未曾裱好’的‘苦雨斋’匾额，目前则悬于多伦多舍下墙壁上”[1]。

鲍耀明收藏的这幅“苦雨斋”匾额，苍秀稳健，朴拙有趣，是沈尹默中年时所写。“雨”字的横折笔画，以侧锋进入，行至尾端近弯处转正，笔画变为浑厚，使整个字显得端庄秀丽。“斋”前缀横行疾行，其后分毫枝杈，尤显笔力。2014年春天，这件墨宝出现在拍卖公司的拍品目录上，最后以九十七万元的价格成交，引起书画收藏界的广泛关注。

①《鲁迅研究月刊》2010年第5期。

四、彭允彝事件和中俄邦交

民国初年，因国库空虚、财政困难等原因，政府以委托奥地利银行团在欧洲市场发行债券的方式，分多次借款达四百一十万英镑。第一次世界大战后，英法等债权国要求中国偿还到期借款或者发行新债券。身为财政总长的罗文干为缓解财政压力，只好在损失部分国家财产的情况下签订奥国借款展期合同，由于手续上的欠缺，给政敌有机可乘。1922 年 11 月，罗文干遭逮捕。京师地方检查厅经过一个多月调查，最终在 1923 年 1 月 11 日作出“犯罪嫌疑不足，行为不成犯罪”的结论，将罗文干等人无罪释放。这时已被提名为北洋政府教育总长的彭允彝，趁内阁换届之机，借“奥款展期合同案”取悦军阀，为自己捞取政治资本，以期获得两院的选票通过，因此在国务会议上提议再审罗文干等人，使司法总长程克以命令的形式干涉京师地检厅办案。彭干涉司法独立的行径，引起学界的强烈不满。1 月 17 日，北京大学校长蔡元培认为罗文干遭恶人违法陷害而再次投入监狱，愤然向总统府递交辞呈。他以“不合作”的抗争方式，表达了对彭允彝等人干涉司法独立的不满，使整个北京教育界为“彭允彝逼走蔡校长”一事而愤怒。北大学生首先起来反对，开大会、发传单、贴宣言，还结队到总统府请愿。然后，以国立八校为代表的北京各学校发起抵制彭允彝、挽留蔡元培的请愿运动，在社会上尤其是学界掀起一场轩然大波。

蔡元培提出辞呈后，北大教职员迅速行动起来，于1月19日上午召开全体大会，决定“(一)一致挽留蔡校长，(二)不承认任何人为北大校长，(三)发表宣言表示态度，(四)仍照常上课”[①]。会后，以全体教职员的名义向总统递交呈文，要求罢免教育总长彭允彝，并请慰留北京大学校长蔡元培，以安定教育风潮。次日晚，沈尹默等北大教职员出席在第三院召开的会议，并发表长篇宣言，表明教职员的态度。宣言着重指出目前的教育困境和经费巨缺问题，指责彭允彝“欲假整饬学潮之明令，逞营私扩党之阴谋”，要求教育部脱离行政机关，实行“教育独立”，使教育不受政潮影响，谋求教育自身的安全和发展。[②]

不久，北大新学期开学在即，教职员会临时委员会决定各委员分班值日，以维护学校日常工作。沈尹默为临时委员之一，与郑奠、包尹甫轮值时间为每周四上午。[③] 和大多数北大教职员会临时委员一样，沈尹默拥护蔡元培继续担任北大校长，反对教育总长彭允彝干涉司法独立，希望当局切实解决经费拖欠问题，保证学校教学活动顺利开展。

同年冬，北洋政府连续拖欠教育经费已达九个月，北京各校内外交困，人心涣散。国立八校教职员代表连日召开会议，商讨与政府交涉的办法。11月9日，八校教职员再开代表会议，因教育经费仍无解决办法，决定全体宣告罢课，一律停止到校。北京大学收到八校教职员联席会议公函后，于11月20日召开教职员会议，讨论是否执行八校教职员大会议决关门问题。会上，沈尹默和马裕藻、沈兼士、沈剑

①《罗案风潮牵动教育界》，见《申报》1923年1月22日。

②《京学潮中之嚣张教职员态度》，见《申报》1923年1月24日。

③《本校教职员临时委员会启事》，见《北京大学日刊》1923年3月3日。

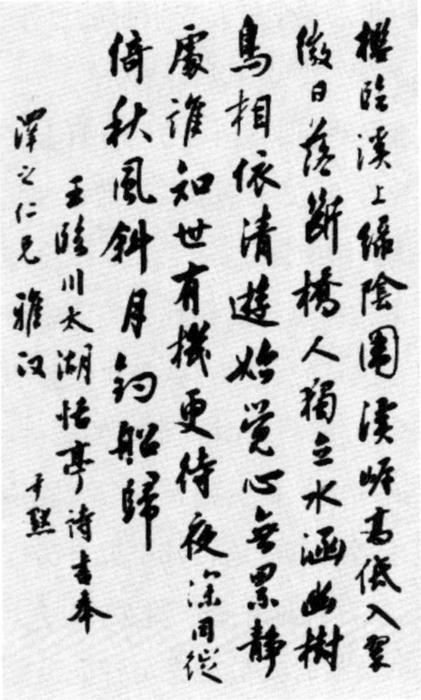

20世纪20年代书法作品

白、周作人、陈大齐、杨适夷、谭熙鸿等教授“均以本校经费虽亦困难万分，但现在既得到一个月零一个月之一成五，不能不暂行维持。且此次关门既非一种手段，当论各校事实，未可定同出于一样步骤，其他各校因事实上过不去，不能不暂行关门，我们正可以此求社会之评解，俾之知各校关门者毫无意气，而不关门者非故有所立异，实为尽可以维持之力于可能的范围内维持之，倘一旦亦到不能维持之地，亦只好关门。此是事实问题，略有先后而已。但本校虽仍暂行维持，对于关门各校，仍当竭其力为之谋恢复，故除暂缓执行关门外，其他仍是一致的进行”。经过大家表决，通过“本校校务仍旧维持外，其他事件仍与各校以同情之合作”的决定。随后，因政府以银行借款三十万元暂付各校经费案通过，八校教职员大会认为各校暂时可以维持，决定通知八校同人，照常到校授课。“一面责成校长，限于最短时日内将现款领到，以便维持一切”。[①] 至此，这场北京各校预备关门停课的风波才最终平息下去。

作为有社会责任感的知识分子，沈尹默不仅长期为教育事业奔走呼号，而且非常关心国家的前途和命运。他和同人们全力支持中俄恢

①《十一月二十日本校教职员全体大会纪事》，见《北京大学日刊》1923年11月25日。

复邦交，谋求国家独立和发展，正是其热爱祖国的具体表现。

1923年6月，苏联派遣副外交人民委员加拉罕来到中国，为两国恢复邦交进行谈判。中苏之间最为引人关注的是中东铁路问题和蒙古问题。加拉罕在各种场合公开表示，对中东路明确“俄权在路，中权在土地”，即俄国尊重铁路沿线中国的主权，但铁路的权利归俄国掌握。对于外蒙古问题，称苏军在外蒙的目的“非在侵占领地，实因驱逐白党之不得已行动”，如果“中国能充分保守，不令白党进入外蒙，胁迫赤塔，赤军自无久驻之必要”。由于北洋政府代表与苏联代表意见分歧明显，谈判并无进展。1924年2月，英国、意大利相继无条件承认苏俄，世界外交格局发生重大变化。受此影响，中国国内无条件承认苏俄的呼声再度高涨。报纸发表社论，认为中俄之间的中东路问题、外蒙古问题“尽可于承认之后，从长磋商。万不可抄袭帝国主义外交之蓝本，以此为买卖”。2月中旬，沈尹默和蒋梦麟、李石曾等四十七名北大教授致函外交总长顾维钧和中俄谈判全权代表王正廷，要求顺应形势，即行恢复中俄国交。信中说：“俄自革命以还，既有年所。曩者犹有旧党扰攘，可以却虑。比则苏维埃共和国已大联合，其四境已谧，寇逋就除，人情趣一，主体固定，尚复何所审顾。而俄使三至，讫无酬答，所以海内怀疑或受牵制。抑苏俄以平民革命推覆帝政，从其为治方略未与我同，此其国内之情，无涉邻与。言其宣扬民治，实吾良友，况俄之与我疆界相仳，不徒念鲁卫之政，宜先诸国复其故交，即援连疆之谊，亦当应其嘤鸣。至于迩来外交之术，每于国交回复之际，辄有要求附之条件，揆之法理，难为一谈。违理之行，岂宜率效，况俄之于我，互助之勤，亦屡宣布。苟相与以诚，何至食言。若先以利合，后图未可必也。所以思维再三，佥谓宜绝瞻顾冀望之怀，立遗尺一，复续两国之交。”[1]

同年5月，经各方共同努力，北洋政府和苏联终于签订《中俄解决悬案大纲协定》《暂行管理中东铁路协定》等一系列条约，两国使领馆关系随之恢复。这些协定被称为近代中俄两国关系史上的第一批平等条约，受到国内各阶层人士的欢迎。孙中山及其领导的国民党正式发表宣言，就中俄协定表示，“此后两国人民益当互相了解，以共同努力于互尊主权互助利益之途”。而对北京政府则“此后益当以国民之力锄而去之”。沈尹默和同人们的心愿终于得以实现。

①《北大教授请复中俄邦交》，见《申报》1924年2月18日。

五、反对《国立大学校条例》

蔡元培担任北京大学校长后，推行民主管理、教授治校的办法，建立由教授组成的评议会作为大学最高权力机构，使北大成为具有自治权和学术自由精神的现代大学。可是，北洋政府教育部效仿美国大学治理模式，于 1924 年 2 月颁布《国立大学校条例》，其核心内容为大学设立董事会，由董事会主持校政，实际上就是取消教授治校的制度。在规定校长为例任董事外，教育总长还另外指定部派董事和聘任董事，加强政府对大学的控制和干预。因此，该条例一出台，立即遭到以北京大学为首的国内大多数高校的坚决反对。作为教授治校制度的建议者和坚定支持者，沈尹默自然也反对这个条例。

该条例颁布几天后，北大校园内出现反对《国立大学校条例》的油印品，所有教授几乎人手一份。3 月 8 日，沈尹默出席北大评议会第四次会议，讨论该条例有关董事会的内容，“推举顾孟余、陈百年、王抚五、沈兼士四先生起草意见书，再开会讨论”[①]。3 月 14 日，沈尹默出席北大评议会第一次临时会议，根据顾孟余等起草的意见书，专

①《评议会议事录（三月八日）》，见王学珍、郭建荣《北京大学史料》第 2 卷上册，北京大学出版社 2000 年版，第 176–177 页。

题讨论大学校条例问题。会上，李石曾教授首先发言："此项曾对于大学条例及董事会，因恐外界倭入学校不得不然，但须于表示外，别有具体办法。本大学有评议会，不必再设董事会，此是当然。大学重心在评议会，即在教授，似宜将选举校长权予评议会，比予董事会为适当，似不妨因此而起此种要求。"沈尹默完全赞成李教授的发言，并表示"应删部设教育基金委员会"。接着，大家轮流发表意见，一致反对大学设立董事会。会议决定一面致函教育部，明确反对该条例；一面发表宣言，指出该条例的种种弊端。[①] 第二天，沈尹默和胡适、李大钊、钱玄同等六十名北大教员联名致函校长蔡元培，认为该条例谬误甚多，尤其是设置董事会一条，教育部对如此重要的制度变更事先竟不告知教育界，以便作公开讨论，"其蔑视学校及教员之人格，殊为可愤"。对部派董事会成员的做法，认为有百害而无一利，表示坚持抵制。"此等官僚政客，于学术上既无任何之专长，其对于校内一切情形，又皆隔阂不通，而不及校长及教员之清晰。今以之审议学校进行计划及预算决算暨其他重要事项（新颁之大学条例所规定者），而谓其有良好之结果，非大愚即诬妄耳。况彼等素以政治活动为生涯，其所以欲厕身于教育界者，非曾上台者以此为逋逃薮，即未上台者以此为制造场，一旦政治界中有活动之余地，又将弃其董事任务而他去。是徒以我辈历年累月，朝朝夕夕，口讲指画，胼手胝足之劳工，供其圆桌上偶尔的盲目的支配。吾辈何辜而受其颠倒谬误之统治乎！且此辈一入学校，则教育事业牵入政治漩涡之危险，更将层出不穷，是又势所难

①《评议会议事录（三月十四日）》，见王学珍、郭建荣《北京大学史料》第 2 卷上册，北京大学出版社 2000 年版，第 177–178 页。

免者也。”[①]

北大评议会致教育部函发出后，石沉大海，杳无音信。这时又传来教育部将召开专门以上学校校长会议，讨论专门学校规程。北大评议会于3月中下旬再次召开会议，讨论对设立董事会的意见。评议员沈尹默认为应以北大评议会名义请教育部正式答复，这一提议获得多数评议员的赞成，最后会议决定由顾孟余、陈大齐、沈兼士起草催促教育部答复函。[②]3月24日，《评议会致教育部公函》撰成，立即送交教育部。函中再次强调，大学规章关系重要，如需修改之时，必须博采众论，审慎推求，才能收美满之效果。但《国立大学校条例》既未征求学界之舆论，亦未咨询校长之意见，仓卒制定公布。“其中可议之点甚多，而其尤甚者莫如董事会一条”。认为大学内部行政自有校长负责，并不需要董事会，董事会的主要责任就是筹款，国立大学的经费既然均出自于国库，自然没有采取董事会制度的必要。近来国立大学时起风潮，以借助于董事会进行调解，然而学校内部平日与校长及学生较为接近，具有调解能力的机构还有评议会及教授会，如果这些机构都不能调解风潮，“岂一董事会即能调解之乎”！教授自治本是顺应现代世界的潮流，合乎中国目前的需要，“大部对此潮流及需要，正宜维护之、培植之，以期其发挥而光大，今乃竟设董事会以钳制之，使大学内部各种机关，莫不蜷伏于其下，而自治之制度，益难趋于发达，是不惟无补于中国目前之实际，且有违世界现代之潮流矣”[③]。另外，评议会还认为，“此次公布之条例，其不合时宜，已可概见。此外各条例，

---

①《本校教授致校长公函·为教部新颁大学条例事》，见《北京大学日刊》1924年3月17日。

②《评议会议事录》，见王学珍、郭建荣《北京大学史料》第2卷上册，北京大学出版社2000年版，第175–176页。

③《评议会致教育部公函》，见《北京大学日刊》1924年3月25日。

或轻重失宜而不适实用，或义涉挂漏而流弊滋多，尚复所在多有。本会认为大学条例与大学教育方针及行政组织，均有至密之关系，条例既不妥善，其影响于大学前途甚巨，非根本废除，不足以保大学之秩序”。因此呼吁教育部尽快撤销该条例，以“藉谋大学之发展”。①

北大评议会再致教育部公函发出后，教育部依然迟迟不予答复。直到年底，教育部专门司司长俞同奎以“私人名义”送交北大校长一份新的大学条例草案，该草案内有设立“理事会”的规定，与原条例的“董事会”性质相同。12 月 24 日，沈尹默委托马裕藻出席北大评议会会议，议决由评议会再致函教育部，表明北大的意见：一、请教育部取消原颁布的《国立大学校条例》；二、表示反对新的大学条例草案。②五天后，沈尹默出席北大评议会会议，讨论修改学校章程，决定不按照教育部颁布的大学条例，而完全以原学校章程为蓝本，仍设立评议会和教授会，以评议会为学校最高权力机关，议决校内重大事务。③

沈尹默和他的同事们为谋求教育独立，维护北大教授治校的民主制度，强烈反对教育部颁发的《国立大学校条例》，实质上就是反对政府借助董事会管控大学的企图。不过，董事会制度在当时的大学注定是行不通的，由官僚、士绅、企业家和教育界人士等组成的董事会既无法摆脱政府对大学的直接干涉，也无法保障教授管理大学的权力和促进提高学术的工作。因此，这种制度在公立大学中仅存在很短一段时间就不得不取消了。

---

① 朔一《大学条例又引起了学潮》，见《东方杂志》1924 年第 21 卷第 7 号。

②《评议会议事录（十三年十二月二十四日）》，见王学珍、郭建荣《北京大学史料》第 2 卷上册，北京大学出版社 2000 年版，第 182–183 页。

③《评议会议事录（十三年十二月二十九日）》，见王学珍、郭建荣《北京大学史料》第 2 卷上册，北京大学出版社 2000 年版，第 183–184 页。

六、为刘半农点校《香奁集》作序

沈尹默和刘半农同为北大文科教员、《新青年》轮值编辑、新文化运动的先驱，私交甚好。沈年长刘八岁，进北大的时间也早四年。沈尹默担任学校评议员和国文教授会主任，刘半农是预科国文教员。

刘半农进北大时年纪轻，且学历不够，在旧派教员眼里没有分量。他决定去欧洲深造，专攻语言学。沈尹默和陈独秀、钱玄同等同人认为他有文学天赋，建议研究小学和戏曲，但他还是坚持自己的志愿，于 1920 年初赴英国伦敦大学学习语言学，后获法国国家文学博士学位，回北大教授实验语音学。

沈尹默自幼醉心于诗词，新旧兼擅，才情卓著。早年所作辑入《秋明室诗稿》，蔡元培为之作序，称其旧诗“独不失温柔敦厚之旨”，新诗“亦复蕴藉有致，情文相生，与浅薄叫嚣者不可同日语也”。[①]1925 年北京书局印行他的《秋明集》，后多次再版，所选多洒脱清丽之作，也有少量感慨苍凉者，颇获时人好评。他与胡适、刘半农同为中国第一批新诗作者，在五四前后影响很大。刘半农也爱写诗，且善于创造

① 高平叔《蔡元培年谱长编》(中)，人民教育出版社 1996 年版，第 303 页。

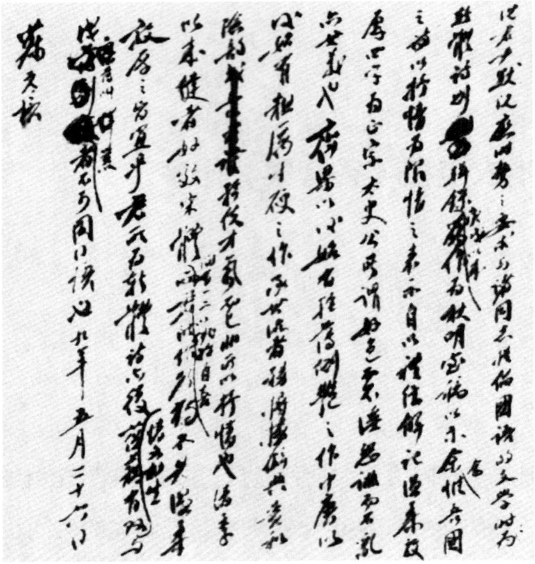

蔡元培对沈尹默诗作的评语

新诗的体裁。刘在《扬鞭集·自序》里说：“我在诗的体裁上是最会翻新花样的。当初的无韵诗、散文诗，后来的用方言拟民歌，拟‘拟曲’，都是我首先尝试。”在中国新诗史上，刘半农创造了不少“第一”，如第一首无韵诗、第一首散文诗、第一首长诗等。周作人《〈扬鞭集〉序》写道：“我与半农是《新青年》上作诗的老朋友，是的，我们也发谬论，说废话，但作诗的兴致却也的确不弱，《新青年》上总是三日两头的有诗，半农到欧洲去后也还时常寄诗来给我看。那时作新诗的人实在不少，但据我看来，容我不客气地说，只有两个人具有诗人的天分，一个是尹默，一个就是半农。尹默早就不作新诗了，把他的诗情移在别的形式上表现，一部《秋明集》里的诗词即是最好的证据。”

沈尹默古典文学功底深厚，尤其研究唐宋诗词极有心得。他认为古代作品大体可分为论、史、诗三类，诸子疏证、奏议、书牍等归为论类，凡记载之文都属史类，运用比喻等修辞手法使文章词藻华丽、表达生动的入诗类。又认为三苏的政论散文深得先秦纵横家说辞的风神，小说记载作品与子虚赋相似，都可视作诗，所以不能再归入论、史两类。这些观点虽是一家之说，但充分证明他在古典文学方面下过一番苦功。他长期在北京大学国文系讲授“诗名著选”“唐诗”等课程，曾编撰《学术文录》《唐诗英华》等教材讲义，是当时的知名教授和学者。20世纪30年代初，他已离开北大，但仍连续几年被该校聘为名誉教授，一度担任研究所国学门研究生导师，指导学生攻读“初唐诗”“中晚唐诗”和“杜甫诗”。[①]

刘半农

刘半农同样对研究唐诗宋词兴趣甚浓，爱读唐末诗人韩偓（字致光）的《香奁集》。此书是我国古代第一部爱情诗专集，千百年来，有着较大的社会影响。香奁是女子带有脂粉气味的梳妆镜匣，顾名思义，其所收的作品主要描写妇女生活，如服饰仪态、男女恋情、离别相思、闺房愁怨、定情密约等，风格绮丽纤巧，且多以女子的口吻来抒写。这些作品代表一种诗风，被归为香艳体或艳体。此书虽流传很广，喜爱的人也多，但由于历史的偏见，涉猎、研究的人很少，向无完善的注本。刘半农搜寻得此书的三种版本，便以其中之竹坞钮氏袖珍本为底本，对照《全唐诗》本和吴汝纶《韩翰林集评注》本，进行校勘比较。袖珍本未收录

①《国立北京大学研究所国学门招研究生通告》，见《北京大学日刊》1930年12月18日。

的诗，而见于另外两本的，就分别录出，附载于卷后。《韩翰林集评注》本所录《黄蜀葵》《红芭蕉》二赋，认为不应混入诗集，所以没有录入。后两种版本所载的旁注，则一一移录，但仍以袖珍本为主。经过精心点校，决定交书局出版，事前邀请精通古典文学的好友沈尹默撰写序文。平常不太写散文的沈尹默，经不住好友的请求，挥笔撰成一文相赠。这是迄今发现的沈尹默第一篇序文，有一千三百余字，对韩偓的生平及其诗歌的风格、得失做了客观公正的评价。序文云：

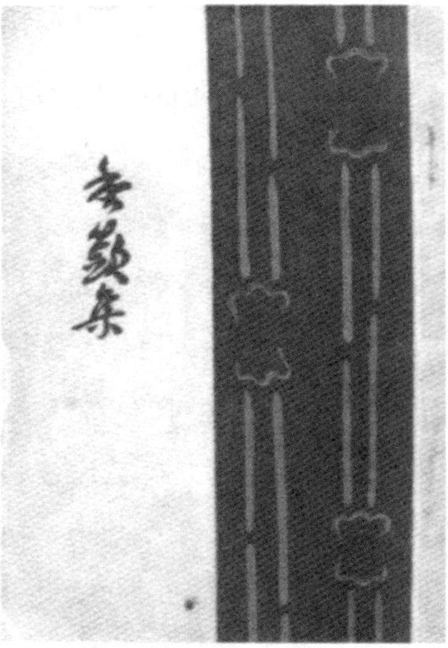

为刘半农点校的《香奁集》题签

> 我的朋友刘半农，他平日最喜欢读韩冬郎的诗，尤其是喜欢《香奁集》。他搜求得好几种不同的刻本来校勘了一番，加上标点，印成一单行小册子，为得是承便读者。事前曾来和我商量过，说这样做好不好？能把自己所爱读的书，编给世人读，这是再好没有的事情，我是极端赞同的。但是，这么一下可惹出来了许多麻烦。半农以为我懂得诗，一定要我在这上面写一篇序言。平凡而且懒散的我，不但从来没有为人作过序，连执笔写散文的时候也就很少。这一遭就是不偷懒，平凡的人只会说平凡的话，断无新奇可喜的议论，能一新读者们的耳目，这又何必多此一举呢？可是半农的事不好不理会，平凡由他平凡，只得费一点事，写几行应教罢。

韩偓，字致光，小字冬郎，是韩瞻的儿子，李商隐的姨侄。他十岁左右就能作诗，当唐宣宗大中五年义山赴蜀时，他曾裁诗相送，有“连宵侍坐徘徊久”之句，义山叹其有老成之风，后来从四川回来，有一首绝句补赠他：

十岁裁诗走马成，冷灰残烛动离情。桐花万里丹山路，雏凤清于老凤声。

从这首诗里面可以想见义山对他的期望，也可以推测出冬郎诗的渊源。冬郎的《深院》一首与义山的《日射》一首未免太相似了，其他各篇却不如义山饶深婉清新之致，这是为本性所限，非关学力。

冬郎是个早慧而享大年的人，得科名却甚晚，这一部《香奁集》除《寄远》,《无题》是六十岁,《袅娜》是六十六岁,《多情》是六十九岁,《闺怨》是七十岁所作外，其余十有八九是他未及第时，十九岁至三十九岁这二十年间的作品。他是昭宗龙纪元年的进士（李瀚榜），那时候他已经是四十八岁了。

他未及第时，正是南朝徐陵所说“优游少托，寂寞多闲”的一位风流年少，随处都要用他的爱好，对于自己，对于一切，尤其是对于异性，不消说这是一种融融泄泄水波似的新生永续的情绪。在这情绪中，常常感到一种无可名言的欢喜，同时也感到一种无可告语的悲哀。冬郎诗中有“佯佯脉脉是深机”一语，正道着这内面的秘奥，惟其他触悟了这“佯佯脉脉的深机”。他的香奁体诗就从这触悟间，无所为的成立了。他到老年在桃林场还有“水香剩置金盆里，琼树长须浸一枝”之作，也无非是长愿生活在有情世界里的告白罢。

这却不是恋爱，他缺少真挚情趣的表现。虽然也曾为人燃

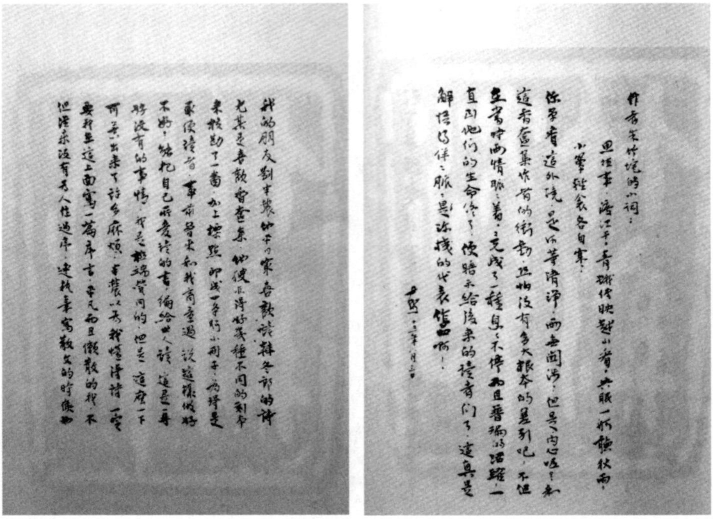

我的朋友刘半农把韩冬郎的诗
尤其是香奁集，他便[illegible]好几种不同的刻本
来校勘了一番，加上标点，印成一本小册子，为的是
要使读者，[illegible]和我商量过，说这样做好
不好？把自己所爱读的书，编给世人读，这是一再
好没有的事情，我是极端赞同的，但是这[illegible]一下
可是[illegible]出来了许多麻烦，半农以为我懂得诗，一定
要我在这上面写一篇序言，平凡而且懒散的我，不
但从来没有为人作过序，连我要写散文的时候也

作香奁朱竹垞的小词：
思往事，渡江干，青蛾低映越山看，共眠一舸听秋雨，
小簟轻衾各自寒。
你[illegible]看这外境，是何等清净，而无[illegible]，但是人内心呢？知
道香奁集作者的[illegible]，[illegible]没有多大根本的差别吧，不但
[illegible]两情脉脉着，完成了一种[illegible]不停而且[illegible]一
直到他们的生命终了，便留不给后来的读者们了，这真是
解得伴伴脉脉，是[illegible]的代表作品啊！
[illegible]十二年[illegible]月[illegible]日

为刘半农点校《香奁集》所作序

烧着心火，更不是名士般的玩弄美人，他不像那样轻薄卑贱无人气，他是两性间生活之玩味者、鉴赏者。对于一般女性的怯弱和不自由，有充分的同情，但他的爱是广漠的爱，随触而发的爱，有时且将对人的爱移植到一切花鸟灵物上，在花鸟灵物那里看见了想像的爱。这不但韩冬郎如此，中国一切诗人都如此。中国人的情爱在佯佯脉脉中已经玩味过了，鉴赏过了，在这里不免要嫌他们从没有深切地味觉到肉的人间的味，只在那神仙似的境界中胧聪的过了一生罢。

关于这一点有一个极好的印证，写来可以帮助我们对于此等诗人的心情，格外容易领会，便是《风怀二百韵》的作者朱竹垞的小词：

思往事，渡江干，青蛾低映越山看。共眠一舸听秋雨，小簟轻衾各自寒。

你单看这外境，是何等清净。两无关涉，但是内心呢？和这《香奁集》作者的冲动，恐怕没有多大根本的差别吧！不但在当时两情脉脉着，竟成了一种息息不停，而且普遍的活跃，一直到他们的生命终了，便暗示给后来的读者们了。这真是解悟得“佯佯脉脉是深机”的代表作品啊！

尹默　十三年八月三日[1]

大约因为当时远在欧洲留学，刘半农点校的《香奁集》直到1926年才由北新书局出版，扉页上赫然印着沈尹默的这篇长序。作者在《后记》中说：“致尧诗工夫风格，别有余友沈二作序论之，余惟一己之所深好，故为点校重印。”

① 韩致尧著、刘复校点《香奁集》，北新书局1926年版。

七、女师大风潮

民国时期，大学教授兼课的现象十分普遍，有的甚至在好几所学校同时兼课。作为北大教员，沈尹默也曾先后在北京医专、女子高等师范学校（后升格为北京女子师范大学）、燕京大学等校兼课。他到女子高等师范学校执教，最迟在1924年春。这年4月16日，在女高师兼任教职的鲁迅在日记中记述："晚往女师校文艺研究会，遇顾竹侯、沈尹默。"另一同事钱玄同4月24日日记中写道："郑介石来柬，约至钱粮○○之聚寿堂晚餐。初不知何事，比往，始知客人止有四人：玄同、尹默、兼士、幼渔是也。为商量保全女高师之饭碗问题，因拟先发制人，与杨为难，真是无聊之极。"日记中涉及的郑奠（介石）、沈兼士、马裕藻（幼渔）三人也都在女高师执教。所谓保全女高师饭碗，指担心将来校方在人事安排上会偏重聘请英美派教员，所以要对校长杨荫榆发难。沈尹默还是该校评议员，在抵制部派董事运动中，曾效仿北大，署名发布《国立北京女子高等师范学校教员宣言》。后来发生的"女师大风潮"，沈尹默便是亲身经历者和积极参与者。

引发"女师大风潮"的导火索是1924年秋杨荫榆无故勒令三名学

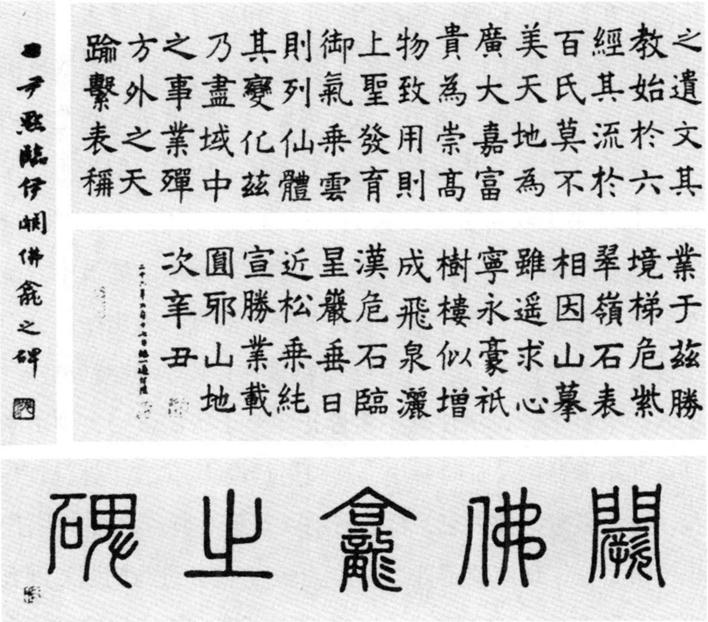

临伊阙佛龛碑（局部）

生退学，激起师生公愤。该校学生召开大会，不承认她为校长，并于1925年1月派代表向教育部提出撤换她的请求。同年5月7日，女师大举行“五七国耻”纪念大会。会前，校学生自治会推派许广平、刘和珍等六人跟杨荫榆交涉，劝她不要进入会场。杨不听劝告，依然坐上主席台，顿时整个会场骚动起来，结果在一片嘘声中，她被学生赶下台。恼羞成怒的杨荫榆随后宣布，将许广平、刘和珍等六名学生自治会成员开除学籍，并封闭该自治会，风潮随之扩大。国文系教员沈尹默目睹杨荫榆压制学生的种种行为，十分反感。于是，联合同校教员鲁迅、钱玄同、马裕藻、李泰棻、沈兼士、周作人七人在《京报》发表《对于北京女子师范大学风潮宣言》，公开支持女师大学生的正义斗争。

杨荫榆在教育总长章士钊的指使下，和教育部官员多次企图以武力接收女师大。8 月 1 日，杨率领军警入校，无端宣布解散风潮中最坚定的四班学生，又锁住大门，截断电路，关闭伙房，隔绝校内外一切来往，逼迫学生离校并指挥军警毒打学生。但学生们毫不屈服，坚决反抗。北京学生联合会在各报遍登启事，声援女师大学生。8 月 8 日下午，女师大学生召开校务维持会，学生所推举的委员十人全部到场，沈尹默和沈兼士、周作人、文范村等教职员八人出席。会上由学生提出议案，大致分为三点：（一）维持现在住校学生生活办法。只谋求煤、水、电灯等，设法使其不得停止。至于所需食物，则由学生自备。其余如招考费用及临时费用，则须另行设法。（二）处分现住校内的工役。校役自进入校内后，自由行动，不服使唤。与庶务主任交涉，庶务也不负责任，现应议定处分方法。（三）校务进行问题。即预备招生等事项，所有章士钊的部令，一概置之不理。推定学校维持会议职员：校务行政主任马叙伦（附学生二）；总务主任周作人、李泰棻（附学生二）；教务主任文范村、沈尹默（附学生二）；事务主任陆滋勇、斋务主任郭剑秋（附学生二）。[①]

8 月 17 日，章士钊召集教育部部务会议，重要部员均列席，讨论关于女师大问题。会议决定：（一）将女师大改组为国立北京女子大学；（二）在教育部设筹备处，筹备女子大学一切事宜，由章自任筹备处长，各参事司长均为筹备员，即日开始筹备；（三）旧有之女师大学生，即行设法继续上课，由各参事司长详为规划，再行核夺。至于未来的女子大学校址，以及组织方法等，均由筹备处酌量核办。

章士钊解散女师大的消息传出，立即引起北京乃至全国教育界哗

①《京女师大生与教部对抗》，见《申报》1925 年 8 月 11 日。

1925 年春，沈尹默等北大同仁为去西北考察的陈万里送行时合影

然。鉴于章士钊的恶劣行径，北京大学评议会于 8 月 18 日上午召开会议，讨论对女师大事件的态度。会上，李石曾教授首先发言，认为章士钊摧残女师大，实为教育界罪人，学生既反对章士钊，我们也应该大力援助，北京大学宜与教育部宣告脱离关系，一致驱逐章士钊。此提议一出，当即获得沈尹默、马裕藻、朱希祖等人的赞同。但也有部分评议员提出相反的意见，主要理由是：（一）评议会无此权力；（二）教育不应卷入政潮漩涡。最后提出投票表决，结果以七票赞成、六票反对，通过脱离教育部的方案。会后，胡适、陶孟和、陈源等教授署名提出抗议，反对北大脱离教育部的决定。[1] 随后，沈尹默与李石曾、李书华、马裕藻等十七位北大教授联名发表《为反对章士钊事致本校

①《北京大学宣告脱离教部关系》，见《申报》1925 年 8 月 22 日。

同事的公函》，认为当年北大反对彭允彝为教育长官，全校一致，并无异议。章士钊与彭允彝同为无耻政客，且章氏卑鄙龌龊不亚于彭，“有害于中国教育前途则尤为过之”，因此要反对章氏做教育总长，“我们特将对于此案的意见，敬为诸同事陈之”。[①]

教育部教育司司长刘百昭受章士钊派遣，于8月22日下午带领军警、老妈子赶到石驸马大街（今新文化街）女师大，由军警包围校园四周，然后用铁锤破锁，打开大门，命令每四名老妈子挟持一名女学生，将坚守学校的学生强行推搡出校门，送往报子街女师大附属补习科空屋内。章士钊对女师大进步师生的迫害，激起北京教育界有正义感人士的强烈愤慨。沈尹默和李石曾、马裕藻、朱希祖等北大四十二名教授发出《反对章士钊的宣言》，斥责章氏思想陈腐，行为卑鄙。章任司法总长兼教育总长后，接二连三训令各校，禁止学生开会纪念国耻，又提倡复古运动，压迫新思想，抹杀时代精神，以固宠而保禄位。“对于女师大的风潮，不用公允的办法解决，竟用武装警察强迫解散该校”，又用巡警、老妈子强行拉出女生，直接压迫女师大，间接示威于教育界，“所以今天我们要出来抵抗他，反对他为教育长官”。[②] 由于北大内部对脱离教育部问题有正反两种意见，评议会于8月31日再次召开会议，讨论这一问题。主席蒋梦麟首先发言，说此问题有两种主张，然而今天为对外关系起见，不宜内部自召破裂，示人以弱，此案既经议决，宜继续执行脱离教育部。[③] 第二天，教育部获悉北大态度，声称不再为北大拨款，并准备通知银行界不给北大贷款。

---

①《为反对章士钊事致本校同事的公函》，见《北京大学日刊》1925年8月29日。

②《反对章士钊的宣言》，见《北京大学日刊》1925年8月29日。

③《北大宣告决定脱离教部》，见《晨报》1925年9月1日。

后来，部分女师大学生冲破教育部阻挠，另在西城宫门口南小街宗帽胡同赁屋作为临时校舍，坚持复课，把原来的校名“国立北京女子师范大学”中的“国立”二字去掉，表示跟北洋政府教育部脱离关系。9月21日，女师大在宗帽胡同举行开学典礼，到会者二百余人。鲁迅在会上发表热情洋溢的演说，称“我相信被压迫的决不至灭亡，但看今天有许多教员来宾，可知压力是压不倒人的”。此后，沈尹默、鲁迅等进步教师义务赴宗帽胡同授课，受到学生的欢迎。

这年秋天，全国范围内掀起“反奉倒段”运动，北京群众游行示威，捣毁章士钊住宅，并通电全国，要求段祺瑞下野。章士钊被迫下台，潜逃天津。11月30日，女师大学生终于结束宗帽胡同艰难求学的日子，胜利返回石驸马大街原址。学生们将“北京女子大学”牌子除去，重新挂上“国立北京女子师范大学”校牌，并高呼“女师大万岁”的口号。下午二时，在学校大礼堂招待各界来宾，共同庆贺女师大复校，鲁迅、马裕藻等教员发表了演说。

沈尹默在女师大事件中，勇敢、坚定地支持学生与章士钊、杨荫榆进行长达一年的斗争，受到学生的尊敬和爱戴。新学年开学后，他又被该校聘请为国文系教员，与鲁迅、马裕藻、周作人、沈兼士等继续登台执教。1926年8月，许广平、陆晶清、吕云章等女师大学生即将毕业离校，特意设宴感谢沈尹默、鲁迅等教员。鲁迅在8月13日的日记中写道：“上午赴女子师范大学送别会。午赴吕、许、陆三位小姐们午餐之招，同坐有徐旭升、朱逷先、沈士远、尹默、许季市。”许广平后来撰文回忆此事：“到了快要学业结束的时候，我国文系师长们如马幼渔先生，沈士远、尹默、兼士先生，许寿裳先生，鲁迅先生等，俱使人于学业将了，请益不易之际兴无穷感慨！良以学校久经波折，使师长们历尽艰辛，为我们学子仗义执言，在情在理，都不忍使人恝置，因此也略表微意，由陆晶清、吕云章和我三人具名肃帖，请各师长，在某饭店略备酒馔，聊表敬意。……”[1]由此可见，沈尹默和女师大部分学生结下了深厚的友谊。

①《260815 致许广平》后注 [1]，见《鲁迅全集》第 11 卷，人民文学出版社 2006 年版，第 540 页。

八、经办天津中日学院

沈尹默参与中日文化交流及经办天津中日学院，还要从1923年说起。那时北大教授中浙江人的势力比较大，在外人眼里俨然是个“小团体”，学校很多事情往往需要这个团体出面解决。浙籍教员主要有马裕藻、沈尹默、周作人、钱玄同、朱希祖、陈大齐、沈兼士等，朋友们戏称沈尹默为摇鹅毛扇的“鬼谷子”，张凤举是跑腿的。学校找到这几位教授商量利用庚子赔款的事，因美国动议退还中国部分赔款用于文化教育事业，其他国家随之效仿，只有日本最小气，不肯退还。于是，北大方面推举周作人和张凤举去日本公使馆找吉田参事官接洽，由此结识坂西、土肥原、今西、田边、清水等日本人，大家曾多次聚餐会商。5月12日，周作人在日记中写道：“午至东华饭店，宴田边、田山、泽村、今西、清水五人，主人方面为凤举、耀辰、尹默、兼士、幼渔等六人。”9月10日，周作人“又至来今雨轩午餐，同坐今西、泽村、松浦、二马、三沈、百年、凤举，系尹默、凤举为主，下午四时返”。10月7日，周作人“至龙树寺，同顾、朱、陈、沈、马、张共十人，宴吉田、阪［坂］西、土肥原、今西、泽村（不在）、蒋、李、方等八人，下午四时散”。10月18日，周作人“至尹默处稍坐，同往中央饭店赴阪［坂］西约，同坐佐藤父子、吉田、土肥原及北大同人，共十五人”。为便于日常联系和交往，双方于1923年10月14日成立中日学术协会，讨论兴办文化教育机构事宜。但是，次年10月国民军占领北京，中日关系改善无望，该协会自行解散。周作人在《知堂回想录》中写道：“以前对于中日问题，还不能没有幻想，希望它能够和平解决，因此徒劳的作些活动，第一次的中日学术协会，已经失败了，第二次又来计划改革同文书院，建立了中日教育会。这也是由于坂西和土肥原的介绍，与东亚同文会的代表大内见面，商议将天津的同文书院改为中国学生的留日预备学校的事宜。”①

天津同文书院是由日本东亚同文会创办的一所中等普通学校，目的是培养亲日的中国人子弟，将来为其侵略中国效劳。1921年10月，该书院正式成立。1925年6月，第一期学生五十四人毕业，从中选出四名赴日留学。以后，每年由学校出资送三至五名学生进入日本公立学校学习，自费赴日留学的更多。

随着国内反帝爱国运动的高涨，从帝国主义国家手中收回主权已成为各阶层人士的共识，要求收回教育权的呼声也随之而起。天津同文书院何去何从，自然成为众矢之的。日本人经过研究，决定派东亚同文会理事大内畅三来北京，与强烈要求收回教育权的北京大学教授进行协商。大内抵达北京后，通过日本公使馆，由坂西、土肥原从中斡旋，找到北大教授周作人、沈尹默、陈大齐、马裕藻等。经过几番协商，初步确定在原中日学术协会基础上，设立中日教育会，将天津同文书院改为中国赴日留学生的预备学校，经费仍由东亚同文会负担。

① 周作人《知堂回想录》（下），河北教育出版社2002年版，第519–521页。

天津同文书院前门

双方相关接触过程在周作人日记中有所记述：1925年9月2日，“下午四时半，送内野君回东京。又往土肥原君处，与大内、江藤二君商议同文书院事”。9月4日，“上午十一时往土肥原宅，议中日教育会契约。午后大内约往东兴楼午餐，共九人”。9月5日，“午至东兴楼与沈、马、张、陈四人共宴大内、江藤、土肥原、方四君”。双方谈妥初步意向后，大内畅三即返回天津，将共组中日教育会事向天津同文书院教职工一一介绍，并取得全体同事的赞成。接着，大内打电报给东亚同文会，进行详细汇报。东亚同文会与日本外务省文化事业部研究同意，由大内畅三负责继续办理。于是，大内畅三再赴北京，经过与北大教授周作人、沈尹默等多次商谈，按照北洋政府教育部的有关规定和要求，最终达成一致协议，签字生效。同年12月20日，中日教育会在北京举行成立大会。该会成员有北京大学教授周作人、沈尹默、陈大齐、马裕藻、张凤举五人，东亚同文会大内畅三，天津同文书院江藤荣吉、张庭芝二人。沈兼士和藤江真文干事作为观察员，出席了此次会议。大会决定推选周作人为该会会长；天津同文书院改名为天津中日学院；废除名誉院长一职，聘请北京大学教授沈兼士为院长；改监督为总务长，其他职称不变；中日教育会的事务会计由干事负责；原来的教职员编制不动。①

中日学院设校务委员会，由马裕藻、陈大齐、江藤荣吉、张庭芝和沈兼士组成。设教务长和总务长分管教学及日常管理，教务长下辖会计课、庶务课和尺牍课。总务长由藤江荣吉担任，后继者为藤江真文，管理教授、学监、讲师、助教及注册课主任。聘请陈大齐教授伦理学，马裕藻教授国文，每周一次。学院名义上为大学，其实各方面都不具备大学的条件，只相当于欧美的大学预科。经中日教育会成员考察后，确定学制为六年，初高级中学各三年。后来，为与日本国内学制衔接，改为初级中学四年、高级中学二年。

1926 年 4 月 1 日，中日学院正式启动。同年秋，中日教育会在报上刊登启事，并代为中日学院登出广告。启事云："我们因为中日两国在历史上、地理上都有密切的关系，而在文化上更有割不断的因缘，觉得为彼此的将来计，为东亚大局的前途计，确非互相理解、互相提携不可。然而要互相理解、互相提携，先得有充分的互相研究。中国古代的文化输入日本最早，中国固有的学术，日本人士亦探求不遗余力。日本有一部分人对于现代中国虽或尚少同情的了解，但多数国民对于中国事情都具有相当的常识，至于专门学者的层见叠出更不待说。中国国民的对于日本不幸恰恰与此相反，说起日本来差不多

① 金桂昌《日本创办天津"中日学院"始末》，见《历史教学》1990 年第 3 期。

没有几个人敢说知道的。十年来，留学日本的虽不少，但大都学的是日本从西洋承受过来的东西，不是日本自己的东西。日本的历史、地理、文学、美术、宗教等等，真正日本的精神文明，从来没有人问津过，因此日本至今还是一个谜似的。因此，中国对于日本的毁誉都不得当。这是一个莫大的缺憾。我们认为这个缺憾是应当填补的，而且这填补的工作是刻不容缓的。根据这个意见，我们纠合两国的同志组织了这个中日教育会。我们会里第一步的事业是设立中日学院，我们诚实地希望中日学院的设立可以促成将来中国国民对于真日本的剀切的研究，可以增进中日双方的不是片面的、正确的理解。中日学院一切组织现已逐渐就绪，从下学年起先办高级中学及初级中学部，其招生广告见下。"[1]第二年，中日学院获得中华民国教育部的许可，中学部改称私立中日中学校。北伐战争结束后，南京政府规定三民主义成为今后的教育方针，学校要增加党义、党史课，每周一作为总理纪念日。为适应新的形势，中日学院也进行了教改，进一步加强日语教学，使学生通过四年的学习达到日本中学四年级的水平。凡优秀毕业生通过选拔考试，由学校负担费用，送到日本高等学校或专门学校深造。

沈兼士自 1927 年秋兼任天津中日学院院长，前后任职达五年多，至 1933 年 7 月辞职，由教务长张庭芝就任代理院长。陈大齐和马裕藻苦于平津间往返奔波，不久也辞去教职。沈尹默和张凤举本无课业，因此很少去天津。周作人只到校作过一次演讲。

1931 年初，日本外务省决定每年从日本内地中等学校一年级学生中选拔数名少年，派遣到天津中日学院，与中国学生住在一起，共同

①《中日教育会启事》，见《益世报》1926 年 8 月 11 日。

生活、学习。4月，第一批六名日本留学生来到天津，因大多不通汉语，只好先编入预科班学习汉语。五个月后，他们才与中国新生一起上课，学费由东亚同文会负责。1945年8月日本战败，留学生停止派遣，日侨也陆续遣返回国，中日学院遂宣告结束。

九、基金会中国代表团“掌门人”

受蔡元培、李石曾的影响，沈尹默很早便参与中法文化教育合作事业。1917 年他与蔡、李等发起创办北京孔德学校，帮助学生赴法留学。他与李石曾志趣相投，交谊极深。由于李的大力推荐，他不仅参加了中法教育基金委员会，还长期担任该委员会中国代表团主席，成为中法教育合作事业的领头人。

中法教育基金委员会是在法国退还庚款余额的基础上成立的。1901 年清政府和帝国主义国家签订《辛丑条约》，包括法国在内的十一个西方国家从中国共勒索赔款四亿五千万银两。1908 年美国率先宣布退还部分庚款，用于兴办清华学堂，选派中国学生赴美留学。受美国退款的影响，中国有意争取法国退还剩余庚款。此后，中法两国政府就这一问题进行谈判，直到 1925 年 4 月，才换文确认法国部分庚款退还中国，用于中法两国有益事业。为管理和使用这些款项，双方动议成立中法教育基金委员会。经过反复协商，决定中法教育基金委员会设在北京，其职权是根据中法协定管理中法教育事业基金，并决定其用途。委员会由中法两国代表团组成，表决时中法两国各有一权。中国方面委员有七人：外交部、财政部、教育部、国立北京大学、国

李石曾（煜瀛）

立东南大学、国立广东大学、中法大学各派代表一人；法国方面委员一人，即法国驻华公使或其代表。中国代表团通过《中法教育基金委员会中国代表团办事细则》，规定组成人员及其职权。其中职权是共同决定中法教育基金委员会中国方面的提案及意见，管理及支配委员会中纯属中国方面的款项，包括中国教育界因法国庚子赔款解决而应得的现款和应得的基金。中法教育基金委员会开会时，代表团意见必须一致，即以代表团的议决案为根据。委员会主席即为中法教育基金委员会中的中国主席。4 月 28 日，中法教育基金委员会在北京政府外交部召开成立大会。会议选举产生两国代表团主席，中方为李石曾，法方为法国公使玛德；中方秘书为外交部代表刘锡昌，法方秘书为法国公使馆秘书韩德威。议决委员会每星期（以后改为每月）开常会一次，每逢星期三召开，每次会议确定下次会议的议程。最初基金会没有固定的场所，每次开会都借外交部或法国公使馆举行。后来由教育总长易培基提议，将位于北京西交民巷七十一号原属中央观象台的一幢建筑作为基金会事务所办公地。

1926 年 4 月 2 日，中法教育基金委员会中国代表团召开第二次会议。会上，因中国代表团主席、中法大学代表李石曾辞职，讨论决定由沈尹默继任中国代表团主席兼中法大学代表。[1] 从此，沈尹默开始成为该委员会中国代表团的掌门人，负责全面工作，前后长达十余

① 文俊雄、刘长秀《中法教育基金委员会中国代表团史料一组（上）》，见《民国档案》2014 年第 4 期。

年。他主持中国代表团工作期间，中法教育基金委员会主要办理了两类事业：一、法国庚款单独办理的事业。（一）完成中法间唯一教育机构——中法大学；（二）补助国内外已有成效之中法学术机关或学校，如上海徐家汇天文台、里昂中法学院、上海震旦大学、上海中法国立工学院、天津工商学院、巴黎中国学院、北平孔德学校等；（三）筹议参加巴黎“大学村”建筑中国留法学生宿舍；（四）补助其他与中法有益之事业，如北平、广东、云南、桂阳、龙州等处法国医院学校，又如成都、南京等处中法友谊会等；（五）中法文化交换出版事业；（六）补助留法学生；（七）招待法国著名学者来华讲演，如伯希和、拉洛、法叶、赫贝尔等。二、与其他机关或其他庚款会合力兴办之事业。（一）补助故宫博物院建筑保险库；（二）补助天然博物院建筑陆谟克堂；（三）补助国立北平图书馆购买法国有用书籍，并与巴黎图书馆交换馆员；（四）补助教育部国语统一会编纂中法大辞典；（五）补助建设委员会派遣专员赴法考察实业；（六）补助北平研究院与中法大学合办之药物研究所主任赵承嘏博士研究中国药物；（七）补助北平研究院与中法大学合办之镭学研究所等。

中法教育基金委员会不像中英、中美等庚款管理机构，一开始就有明确的资助计划和细致的用款规则。如何将有限的基金用于资助急需的文化教育机构和个人，以沈尹默为首的中国代表团动足了脑筋，不仅逐步完善各项规章制度，还十分注重集体讨论和决策。1927 年 3 月 25 日，基金会举行第十次会议，对基金是平均分配还是选择一二个对象加以重点扶助进行讨论。沈尹默以美国退款重点用于清华为例，提议中法教育基金应重点资助北京中法大学。他认为补助几个重要的机构胜过补助很多次要的机构，如果美国庚款相当大一部分不是补助给清华，而是分给许多二流教育机构，那么它的成效将会大打折扣。

经中国代表团集体研究讨论，通过了他的建议，但没有得到法国公使的支持，法方表示需要了解清华所得补助的详细情况，并征求法国政府的意见。①

在基金管理方面，基金会为保证中法教育合作事业持续有效，尝试设立保留基金。随着 1930 年基金会获得新的财源，保留基金问题被正式提到议事日程上来。1931 年 1 月 3 日，基金会召开第二十二次会议，专门就设立保留基金问题进行讨论。中国代表团主席沈尹默首先在会上阐述了设立保留基金的必要性，指出："中法教育基金委员会已存在六年，由于我们所拥有的日常财源，使得现存的中法事业得以维持，但是从今年开始，我们将有新的补充财源可供支配，它不仅可以使现存的中法事业壮大，而且还可以资助新的事业，以推动我们两个姐妹共和国的文化发展。然而，为了使这些事业得以继续发展，设立一个金额为五千万元国币的保留基金今后是绝对必要的，甚至是必不可少的。"他的意见得到大多数与会代表的支持。② 会后，中国代表团派李石曾、钱永铭等与法方代表嘉雷、毕西接洽，商谈设立保留基金事宜，经反复协商，此事终得圆满解决。

中法教育基金委员会负责管理和使用中法间的教育事业基金，权力比较大，很容易引起外界的关注和质疑。作为中国代表团主席，沈尹默带领大家秉公办事，但仍不免受到外界和同事的诘难。1935 年底

① "Commission Mixte des Oeuvres Franco-Chinoises, Scance du 25 Mars 1927", Archivcs du Ministère des Affaircs Etrangères, Série Asie-Océanie 1918 ~ 1940, Chine,V.876,pp.55 ~ 60. 转引自葛夫平著《中法教育合作事业研究 1912-1949》，上海书店 2011 年版，第 327-328 页。

② "Commission Mixte des Oeuvres Franco-Chinoises d' Education, Scance du 3 janvier1931", Archivcs du Ministère des Affaircs Etrangères, Série Asie-Océanie 1918 ~ 1940,Chine,V.876,pp.107 ~ 113. 转引自葛夫平著《中法教育合作事业研究 1912-1949》，上海书店 2011 年版，第 329-330 页。

沈尹默（左三）与法国公使等

关于下年度预算问题是否需经集体讨论一事，曾在代表团内部发生较大分歧。这年 12 月 8 日，中国代表团在上海霞飞路一八五六号世界文化合作中国协会大楼召开第二十八次会议，沈尹默任会议主席，到场的代表有邹鲁、罗家伦、李石曾、陈剑翛、李书华、刘锡昌，另有列席特务代表李石曾、周作民、钱新之、刘符诚（由齐致代）。沈尹默主持会议并报告会务情况。接着，新任代表、中央大学校长罗家伦发言："此次议程，将下年度预算列入报告，似觉欠妥，应加讨论。虽然为时间关系总以讨论好一点，庶对于外面误会大家可以解释，或现在不讨论，则保留讨论亦可。盖若按惯例而言，固不敢多赞一词，不过揆诸通例似乎须如此。"沈尹默解释说："每年预算要十一月以前有决定，而代表散处聚会不易。且各项用途有成案，乃由执行人员就成案拟一底子。盖此种概算原是根据旧案而来，且俟中法双方同意。即此次之案已经刘代表佐卿与法方几经接洽，阅时多日，始能有此成绩。

若欲变更，甚为困难。而来年一月各受补助机关均须用款，若有延缓，均将受事业停顿之影响。至于改作讨论当然可以。至于外间对本会误会，此乃事实问题。即如罗代表从前对本会情形如何能了解。今日参加本会自然可以认清。又监察院查各项款机关账目，对本会账目一经查看，亦恍然明白，并无丝毫错误。”话音刚落，大家七嘴八舌地议论起来，有赞成他说法的，也有反对的。过了一会儿，罗家伦又说：“按逐年本会收款表，下年度起应多收二百五十万佛郎。此款为去年所无，应无支配成案。今年新支配，应有一原则。本席此言完全为本会前途，并非有何私意，决不想替中央大学要钱。”对此，沈尹默又做了一番解释。这时，李石曾发表自己的看法，说：“此事现经说明，总之此皆本席对沈先生不起。本代表团主席最初是由本席担任，后应本席被北京政府通缉，交沈先生一直维持到今天。非沈先生，本会早已分散。现在沈先生受到种种困难，罗代表顷间指责沈先生，沈先生自不能不逐一辩护。本人每次出席行政院庚款机关联席会议，非以法款代表出席，乃以义庚款会中国代表团主席资格出席。但义款已经政府用罄，而主席连义款数目尚未知悉。以彼例此，法款情形要好得多，而反受指责，尤觉对沈先生不起。此种说明从前在庚款机关联席会议屡经声述，罗代表未之前闻，陈代表谅早明悉矣。”①

沈尹默于 1936 年 6 月 5 日中国代表团第二十九次会议不再担任主席职务，但仍为北平大学代表，此后继续参加中国代表团的历次会议，为中法文化教育合作事业服务，直到 1941 年 1 月才最终退出该代表团。

① 文俊雄、刘长秀《中法教育基金委员会中国代表团史料一组（上）》，见《民国档案》2014 年第 4 期。

十、冒险营救烈士之子

冒险营救中国共产党主要创始人之一李大钊烈士的儿子李葆华，是沈尹默一生中引以为豪的壮举。沈尹默与李大钊在北大共事十余年，一起编辑《新青年》，一起参加评议会会议。又经常共同出席朋友、同人的宴会，把酒言欢，结下了深厚的友谊。

李大钊信仰共产主义，积极投身革命活动，与在上海的陈独秀遥相呼应，推动建立全国范围的共产党组织。1921 年 7 月，中国共产党宣告成立，并在上海召开第一次全国代表大会。此后，李大钊负责党在北方的全面工作。1926 年 3 月，在极端危险和困难的情况下，李大钊积极领导并亲自参加反对帝国主义和北洋军阀的“三一八”运动，遭到北洋军阀的仇视和通缉。作为朋友和同事，沈尹默很为李大钊的安危担心。1927 年 4 月初的一天，正在孔德学校上班的沈尹默，特地把李大钊的长子、孔德学校学生李葆华叫到办公室，询问李家的情况，并叮嘱道：“张作霖要来了，转告你父亲，一定要小心，张作霖这个红胡子是杀人不眨眼的啊。”果然，反动军阀向革命者举起了屠刀。4 月 6 日，张作霖派大批军警包围苏联大使馆，逮捕李大钊等革命者。那天是清明节，也叫植树节，学校照例放假一天。沈尹默的兄长、燕京

李大钊

大学教授沈士远邀请周作人等几名北大教授聚会，沈家在海淀燕大校园内。周作人的儿子周丰一也去了，另外还有周丰一的孔德同学李葆华。海淀离城区比较远，当晚李葆华住在清华同学的宿舍，没有回到城里。第二天，沈尹默从报上得知李大钊被捕的消息，立即打电话通知沈士远保护好李葆华，嘱其暂时不要进城，也不可以外出。这样过了一星期，沈尹默思前想后，觉得长兄家离海淀侦缉队太近，依然比较危险，便将李葆华转移到另一位燕大教授马鉴家中，马鉴长子马咸也在孔德学校读书。因周作人是李葆华的班主任，沈尹默又和周作人商量，叫周去燕京大学上课时，顺便带李葆华回城。不久，周作人按照与沈尹默商量好的办法，乘车护送李葆华到八道湾十一号周家，安排其住在僻静的后院东厢房，那里曾住过俄国盲诗人爱罗先珂，不会引起关注。李葆华在周家一住就是一个月，喜爱摄影的周丰一为他照了不少相片。①

4 月 28 日，北洋军阀不顾社会舆论的强烈反对和谴责，竟将李大钊等二十位革命者绞杀在西交民巷京师看守所。次日，沈尹默阅报得知这一消息，悲痛不已，急忙赶到周作人家，与几位北大同事商量，如何把这个噩耗告诉李葆华。经过一番商量，大家认为沈尹默最会想办法，也善于做思想工作，不如由他出面找李葆华谈话，告诉其父已遭遇不幸，然后加以开导和劝慰。一会儿，李葆华走进房间，大家正襟危坐，气氛十分凝重。沈尹默简要地讲述昨天发生的惨案，然后说

① 周作人《知堂回想录》（下），河北教育出版社 2002 年版，第 532 页。

“令尊大人是为主义而牺牲的，本是预先有觉悟的”。让人意外的是，李葆华出奇的镇定，听了沈尹默的话，又仔细翻看当天的报纸，极力抑制住悲伤情绪，然后默默地退出门外。①

晚年李葆华

同年秋，经沈尹默周密安排，李葆华化名杨震，带上沈尹默为其准备好的孔德学校毕业证件，与沈尹默次子沈令翔等人，取道天津乘船去日本留学。他们在神户上岸后，先期到日本的周丰一特地从东京帝国大学赶来，一同乘火车抵达东京，进入神田区中猿乐町的东亚高等预备学校学习。以后，李葆华、沈令翔等同住在东京神保町福起馆，在那里留下了不少共同生活的照片。

1928 年，李葆华考取东京高等师范学校理化系，沈令翔进入京都的日本第三高等学校深造。当时赴日公费留学生的名额很少，据 1931 年日本档案史料统计，三百零三名华裔留学生中，自费生二百九十五人，公费生仅占七人。李葆华是河北省乐亭县人，公派照例需由原籍省教育行政部门批准办理。时任河北省教育厅厅长的沈尹默考虑到李葆华是烈士的儿子，家里还有母亲和年幼的弟弟、妹妹，便费尽周折，设法将其由自费改为公费，每月有六七十元大洋的补助。而沈尹默自己的儿子、女儿就没有这么幸运了。沈令翔只是享受部分津贴补助，还是由原籍浙江省教育厅安排的。②

沈尹默还以北大同事的身份，参与安葬李大钊烈士的活动。李大

---

① 周作人《知堂回想录》（下），河北教育出版社 2002 年版，第 533 页。
② 沈长庆《沈尹默家族往事》，中国文史出版社 2013 年版，第 262–263 页。

钊牺牲后，其灵柩暂厝在北京宣武门外下斜街妙光阁浙寺内。由于处在白色恐怖之中，加上家庭经济极度困难，因此一直没有安葬。1933年4月，沈尹默和北大校长蒋梦麟、刘半农等发起为烈士营葬募款，最后得款六百余元。4月23日，同人在浙寺昆卢殿前举行祭祀仪式，沈尹默敬献了花圈。[①]第二天早晨，烈士灵柩被运到香山万安公墓安葬。从此，一代英杰长眠于绿树环抱的群山之中。

沈尹默曾长期保存李大钊留下的一箱图书，还借此教育自己的子女。有一次，长女沈令融因小事对保姆大发脾气，刚好被他发现，便把她叫到孔德学校书库里，指着一只木箱沉重地说："这是我的一个老友（指李大钊）的遗物，他为了老百姓的自由和平等，先走了一步，他用他的血，帮我想通了许多问题，但我没有想到在我家里还能发生这样的事情！子不教，父之过啊。……"他叹息着，让女儿站在书箱前反省。过了一会，女儿终于认了错，并保证以后不再发生这类事，他才作罢。[②]

1947年，李大钊牺牲二十周年之际，沈尹默精心书写其名作《大哀篇》，表达对老友的深切缅怀。

受父亲李大钊的影响，李葆华在日本求学时就已经加入了中国共产党，曾任中共东京特别支部书记。回国后参与创建晋察冀抗日根据地，担任中共晋察冀中央分局委员。中华人民共和国成立初期，沈尹默忽然接到时任国家水利部副部长李葆华的来电，谈及水利部组织专家编成《各解放区水利联席会议辑要》一书，想请沈老为此书题签。沈尹默欣然同意，写好后即寄送北京。有一年，沈尹默又收到李葆

①《追悼李大钊今日在万安公墓安葬》，见《北平晨报》1933年4月23日。

② 沈令融《回忆我的父亲沈尹默》，见吴耀辉、卢之章《凝静——尹默二十年祭》，北京燕山出版社1991年版，第77–78页。

华的来信，大致称有关部门将举行李大钊烈士纪念活动，沈老是烈士生前好友，又营救过烈士家属，都认为最有资格为李大钊主祭。沈尹默回信说，自己与李大钊是朋友，“却难说是真正的同志”。又谦虚地说：“在国民党反动统治的年代，我没有胆量去做真正的伟烈的革命的事业。在共产党开辟了崭新的历史年代，我有什么功绩是可以拿来申请为胜利者中的一分子的呢？……我岂能因侥幸苟活至今，便敢用守常的英名给自己的衰朽之身涂抹上一层光。同事被毁，家人妇孺，惶遽无措，略施援手，人之常情，又何足道哉！”

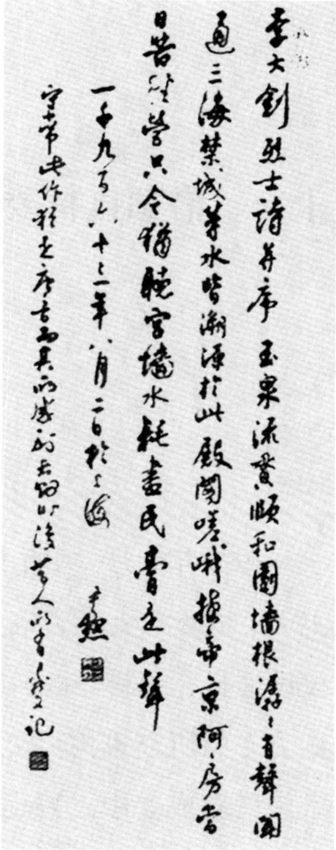

为李大钊所作诗（1963）

“文化大革命”时，北京造反派组织所谓李葆华专案组，曾赴上海沈尹默家调查李大钊父子的情况。事后，沈尹默对身边的人说：“守常是我的老朋友，曾在北大图书馆任主任，还教过经济学，又一起编过《新青年》，往来甚为密切。李葆华是守常的儿子，很早就参加革命，曾在孔德学校读书。……在守常被捕后，我曾搭救过李葆华，后来，我又以孔德学校名义把李葆华送往日本留学。值得庆幸的是，我们筹建的孔德学校的校舍还在，是北京一所重点学校，玄同的儿子钱秉雄正任这所学校校长呢！”

十一、借顺直特委会发声

1927年8月，中华民国军政府发布命令，将北京地区北大、师大、工大、农大、女师大等九所国立学校合并改组，成立京师大学校。该校设文科、理科、医科等五科及师范部、商业部等五部，又设国学馆作为专门研究机构。沈尹默任文科教授兼国学馆研究导师。9月，南京国民党成立中央特别委员会，对国民政府和军事委员会进行改组，并发表宁汉合作宣言，宣布国民党统一完成。这时，包括京、津在内的北方广大地区仍在奉系军阀的统治之下，黑暗腐败，民不聊生。李石曾、易培基等国民党元老接受南京政府的命令，秘密组织顺直特别委员会，在北京组织政治分会以前，行使直隶、北京、天津一带的对外交涉及保护文化教育的职权。特委会由冯玉祥部将段宗林（字子均）为负责人，委员有沈尹默、萧瑜、张璧、张凤举（定璜）、黎稚鹤（世蘅）五人。委员中除张璧外，其他人分别供职于中法大学和孔德学校，都是沈尹默的熟人和朋友。此后，沈尹默一面在京师大学校文科教书，一面在顺直特委会服务，工作十分忙碌。

顺直特委会开始处在秘密活动状态，由于形势严峻，沈尹默和同伴们不敢公开露面，常常无事可做。直到次年5月济南惨案发生，日本军队步步进逼，顺直地区危在旦夕，段宗林、沈尹默等唯恐局势难以控制，心急如焚，多次致电南京国民政府，报告京津方面与日本交涉的经过，请求指示和帮助。其中一份电文云：“南京国民政府蔡主席、谭主席并转顺直特别委员会诸同志公鉴：济案发生，革命战线几致全部被其影响，而京津一带，中外杂处，其紧迫情状，又更甚于济南者万万，日本军队由日开津，由津入京，陆续不绝于道。中外宣传，日方用心叵测。奉军复坐视其间，一筹莫展，形势岌岌，有如累卵，殆即将演成济南案第二。子均等诚以兹事体大，虽处敌方严密监视之下，不得不妥筹办法，迅速布置。用是迭与日方驻京司令官往复磋议，结果关于日本出兵京津问题，双方交换声明书。连月以来，全国同胞所最忧虑之北京对日外交问题，至此幸见相当解决。惟以当时事机急切，未能事先禀承中央，尚祈鉴察。该声明书两件，一并电呈备核。段子均、沈尹默、萧瑜、黎世蘅、张定璜呈。”①

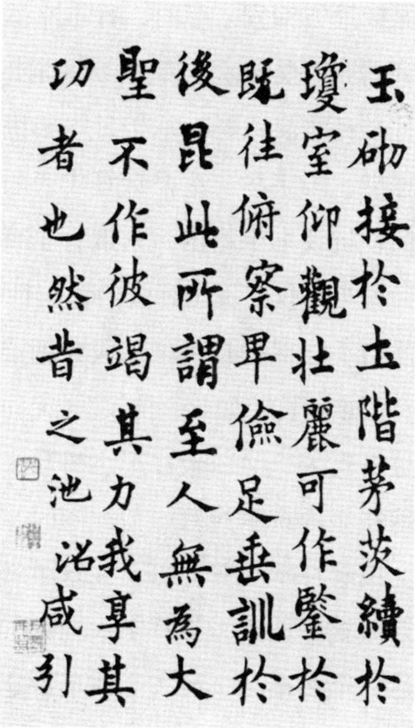

所临《九成宫醴泉铭》

6月3日，在国民党军队的大举进攻下，张作霖见大势已去，放弃北京，退回关外。顺直特委会才公开发表宣言，代表南京政府负责

①《顺直特委会与日方交涉经过》，见《申报》1928年6月14日。

保护地方治安。当时，日本军队已进入京津地区，耀武扬威，气焰十分嚣张。特委会按照南京政府的命令，把主要任务转向对日交涉。6月8日清晨八时，一架日本军机擅自闯入北京上空，引起市民的极大恐慌。段宗林、沈尹默等代表顺直特委会，立即向日方提出抗议。他们在抗议书中指出，京畿为军事重地，日本军机在空中随意飞行，这种行为不仅违反国际公约，而且在此人心浮动时期恐将引起意外纠纷，使特委会保护日侨增加极大困难。如果因军机飞行而骤生事端，特委会万难负责。如此“抗议”，无异于与虎谋皮，日本人根本不予理睬。[①]过了三天，又一架日军飞机自天津飞临北京，在空中盘旋数周后，降落在城内日本兵营。与此同时，一队五六百人的日军全副武装，由东交民巷日本兵营开出，往东单牌楼一带演习街巷攻击战。东单一带是京城繁华地段，平日车水马龙，行人如织。当天日军在东单一带演习达三个多小时，行人一律不许靠近，附近交通全部断绝，民众敢怒而不敢言。日本军队公然在京城街市实战演练，严重侵犯了中国主权，沈尹默等闻讯，无不义愤填膺。他们再次以顺直特委会的名义，向日本领事馆提出声明。声明云：

> 敬启者，兹当敝国国民革命军北伐告成，国民政府将统一全中华民国之际，宗林等谨代表国民政府顺直特别委员会，向我友邦郑重声明，所有顺直一带地方治安之维持，及外侨生命财产之保护，在地方政府未正式成立以前，顺直特别委员会当负完全责任。希望我友邦当局能以十分理解与同情，万勿派出军队，至激事变，而碍邦交，并请通知所有在京津一带之贵国侨民，依

①《顺直特务委员会对日使提出正式抗议》，见《益世报》1928年6月9日。

旧安居乐业，不必惊扰。万不得已，贵方有迁入使馆界及津租界事，其在顺直境内之一切财产，顺直特别委员会亦必全力保护。专此奉达，敬希查照，并盼赐复是荷。此致日本公使芳泽谦吉阁下、日本公使馆陆军武官室健川美次少将阁下。[1]

6月15日，国民党军队进入京津地区，南京国民政府宣布“统一告成”，随即下令组建京津卫戍司令部，负责当地的军事和治安事务。同时，国民党中央决定在北京设立政治分会，以阎锡山为主席，负责华北地区的所有事务。当天下午，沈尹默等参加顺直特委会和战地政务委员会联合会议，宣布两委员会工作自即日起停止。

沈尹默担任顺直特别委员会委员职务不满一年，办理的事务不多，但因为亲自参与数起和日方的交涉事件，目睹日本军国主义者凭借强大的军事实力，对中国政府和人民傲慢无礼，感到无比屈辱和愤怒。面对内忧外患的局面，内心很为祖国的前途和命运担忧。

①《顺直特委会与日方交涉经过》，见《申报》1928年6月14日。

十二、北大三沈与“某藉某系”

20 世纪 20 年代的北京知识界，流行姓氏前加数字的方式代称著名的文人兄弟，以为美谈，如三沈、二马、二周等，不一而足。三沈系北京大学教授沈士远、沈尹默、沈兼士三兄弟，二马是北大教授马裕藻、马衡哥俩，二周指五四新文化运动主将周树人（鲁迅）、周作人昆仲。许广平曾撰文回忆：“我初到北平时，即听朋友说：‘北平文化界之权威，以三沈二周二马为最著名。’”老北大人谢兴尧在《红楼一角》中说：“民十以后，外人谓北大当政者，有‘三沈三马’之称，后又有‘朱马’之名，实际说来，确够得上是北大的中心人物。三沈者，本科教授沈尹默、沈兼士、预科教授沈士远，本哥儿仨也。”[①]因沈家兄弟都在北大任教，且各有所长，名重京师，所以外人往往以“北大三沈”相称，连当时的报纸也经常这样称呼。

三沈中，以沈尹默进北大最早，沈兼士次之，沈士远稍晚。沈尹默极受蔡元培校长的信任，长期担任学校评议员，还一度兼任文科教授会主任，是北大决策层的重要成员，对学校革新和制度建设立下汗

① 陈平原等《民国大学：遥想大学当年》，东方出版社 2012 年版，第 76 页。

马功劳。他沉稳内敛，“有思虑，因此虽凡事退后，实在却很起带头作用，朋友们送他一个徽号叫‘鬼谷子’，他也便欣然承受”（周作人语）。他是著名诗人，新旧诗体兼擅。又是古典文学专家，长期教授汉魏六朝及唐宋诗文，颇受学生欢迎。他还以书法名世，国立北平图书馆馆刊及所印刷的书籍、北大三院的牌匾、东华门大街不少店铺的招牌等，均出自他的手笔。沈兼士人称沈三先生，为人宽厚开明，尤其好扬人之善、奖掖后进。在老北大教授中，被认为是最得人心者。沈三早年留学日本，曾从章太炎专攻语言文字学，著述甚丰，颇有建树。任北大研究所国学门主任十多年，其规制均由他一手创办。老大沈士远上课极认真，在北大因讲庄子出名。据说沈士远讲庄子，往往从开学讲起，直到学期结束，还没把《庄子·天下篇》讲完，时人戏称为“沈天下”，意即“天下专家”。“他的名气都没有两个兄弟的大，人却是直爽，有北方人的气概，他们虽然本籍吴兴，可都是在陕西长大的”（周作人语）。沈大先生办事能力强，长期担任北大庶务部主任，将学校后勤保障、会计核算等繁琐事务处理得井井有条。

沈尹默

三沈在北大时，周围浙江籍教员很多。据1923年度《北大教职员名录》记载，全校共有教职员二百八十六人，其中浙江籍六十七人，接近四分之一，雄居各省首位。直到1928年，在北大进修的日本人吉川幸次郎，仍然惊讶于北大文学院教师中浙江人所占的比例高达百分之八十，对此印象深刻。不仅普通教员如此，从1919年废科设系后，自校长蔡元培和代理校长蒋梦麟而下，仅各系的主任中，浙江人也始终占有较大的份额。尤其是文科，这种状况更加明显。研究所国学门主任一直由沈兼士担任，史学系主任朱希祖、国文系主任马裕藻分别是浙江海盐和鄞县人。《国学季刊》虽由胡适主持，十一位编辑员中却有七位是浙江籍。北大国史编纂处的十五名职员中，除安徽陈独秀和蒯寿田外，其余席位全部被浙江人占领。国文系除“三沈二马”外，还有钱玄同、朱希祖、周树人、周作人、朱宗莱等知名教授。以1925年为例，北大国文系共有教员十六人，浙江籍占九人。他们既是同乡，又意气相投，经常聚会宴乐，关系十分密切。在外人眼里，他们遇事往往共进退，俨然是个小团体。其实，自清末民初以后，关于江浙人把持北京学界的说法盛行一时。不仅各学校如此，即使政府教育部中也有很多官员出自这两省，曾供职北洋政府教育部的王云五就说：“由于江浙为文化最发达之区，因此教育部此时的高级职员中，包括次长和四位参事中的三位与三位司长中的两位，都属于江浙两省籍。”[①]浙江人在北大势力的增强，必然引起其他地区人士的反感和不满。于是，有人对国文系中的浙籍教员冠以“某籍某系”的名号。周作人虽然不认同北大国文系浙江人一统天下的说法，但鉴于各种客观事实，也不得不承认关于“某籍某系”的指责，“虽是‘查无实据’，却也是‘事出有因’”。

“某籍某系”的名号最早出自1925年5月30日刊登在《现代评论》周刊的“西滢闲话”。西滢是北大文科英文系教授陈源的笔名，他在“闲话”专栏文章中专门针对鲁迅、沈尹默等七名女师大教员在《京报》发表的《关于北京女子师范大学风潮的宣言》，写了一段意味深长的话，指责这几位“我们平素所很尊敬的人暗中挑剔风潮”，在女师大

① 王云五《王云五全集15》，九州出版社2013年版，第65页。

事件中有意偏袒学生以拉拢人心。而这些教员义正词严的宣言，正好坐实了“女师大的风潮，有在北京教育界占最大势力的某籍某系的人在暗中鼓动”的传言。陈西滢矛头所指的，正是北京大学国文系的浙籍教员，因为宣言中列名的七人都同时兼任北大教职，而且除李泰棻外，马裕藻、沈尹默、周树人、钱玄同、沈兼士、周作人六人的籍贯都是浙江。按照沈尹默自己的说法：“我们，包括马幼渔、叔平兄弟，周树人、作人兄弟，沈尹默、兼士兄弟，钱玄同、刘半农等，亦即鲁迅先生作品中引所谓正人君子口中的某籍某系。”除同为浙江籍之外，沈尹默提及的“某籍某系”成员中的核心人物还有一个重要身份，即“太炎门生”。早在蔡元培出任北大校长前，北大文科已陆续引进章太炎的弟子以取代“严复旧人”，即以林纾等为代表的桐城派文人。

陈西滢的言论一出，立即在文坛掀起轩然大波，鲁迅、周作人相继撰文予以批驳。鲁迅以东吉祥胡同的“正人君子”指称陈西滢等人，反唇相讥。双方分别以《现代评论》和《语丝》为阵地，你来我往，大打笔战。

事实上，除了地域籍贯方面的歧见，北大教员中还有因留学国家不同，逐渐形成相互对立的派系势力。一派是英、美、德留学生，以胡适为首；另一派是法、日留学生，领头的是河北人李石曾。“某籍某系”中包括沈尹默在内的绝大部分人，都曾有过留学日本的经历。东吉祥胡同的“正人君子”，与英、美各名牌大学颇有渊源。留学所在国各自不同的文化环境和教育方式，使学成归国的各位学人，无论是学术观念还是政治倾向都有很大的差异。因此，他们在任职的各大高校中，于传道授业和同人聚会等方面各自为政，引成了所谓的法日派和英美派。曾长期在北大供职的顾颉刚在自传中回忆道：

蔡先生组织教授会，定出教授治校的办法，因此教授就有了权。权之所在成了争夺的目标，于是马上分成“英美派”和“法日派”两大系，用团体的力量做斗争的工作。校里要请一位教员，他如是美国留学的，那么“法日派”里必定提出一个他们的人，要求同时通过；“法日派”如果先提出，“英美派”也必要这样以保持其平衡。……当时北大有“三沈”、“二马”之号：“三沈”是沈士远、沈尹默、沈兼士兄弟；“二马”是马裕藻、马衡兄弟。他们结成一个团体，成为“法日派”的中坚，鲁迅、周作人所以常写骂人文章就是由他们刺激的。其中沈尹默尤能策划，所以他的绰号是“鬼谷子”。当陈独秀办《新青年》时，他本来也是写文章的一个，他的新诗很有名，但他看着陈、胡的势力日涨，安徽人压倒浙江人（“三沈”、“二马”均浙江籍），总觉得受不了，所以他发动北大取消“分科制”，校长直接管各系，这案通过，文科学长陈独秀就不得不去职了。因为他能策划，所以李石曾特别器重他，托他主持孔德学校，后来又主持中法庚款。①

蔡元培辞职后，蒋梦麟取而代之。蒋虽然也是浙江籍，但留学美国哥伦比亚大学，和胡适等人志趣相投。在掌握北大实权后，变“教授治校”为“校长治校”，架空了浙籍教员为主的评议会左右北大的权力。“某籍某系”的人受此重创，纷纷另觅他途。鲁迅离开北京，远走厦门。钱玄同也脱离北大，改任师范大学国文系主任。“三沈二马”不复昔日的声名，大多离开北大到其他高校任职。沈尹默经蔡元培和李石曾推荐，赴河北省任教育厅厅长，结束了十六年的北大教授生涯。

---

① 顾颉刚《我怎样厌倦了教育界》，见《顾颉刚自传》，北京大学出版社 2012 年版。

第五章

从教育厅长到大学校长

一、教育厅长的“三把火”

沈尹默被免去顺直特委会委员职务不久，南京国民政府任命他为河北省政府委员。1929 年 7 月，经教育部部长蒋梦麟提议，国民政府第三十四次国务会议决定，又任命他为河北省教育厅厅长。河北省由直隶省改名而来，省会设在天津（后移驻北平），下辖一百二十九个县，面积十一万平方公里，人口两千八百万。该省地处燕赵故地，历史悠久，文化昌明。

河北省教育厅刚刚组建，要处理的事情很多。沈尹默的厅长职务虽已经发布，但任命状迟迟没有寄到。他没有等待，主动拜访省长商震等主要官员，提出革新教育的打算，商量解决问题的办法。他长期在教育界服务，对内部情况比较熟悉，又有丰富的经验和独特的教育理念。他认为要抓好一省教育，必须唯才是用，即教育厅的重要职位一律任用有学识、有经验的人。尤其是省视学一职，非有教育专业背景的人不用。今后除派人到各县视察教育行政外，还将分派各学科专家不定期考察全省学校开设的课程及教学用书，促使各地教育程度逐步统一，并在此基础上提高各学科程度。他的这些设想和提议，得到省政府大多数委员的认可。同年 7 月 29 日，他正式到四照堂河北省教育厅筹备处上任。因原来的教育档案归北平大学区保管，他当即派教育厅职员李毓琦、潘厚冲、陈中平、陈楚涵四人赴北平大学办公处，接洽接收全部档案，以便研究下一步教育计划和经费分配等重要问题。

俗话说："新官上任三把火。"沈尹默上任伊始，便想做几件有影响的实事，一来树立自己的威信，二来借此革新河北省教育的现状。他的"第一把火"就是大力整顿省内唯一的综合性大学河北大学，使其成为全省教育改革的典范。此前，他曾在北平家中接待过宋麟、张箭轩两人。宋、张是河北大学护校委员会驻北平的代表，因北平大学区动议河北大学文法两科停止招生，[①]遭到全校师生的强烈反对。他们组织护校委员会，不断向有关部门交涉，希望恢复学校原状，并问到其对文法停止招生一案的意见。沈尹默说："省教育与国立教育既已划分，情形与以前不同。河北大学隶属省政府，如果停办文法二科，那就不能称为大学了。不但文法不能停办，还要恢复河北大学原有名称。"他表示，等教育厅组织就绪后，定会将河北大学的事首先向省政府报告，将选派省内有名望、有教育行政经验的文化教育界人士，担任河北大学校长，力争办好这所高等学府，为河北省培养各类急需人才。[②]

经走访教育界有关人士，沈尹默了解到河北大学原设文、法、农、医四科，本年学生仅二百五十八人（其中文科六十五人，法科六十三人，农科二十一人，医科一百零九人），教职员共一百五十七人，招生虽远不及天津北洋大学，每月开支却比北洋多很多，达两万一千余元。

---

① 1927 年，国民党教育行政委员会仿效法国教育行政制度，设中华民国大学院主管全国教育，地方试行大学区，取代中央政府设教育部、各省设教育厅的制度。因各方强烈反对，这一制度于 1929 年 7 月停止试行。

②《河北大学文法科不停办》，见《益世报》1929 年 7 月 15 日。

学校教学设施落后，各科教员紧缺，教授大多是从平津各大学请来兼职的。学校管理混乱，部分教员只负名义、领薪水，并不到校上课。校内多次发生学生风潮，校长频繁更迭，严重影响正常的教学秩序。大学区时期，因该校办理不良，加上北平大学区内文法科较多，所以动议文法两科停办，集中有限财力办好农医两科，以便取得实效。沈尹默认为大学区制已经取消，河北大学是全省唯一的综合性大学，没有理由不认真办好，且广大师生又迫切希望保留文法两科，因此竭力向省政府建议，任命在教育界颇有声望的张瑾（仲苏）为河北大学校长，对该校进行全面整顿。沈尹默的设想很好，计划也周详，但无奈的是，当时的河北省和全国其他地区一样，教育经费奇缺，经常拖欠大学教师工资，一般最多只发五成，严重影响大家的积极性，因此教育改革难以落到实处。这年下半年，为节省经费，校长张瑾决定把医农两科毕业学生的公费留日改为自费留日，引起毕业生强烈不满。部分学生带头罢课，举行反张游行，还将校长痛打一顿。受此屈辱，张瑾愤然辞职，学校改革也偃旗息鼓。两年后，沈尹默已离开河北省教育厅厅长的岗位，省政府通过改组河北大学的办法，将法科、英文、国文系学生转到其他大学，解聘除农医两院的全部教职员。河北大学在全国教育资源整合的大背景下，最终被迫解散。

沈尹默的“第二把火”是改革县教育局局长选拔任用及培训教育办法。他认为县教育局局长对地方教育至关重要，用人适当非常关键。可是，他上任时发现河北省许多县的教育局局长学识、经验不足，有的尸位素餐、滥竽充数，有的奉承拍马、做官当老爷，很少有人集中精力谋发展。于是，他下令组织相关专家学者制定《河北省县教育局暂行规程》，报省政府通过施行。规程明文规定“县设教育局，以局长一人、县视学及事务员若干人组织之”，“教育局长直属于教育厅，秉承县长主管全县教育事宜”。同时，他主持成立县教育局长资格审查委员会，由教育厅第二科科长井守文、第三科科长李蒸和厅秘书王金绂三人组成。该委员会对厅长负责，办理县教育局局长资格审查的具体事务，分期分批逐步推进，审查合格者留任，不合格者免职，避免选人用人方面的腐败现象。教育厅还行文规定今后临时任用教育局局长，也必须经教育厅派员仔细审查。在沈尹默的主持下，教育厅上报并颁布《县教育局长训练办法大纲》，规定对县教育局局长进行集中训练，时间为六个月。训练期满、考试合格，仍回原地任职。考试不合格的，下期继续参加训练。这项办法实施一年半，效果立竿见影。一些不合格的县教育局局长被免职，一批具有留学背景、了解现代教育制度和教育思想的人获得提拔，直接影响了地方教育事业的发展。[①]

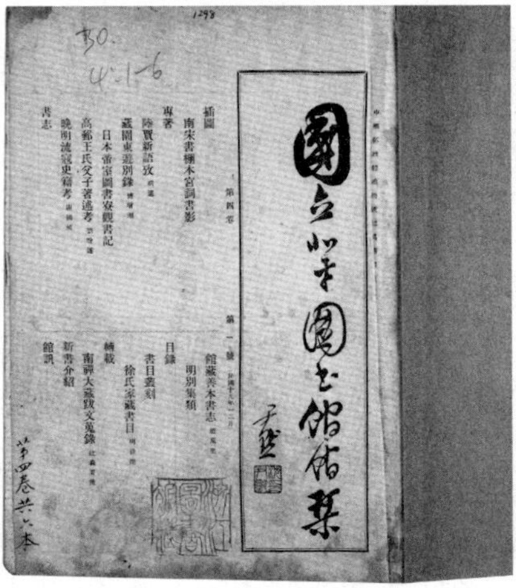

为《国立北平图书馆馆刊》题签

沈尹默的“第三把火”是着手制订规章，选派职员赴洋留学，为各行政机关培养后备人才。他仿照早年在北大建议校长蔡元培批准教员到国外考察学习的办法，向省政府提议选派省府职员赴洋留学，目的就是借此提高省政府的办事效率和办事水平。省政府批准同意后，将这项工作交由教育厅具体负责实施。他当即主持制订《河北省政府选派各厅处在职秘书科长技正留学办法》，再交省政府讨论通过。该办

①《河北教育厅慎重教育局长人选》，见《大公报》1929年8月15日。

法主要有四条："(一)名额暂定为二名。(二)学费金额比照普通官费月额支给。(三)年限二年。(四)凡籍隶河北省人民，现任各厅处秘书科长技正具有左列资格之一，并已继续服务一年以上，著有成绩者。(1)国内外大学毕业者；(2)国内外专门学校及高等师范学校毕业，曾任专门以上学校教职或荐任职三年以上者；(3)曾任荐任职十年以上富有政治经验者；(5)此项留学生之选派，应组织审定委员会审定，前项审定委员会，以省政府全体委员组织之；(6)此项留学生，在留学期内，每半年须作报告一次，两期无报告，并未声明理由者，应停止其官费；(7)此项留学生，遇有缺额时，得由合格人员递补；(8)本办法自省政府议决后施行。"[①]

不久，沈尹默在省府委员会议上又提出，因选送留学欧美学生所定学科多属普通科目，考虑到急需各类技术人才，请省府增加年度留学经费一万元，以增加这方面的录取名额。这项提议受到与会人员的肯定，获得全票通过。1929年11月19日，河北省政府职员留学考试在省教育厅举行，参加考试的共七十四人，其中女生七人，沈尹默亲自担任监考官。[②]后来，教育厅按考试成绩选出十三名赴洋留学生。这批留学生学成归国后，大多数到省内行政机构任职，做到学有所用。

①《河北省府职员留学办法》，见《大公报》1929年9月4日。
②《考送留学生》，见《大公报》1929年11月19日。

二、部署学校教学工作

沈尹默到河北任教育厅厅长初期，把主要精力放在调查了解全省教育现状、制订基本教育制度和办法上。半年后，他认为所有准备工作基本就绪，于是便着手部署全省的学校教学工作。他连续主持召开四次全省性教育会议，商讨各级各类学校的教学计划，部署下一步的工作任务，以推动各类学校教学工作走上规范化的轨道。

按照前期制订的工作计划，1930 年元旦刚过，沈尹默首先主持召开河北省师范学校校长联席会议，主要议题为改良师范教育，讨论教育训育课程及教育经费等问题。1 月 6 日下午三时，全省师范校长联席会开幕典礼在省府教育厅北平市北海四照堂举行。参加会议的有河北第一师范校长杨绍思、第三师范校长武学易、第四师范校长代表宗真甫、第六师范校长郑朝熙、第八师范校长张吉唐、第九师范校长桑丹凤、第一女师范校长齐国樑、第二女师范校长王化民、第六女师范校长卢琳瑜，以及教育厅秘书王金绂、第二科科长井守文、督学主任周维垣、职员冯荣绂、阎继善等，教育厅厅长沈尹默主持会议。他首先说明开会宗旨："本厅自成立以来，召集各校长会议，以此次为首次。这次召集会议目的约有二点：（一）教育部定于本年三四月间召集全国教育会议，本厅为预备本省将来在大会之提案及一切建议起见，不得不召集诸位详细讨论。(二)师范教育之重要，早为学者所共识。诚以师范教育不良，则其他教育决无良好的希望，本厅为整顿全省教育计，特请诸位来此，会聚一堂，对师范教育之课程、训育种种问题，详加讨论，以期为整顿本省全省教育的标准。”经大家讨论通过，此次会议日期最多不超过十天，各项提案按其性质先分组讨论，然后再交大会决议。[①] 以后的几天里，师范校长联席会连续召开四次全体会议，沈尹默均以大会主席的身份出席，参与讨论师范学校训育、课程、经费等各项议案。1 月 13 日，召开议案审查会议，他主持并通过六项重要议案，分别是：(一)训育方案审查报告；(二)经费组审查报告；(三)第九师范提案审查报告；(四)第八师范提议第二案审查报告；(五)经费标准审查报告；(六)第八师范学校续提案。次日，会议闭幕。

全省师范校长联席会闭幕不到两个月，河北省教育厅又召开全省中学(职业学校)校长会议。原定会议从 3 月 3 日下午开始，因厅长沈尹默眼疾复发，加上部分校长未能及时赶到，当天的开幕式改为谈话会。3 月 5 日大会正式举行，全省各中学、职业学校校长二十六人出席。沈尹默任大会主席，并作工作报告。他简要地说明召开这次会议的目的，然后着重谈了两点体会：(一)我们为什么要办教育？办教育要有方针，因为办教育的人有方针，受教育的人始有出路。原先办教育的人，都以为办教育要有钱，其实不然，若仅有钱而无方针，则教育决无良好的结果。(二)我们为什么要办中学？“中学是为学生升学”，这句话谁都不能反对，但弊端亦即于此而生。现在最困难的一件事，就是乡间办一切自治建设的人才不够，这件事实在是办教育的人

①《全省师范校长联席会昨日举行开幕典礼》，见《大公报》1930 年 1 月 7 日。

应该注意的，国家设中等学校是要完成培养国民的资格，但是中等毕业的学生，决不能完全升学，则其余一部分，既不能再为工为农，势必尽成无业游民，而为国家分利之人。如此国民无业者日益增多，社会纠纷，即因之而起，所以我们办中等学校的人，实不能不想一种救济办法，使中等学校毕业的学生，优秀有能力的可以升学，其余一部分人员，亦可得相当的职业知识，将来能够自食其力。这就是我们此次召集会议的宗旨，也就是我们办教育的应负的责任。希望我们在此次会议中研究出结果来，以备建议于全国教育会议。[①] 从3月4日到12日，又分别召开四次全体会议，厅长沈尹默全程参加，并任历次会议主席。大会讨论通过中学学制、课程设置、职业教育、经费预算等重大事项，并决定组织中学校长赴日本参观团，计划于同年4月10日出发，考察日本中学的教学方式和教学内容。3月13日上午，全省中学校长会议举行闭幕式。[②]

任河北省教育厅厅长时

全省中学校长会议结束不久，河北省教育厅为谋划高等教育的发展，又筹备召开全省高等教育行政会议。沈尹默多次召集厅务会议，讨论具体筹备事项，并指导职员拟定会议预案，提交省政府委员会议批准，并定于4月28日在四照堂举行，会期一个星期。当天下午三时，全省高等教育行政会议召开，出席会议的有全省专科以上高等学校校

①《中学校长会议昨开幕》，见《大公报》1930年3月6日。
②《中学校长会议闭幕 沈尹默为各校长饯行》，见《大公报》1930年3月14日。

长六人，教育厅科长、秘书等六人。沈尹默担任大会主席。他简要说明会议的目的、意义和内容，指出："今天是河北全省高等教育行政会议开幕的日子。前几天曾开过师范学校校长会议、中学职业校长会议，因为前两次会议有许多议案与高等教育有关，所以再开高等教育行政会议以谋解决。此次会议虽是高等教育会议，但与全省教育息息相关，所以不得不请诸位将上两次会议经过情形，加以关注。河北高等教育会议，此次为首创，所以我们所负的使命很大。第一要研究的是怎样使全省的教育平均发展，第二要明白我们为什么办这么多的大学。"之后，教育厅第一科科长宗真甫报告会议相关情况。[①]隔天，高等教育行政会议召开第二次全体大会，沈尹默继续担任主席。他首先报告行政、经费、编制、课程、训育、杂项六组议案的审查情况，要求大家讨论。然后各位代表逐案提出意见和建议，经表决通过如何办理。再由教育厅汇总，报省政府讨论决定。

河北全省师范校长联席会、中学校长会议及高等教育行政会议先后举行后，教育厅认为还有召开小学校长会议的必要。考虑到全省小学数量很多，全部召集参加十分困难，沈尹默主持厅务会议决定，准备召集全省一百二十九个县教育局局长来北平，举行地方教育行政会议，以设法整顿和改良小学教育。5月15日上午九时，河北省地方教育行政会议在省政府中山堂举行开幕典礼，各机关、团体代表及该会职员共两百余人。沈尹默任大会主席，首先报告开会宗旨。他说："河北省地方教育行政会议，在民国十二年（1923）曾经开过一次，嗣后迄未召集。此会去年本已着手筹备，却因故中止，未能开成。此次会议的宗旨，就是要继续以前未完成的计划。教育的重要，大家均已知

①《高等教育行政会议昨日下午三时开幕今日将分两组审查》，见《大公报》1930年4月29日。

道，但如何始能得到好的教育效果，则不能不加以研究。河北地方很大，人民很多，欲谋全省教育的正确方针和统一的方法，又非把全省办教育的人召集一处，共同研究不可。今天这个会议的目的，就是这个意思。盼望大众在此短时间内，各抒已见，悉心研究。如能对本省教育，研究出一致进行的方法来，那就是我们唯一的责任。”[①]下午在中山堂举行第一次全体委员大会，出席的有教育厅厅长、各科科长、督学及特聘人员，各县市教育局局长、省立师范学校校长、省立模范学校校长、民众教育人员养成所所长、省立实验民众教育馆馆长等，共一百七十余人。沈尹默任主席。会议除报告各项会务情形外，议决将各项提案先进行分组审查，然后再交大会讨论。16日、17日开提案审查会，并请教育专家李湘震演讲地方教育行政问题。

沈尹默任河北省教育厅厅长仅一年多时间，连续召开四次全省各类学校教学行政会议，主持推行一批有关整顿、完善学校教学的法规、办法和措施，为河北省的教育发展打下良好的基础。他的教育思想和教育理念，如重视师范教育、注重培养中等职业人才、派遣国外留学生等，对今天仍具有借鉴意义。不过，由于任职时间不长，加上教育经费奇缺，他所倡导、推行的教学法规、办法和措施，大多未能善始善终，也未取得圆满的效果。

---

①《教育行政会昨晨开幕》，见《大公报》1930年5月16日。

三、受到教育部嘉奖

沈尹默任河北省教育厅厅长，除抓好全日制普通教育外，还特别重视发展民众教育。民众教育又叫社会教育，涉及面比较广，包括文化、科学、民俗等诸多方面。河北省的民众教育起步比较早，清末就办有官话字母学堂、简易识字学塾等。民国初年，该省民众教育逐步推广，但收效并不大。1928 年，按照南京国民政府的要求，河北省立实验民众教育馆成立，随后逐渐由城市扩展至乡村，对基层民众进行比较全面的现代化改造。沈尹默根据河北省实际情况，推行一系列务实举措，使民众教育在全省得到广泛推广，取得实效。

沈尹默上任不久便主持厅务会议，拟定逐步推广各县的民众教育，计划大致分三点：（一）广增省、县民众教育经费。（二）尽量推广各县民众学校，力行识字运动。（三）加紧训练民众和教育师资，把民众教育人员养成所改为师资训练学校，教授民众教育科目；鼓励各县开办短期民众教育训练班。1929 年 11 月，由他主持制定的《河北省立民众教育人员养成所简章》《河北省民众教育人员养成所办法大纲》正式公布。次年初在北平创办省立民众教育养成所，招收培训班两期，共培训二百余人。这些人后来被分派到各县市，成为从事民众教育的骨干。同年7月，养成所改称河北省立民众教育实验学校。招生对象为初中及县立乡村师范或三年以上简易师范毕业生，学制三年，科目有公民、国文、史地、应用数学、自然科学常识、教育概况、教育心理、农村社会问题、地方自治、农艺等。

与此同时，按照国民政府教育部的规定，沈尹默代表省教育厅报请省政府批准，在河北设立两所民众教育馆，即省立实验城市民众教育馆和省立实验乡村民众教育馆，作为普及民众教育的重要辅助机关。这两个教育馆都直属于省教育厅，馆长由厅长委任。城市民众教育馆设于通县，1930年2月挂牌成立。目的在实验城市民众教育的实施方法，并将结果酌量推行于全省各城市。该馆分阅览部、教导部、康乐部、生计部、事务部、出版委员会，有丰富的书报资料、游艺设备、运动场、简易工厂和棉织班，经常举行国货、科学、新生活、业余游艺大会、野外造林、种痘等活动。乡村民众教育馆设于北平郊区黄村，1930年2月成立。全馆分生计、健康、教学、阅览、讲演、出版六部，还有训练委员会、社会调查委员会等组织。阅览部分成人、儿童、妇女、杂志、报张等阅览室，还有巡回文库两处、代办处一所、流动书车两辆。讲演部有固定讲演、巡回讲演、临时讲演三种。游艺部设有各种娱乐器具，并组织戏剧研究会、音乐研究会等。教学部设成人班、妇女班和短期小学班，还有民众学校同学会。健康部有体育场、国术研究会，临时活动有施种牛痘、捕蝇运动、清洁运动等。出版部出版有《民众》旬刊，供高级民校学生阅读。其他活动有儿童节大会、普及教育宣传运动、夏令卫生运动、新年游艺大会等。

除省级民众教育机构外，沈尹默主政期间，还大力推行各县设立民众教育馆和民众学校，并提出每个村都有民众学校的目标。1929年10月，河北省教育厅拟定《河北省民众学校实施细则》《河北省各县

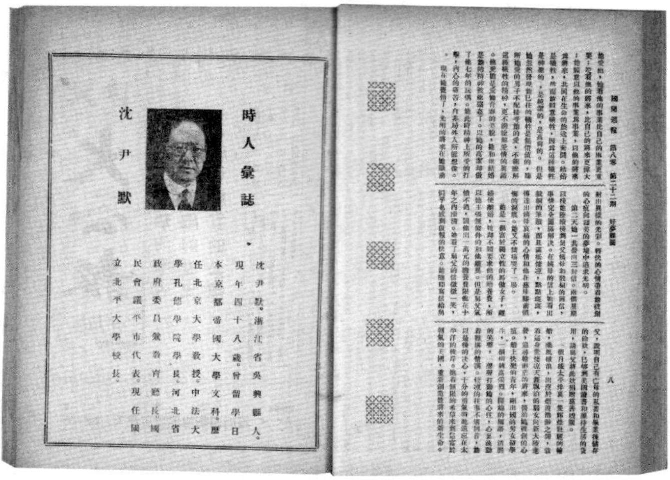

時人彙誌

沈尹默

沈尹默。浙江省吳興縣人。現年四十八歲。曾留學日本京都帝國大學文科。歷任北京大學教授。中法大學孔德學院學長。河北省政府委員兼教育廳長。國民會議北平市代表。現任國立北平大學校長。

《国闻周报》第八卷第二十二期（1931 年 6 月 8 日）刊登介绍沈尹默的文字及照片

分期设立民众学校办法》和《河北省各县教育局长办理民众学校专案考成办法》。1930 年 2 月，将上述文件呈教育部备案，并经部批准发表于《教育公报》，供各省参考。河北省教育厅拟定的“细则”，根据各县户口财力及教育状况，将全省各县分为八个等级，预先规定各年最低限度设立校数，以备遵守执行。而“考成办法”主要用于策励、察核“细则”和“办法”，“均属计划周妥、简要易施”。[①] 民众学校根据三民主义方针，授予年长失学者以简易的知识技能，使适应社会生活。教授科目为识字、三民主义、常识、珠算或笔算、乐歌，此外兼授历史、地理、自然、卫生等浅近读物，并按地方情形增设关于农业或工商业等知识。学校毕业期限至少三个月，每周至少授课十二小时，时间为夜晚或节假日。不收学费及其他费用，所用书籍、文具均由校

①《教育部嘉奖河北民众教育》，见《大公报》1930 年 3 月 22 日。

方提供。教师可由专门学校培养，也可由县市中小学教职员、社会教育机关职员、中等以上学校学生等充任。

当时各县民众学校主要教学内容为识字。沈尹默主持召开省教育厅厅务会议，讨论通过《全省各县识字运动宣传实施方案》，大力提倡识字运动。规定“各县县长应督同教育局长，遵照计划大纲乙项之规定，组织识字运动宣传委员会”，除规划平常临时宣传具体办法外，应筹办大规模识字运动宣传，每年至少一次。此外，对宣传活动的地点、游行路线、宣传品等都做了详细说明。教育厅还组织编印《劝民识字歌汇选》一册，发给各地交流学习。其中深泽县编写的《劝民识字运动歌》，通俗易懂，饶有趣味，流传甚广。歌词云：“……民众学校，将要开设，聘请教员，教您读书。每天抽暇，学几个字，不花钱财，不费工夫。如果识字，事事便利，看书阅报，能写能读。一切权力，都能行使，各种苦痛，完全解除。”①1929 年，中华平民教育促进会总会（简称平教总会）迁址河北省定县，在当地创办平民学校，从事识字扫盲。平民学校招收十四至二十五岁的失学青年，学习《平民千字课本》，学生四个月毕业，毕业后能阅读普通读物，能记账和写信。对程度较高的学生，侧重技能培训，使他们能运用文字写简短的文章。1930 年，创立平民教育师范学院，学制两年，以培养平民教育人才。

沈尹默还经常派员赴全省各教育区视察，随时督促指导基层开展民众教育。同时，河北省教育厅严格执行奖惩制度。1929 年，鉴于东明县、磁县民众教育成绩突出，沈尹默专门呈文教育部，要求给予两县表彰。呈报文件附有《磁县民众补习教育委员会组织大纲》《民众识

①《河北推行识字运动方案》，见《大公报》1930 年 4 月 3 日。

字运动宣传大纲》《民众教育进行办法大纲》《民众识字运动宣传品》《东明县筹办民众学校简章》等，载明两县推广民众学校都达二百余校。教育部收到报告后，认为两县“论推行民教之成绩，非惟河北一省之冠，亦全国各省所仅见”，特传令嘉奖。①

经过如此大规模的推广和实施，河北省的民众教育有了很大进步。据统计，1930 年度该省民众学校公立性质为七千零二十四所，私立为六百八十四所；公立学校经费为二十一万一千二百五十七元，私立学校为两万九千二百零七元；公立学校职员为一万三千九百一十七人，私立学校职员为一千五百五十四人；公立学校学生为二十一万两千四百八十六人，私立学校学生为两千七百三十九人。无论学校数量，还是职员和学生人数，都比上一年有较大增长，而且在全国各省市中名列前茅。

1930 年 9 月，教育部鉴于沈尹默担任河北省教育厅厅长一年以上，“克尽厥职，最近虽处反动局面之下，仍努力维持，迄未中辍”，特呈报南京国民政府行政院，转请国民政府令河北省政府，特予奖励，以资激励。10 月 9 日，行政院下达第二九零零号指令：“令教育部：呈为河北省教育厅长沈尹默任职已满一年，克尽厥职，请转呈嘉奖由。”②

正当沈尹默雄心勃勃，准备为河北省教育再出一把力时，忽然接到国民政府命令，免去其河北省政府委员兼教育厅厅长职务。他将印信及卷簿二十一本移交给继任厅长张见庵，离开了任职十四个月的教育厅厅长岗位。

①《教部注重民众教育》，见《申报》1929 年 11 月 7 日。

②《行政院指令［第二九零零号］（中华民国十九年十月九日）》，见《行政院公报》1930 年第 194 期。

四、平大改革遇阻力

沈尹默卸任河北省教育厅厅长后，得李石曾大力推荐，被南京国民政府行政院任命为国立北平大学校长，时间是1931年2月。命令下达第二天，他受到教育部长蒋介石的召见，商量北平大学组织机构、各学院院长人选等问题。在与前任校长李石曾交接时，他谦虚地说"萧规曹随"，所有事务均禀承旧规办理。

北平大学由中华大学更名而来，是当时国内规模较大的综合性大学，有法商、工、医、农、女子文理、俄文法政、艺术七个学院。各学院名义上隶属于北平大学，但实际上是各自独立的几个学校，办学地点也相对独立。李石曾任校长时，因行政事务繁忙，平时很少过问学校事务，致使北平大学长期处在无政府状态，内部管理混乱。学院各自为政，教员到校外兼课极多，学生风纪不良，加上时局动荡，学潮时有发生。沈尹默掌校后，准备对学校进行大刀阔斧的改革，使之成为一所教学优良的模范大学。在接受记者采访时，他信心十足地说："我来北平大学，将先整理校务，使成整个的北平大学，努力组织方面，出版统一、注册统一、财政统一。出版方面各学院供给材料，出版集中，可表现整个的北平大学之精神；注册方面，各学院学生入学

任北平大学校长时

时，在大学校长办公处总注册，如此最易知悉学生人数；财政方面，每月由大学校长办公处发经费。本学年先从调查着手，下学年起，整理一切，一步一步顺序作去。我不取过分之严格主义，但取合理之严整主义。……我对各学院，愿使其平均发展。教授兼课一层，须设法限制，使学生能安心读书。不独使学生安心读书，且使学生毕业后，有正当之出路，社会信用之。我并无宣言发表，甚愿实际努力办事，完成有系统之组织编制，表现北平大学统一之精神。教育本非一二人所能办好，亦非一二月所能办好。我等负责办学，使全国青年均有受高等教育之可能性，全国父老均有发言权，可以随时指教帮助办学之人。如所办之教育不良，当欢迎舆论纠正。如学生不服合理之指导，亦希望舆论纠正之。"[1]可见，他对北平大学组织不统一、学院各自为政的弊端已了然于胸，决心先对这种现象开刀。

不久，北平大学针对学校存在的突出问题，出台了两项重要规定：一是今后所有对外关系均由校长负总责，各学院院长不负责任。二是教授不得兼任其他机关职员，也不得兼任两校课程；必要时得在他校兼课，须依照如下规定："（甲）在他校兼课者每星期不得过六小时，（乙）所兼之课须为同性质之科目，（丙）兼课须得双方校长之同意。"

接着，沈尹默开始整合附属高中。北平大学俄文法政学院、农学院、法商学院、女子文理学院原来都有附属学校，这种重复设置的现

①《未来之北平大学沈尹默谈新方针》，见《大公报》1931年2月20日。

象导致教育效率低下，资源严重浪费。他决定撤销原先的各个附属学校，集中资源办好一家高质量的高中，为各院校输送合格学生。他亲自兼任附属高中校长，并聘请宗真甫为校务主任。宗真甫是留学法国的高材生，沈尹默任河北省教育厅厅长时，宗是教育厅科长。他们经常商量附属高中的教学问题，决心办成一所不提倡死读书的学校。在他们的主持下，附中课程除教育部规定的外，二年级以后，开设一定数量的选修课。教材不用教育部统编的中学教科书，而由授课教师自行选编。国文、数学、历史教师由北大、北师大毕业生担任。高中不分文理科，侧重于文化基础训练。法文定为选修课，由宗真甫亲自教授。宗老师可以直接阅读法国文学、哲学名著，发音准确、优美，极受学生欢迎。那时日本侵略军正步步进逼华北，北平学生对南京政府的投降政策十分不满，经常上街游行示威，每次都有该校同学参加，引起警察当局的注意，学校只办了四年便被迫关闭。

在北平大学内部，法商学院的学风比较差，学生风潮不断，曾一度没有任命院长，管理极为混乱。据说“教授中有为保持地位者，不惜与学生勾结，请吃饭、看电影，成为常事。至于斋舍更为凌乱无序，风纪极坏，时人谓为集腐化之大成”。沈尹默决心整顿法商学院，聘请北大老同事、法学家白鹏飞任院长，主持学院全面事务。白鹏飞毕业于东京帝国大学，精通行政法，曾在国内多所大学任教，教学经验和管理经验都比较丰富。白到任后，对学生种种无理要求，均严词拒绝。以前，法商学院学生常以办刊物为由，要求学校拨付津贴，一俟津贴到手，刊物仅出一期便终刊。白院长了解情况后，严令取缔。经过一段时间的整治，学院的各项事务都有了较大改进：原来每月亏空千余元，变成每月剩余两千元；对斋舍也采取严格管理，使男女学舍面貌一新。法商学院还注重聘请有真才实学的人做教员，李光忠、陈殿修教授就是由白院长再三敦请，先后来院担任经济系主任和政治系主任。陈殿修是国内政治经济学权威，对政治系课程大加改革，由静的政治学而变为动的政治学研究，成绩显著。[①]

可是，沈尹默的改革举措在农学院遇到了较大阻力。他聘请的农学院院长皮作琼早年留学法国，与李石曾等发起成立“新中国农学会”，后毕业于巴黑林业学校和郎西森林水利大学，获法国农业部土木工程司学位，是一名有学识、有能力的学者。但皮作琼上任不久，有人以农学院学生的名义在《世界日报》刊登一封公开信，对其“诋毁备至”，坚称其不配当农学院院长。一石激起千层浪。公开信被传开后，农学院内部大哗，师生中有人反对，有人赞成，各执一词，争吵不休。为平息事态，校长沈尹默贴出布告，力挺皮作琼，呼吁师生破除成见，共图发展。布告云：

> 查本月5日《世界日报》载有农学院学生致新任院长皮作琼先生一函，函中对于皮先生诋毁备至，殊于最高学府之名誉及诸生品格有玷。兹举数端，为诸生告其细加考虑。此次本校聘请皮先生为院长，由于蔡孑民先生之推荐。以皮先生在法国郎西森林水利大学毕业，其成绩之优，为蔡先生所深悉。在该校留学之东方学生，先后不下五十余人，而能考得正式毕业文凭者，只有二人，一日本人高岛德三，一中国人即皮先生是。皮先生学行为蔡先生所佩仰，而诸生未之深知，固无足怪。第以未曾深知之人，而遽加诋毁，非特有浮躁轻率之嫌，亦失大学学生之身分，诸生距毕业时间不远，不出数年，即当为社会服务，设身处地，

①《北平三大学近况多由放任转为干涉去腐生新未始无望》，见《大公报》1931年10月15日。

孰能堪比。诸生离家庭而入学校，学校以内，院长、教职员、学生本如一大家族，其间意见不同，自不能免，然尽可推诚相与。凡有利于学生者，与学校当局婉言商榷，以谋改进。譬如家庭之中父子兄弟间各抒所见，本无不可，和衷共济，则融融泄泄，家道盛昌，未有勃溪之事诉诸路人，阋墙之争宣诸邻里者。此诸生对于皮先生个人加以诋毁之函，公然布诸报章，本校所深为惋惜者也。比年以来，社会对于本校每多不满之词，诸生既在本校，爱护之情自切，惟虽有爱护之方法不当，则反足贻害。当知本校之聘请皮先生，乃为整理院务，筹划改进起见，绝非因人择事，漫为敷衍，深望自此以后，凡在校人员及学生等，均能互相谅解，破除成见，以力图进步，庶几一新耳目，免社会之责备，万勿再信不根之言，纠纷不已，致影响于学校前途，是所厚望。此布。沈尹默。①

尽管有校长的大力支持，但皮作琼认为既然有师生表示不欢迎，自己继续做院长没有意思，便向学校递交辞呈，预备仍回南京实业部做科长。沈尹默收到辞呈后，写信竭力挽留，在信中诚恳地说："办学本是麻烦事，请平心静气应付环境，到校就职，务请勿亟回京。"可是，皮氏去意已决，校长也无可奈何。

沈尹默在北平大学的改革虽然取得一些成效，但总体来说仍然困难重重。正如报纸所言，主要原因是社会环境不良，学校积弊太深。有评论一针见血指出："沈尹默氏于此种空气之下，受平大校长之命。在政府不愿令校长要职，等于虚设，自无待论。沈氏就职以后，首先

①《沈尹默告农院学生》，见《大公报》1931年3月7日。

遴选各院院长，发表统一会计平均发展之计划，侧重实际，不尚空谈，社会颇加重视。然平大各院，放任已久，积弊太深，整理工作之困难繁重，世人固多洞悉，故于新校长之如何下手整顿，又以甚大之兴趣注意之。按沈氏标榜统一，使各院院长对外不负责任，即为平大校长对社会表示存在之第一声，其事已奏相当效果。惟积极整理办法中之遴选各院院长，与消极整理办法中之结束艺专与俄文法政学院数端，似已发生不少障碍。本来方今人才缺乏，到处皆然，院长一职，既须有学识，又须具手腕，其为难得，更在一般官吏人员之上。况教风凌替，辄起反响，一经就任，危辱随之，脱非具有十二分的牺牲勇气者，大率望然去之。所谓好者招之不来，坏者挥之不去，在各机关如此，在教育事业又何尝不然。”①

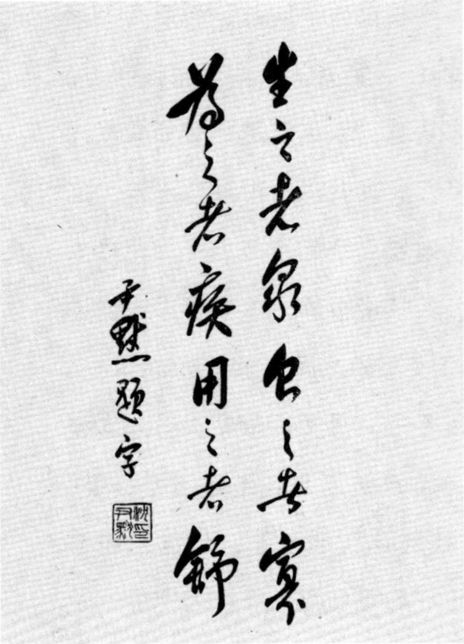

沈尹默题字（北平大学《工学月刊》创刊号）

①《整顿北平教育之进行》，见《大公报》1931 年 3 月 7 日。

五、学潮中挂印去职

1932年新年来临时，北方的气候特别寒冷。北平、天津的大学教员因政府欠薪已达五个月之久，饥寒交迫，苦不堪言。北平大学从上学期起，只领到财政部拨款一个月零两成，大多数教职员的生活难以为继。校长沈尹默带领大家维持学校正常运转，苦苦支撑，十分不易。眼看教育经费无望，教员不能安心授课，学生也不能安心读书。1月13日，北平大学医学院徐诵明、农学院虞振镛、工学院程干云、俄文法政学院王之相、艺术学院杨仲子、女子文理学院夏元瑮、法商学院白鹏飞七名院长写信给校长，提出集体辞职。沈尹默收到辞函后，一面复函表示挽留，一面急电教育部，也提出引咎辞职。他在电文中首先报告了七名院长辞职的原因和经过，然后说："查该院长等一律辞职，本校自应慰留，以重校务。无如欠费已及四月，各院长陈述苦况，已非一次，若再以'勉为其难'等词相强，而责令枵腹从公，实觉赧于启齿。然果允其辞职，即相当人选，更感不易。即物色幸得其人，而无米之炊，孰能任之。尹默前因各院需款迫切，呈电纷驰，业已呼吁再四，未蒙拨款。或因尹默长校以来，整饬无方，故政府以是示惩。今山穷水尽，无以为计，自当退避贤路，藉免纷扰。敬备文引咎辞职，伏乞钧部令准，并迅简贤能接替，以便交代，而重教育，不胜悚惶待命之至。”[①]不久收到教育部复函，称经费问题正在设法解决，要求他务必率同全校教职员迎难而上，继续执掌校政。

寒假结束，新学期又开始了，但平津院校经费问题仍未解决，北平大学各学院不得不一再推迟开学时间。直到4月8日，财政部的拨款依然没有消息，平津院校教职员联合会发起教育基金独立运动，并联合各校一致罢教。第二天，沈尹默在大学办公处接待来访的教育部部长朱家骅。朱称自己将调任内政部部长，教育部部长一职由蒋梦麟继任，不过他仍支持教育基金独立。至于罢教问题，朱家骅希望沈校长与各院校设法调解。沈尹默当场表示调解困难很大，自己只能尽力而为。后来，财政部终于汇拨平津院校4月份一半经费十七万五千元。北平大学领款后，沈尹默急忙安排复课事宜。

经费问题暂时得以缓解，但北平大学内部却发生了风潮。原来，工学院院长程干云到任后，竭力压缩各项费用，将学生实习参观费取消。教授、学生质问学院经费如何开支，程往往以“院长职权不得过问”为由拒绝回答，引起师生的极大不满。5月末的一天，学生代表与程院长因经费问题又发生争执，竟将程逐出校门。过了几天，程干云在百余名警察护送下返回学校，与学生发生冲突，致六名学生受伤。程将办公室内文件、账簿、印信等取走。该院学生会立即召开学生大会，决定即日起罢课，以抗议程氏和警察的蛮横行为。随后，工学院院务会议研究，并报校务会议讨论，决定开除为首的几名学生。下午，北平大学学生会召开紧急会议，认为程干云背后有校长支持，决定驱逐沈尹默和程干云。为壮大声势，学生会派人到北大、清华、北师大、

---

①《北平大学七院长总辞职　校长沈尹默亦呈教部请辞》，见《大公报》1932年1月14日。

中法大学等院校联系，请求给予声援。①

与此同时，北平大学学生会派代表到校长室交涉。沈尹默面对情绪激动的学生代表，苦口婆心地劝导大家务必以学业为重，不可动辄罢课，并表明两点态度：（一）院长去留问题，学生不得过问；（二）工学院经费既属拮据，程干云并无侵吞校款事，因此拒绝撤换院长。此言一出，学生代表群起反对，认为校长包庇程氏，欺压同学，提出严重抗议。②

6月2日，沈尹默照例到校长办公室办公，忽然拥入二十余名学生，纷纷质问校长，要求二十四小时内答复他们的要求。他态度坚定地谈了四点意见："一、开除同学是校务会议及院务会议之议决，本人不能负责。至于收回成命事，应再由校务会议及院务会议之议决而收回成命。二、工学院风潮如系多数意见，本人另有办法。三、本人并未勾结军警，殴打同学。至于指挥保护程干云则实有其事。四、限二十四小时答复，本人绝不承认。"学生代表以校长答复未能圆满，于下午二时退出校长室，准备联络全体同学发起更大的抗议活动。③

此后的几天里，北平大学风潮进一步扩大，各学院相继实行罢课，声援工学院学生。同时，部分学生以校长处置失当，特组织北平大学驱沈运动委员会，明确提出将沈校长驱逐出校。北平各校联席会议又通过"反法西斯蒂教育之决议"，鼓动全市师生实行罢教、罢课运动，声援北平大学。面对乱哄哄的局面，沈尹默忧心忡忡，于6月9日下午召集各学院院长开会，一致决定致电教育部，呈请集体辞职，以平息学潮。电文说："南京教育部部长、次长钧鉴，工院学潮发生以

①《平工学院风潮有扩大新酝酿》，见《大公报》1932年6月2日。
②《北平工业学院风潮益趋严重》，见《大公报》1932年6月3日。
③ 同上。

任北平大学校长时

来，今已旬日，尹默等再再劝导，总冀风潮平息，不致有误该院学生学业。不意现时情形，日益复杂，非但工院风潮未能解决，近更波及其他各院，纷纷集会，议决罢课罢考，并有封闭教室、斋舍、院务情事。似此情形，各院院务难再进行，殊背大部作育人材之本旨，亦乖尹默等国难艰苦维持之苦衷。尹默等愧诱导之无方，又感诚信之未孚，彷徨终夜，负咎良深。与其坐视教育危亡，不如退让贤路。为此恳请准予辞职，即日派员接替，以资维持，并计划下学年招生等事。尹默等自辞职日起，即静候交代，不再到校办公。所有职员亦令其办理结束，随时交代，免至旷日持久，学校前途感受较大影响，不胜迫切待命之至。沈尹默、夏元瑮、白鹏飞、曾济宽、程干云、徐诵明、王之相、杨仲子。"①两天后，沈尹默收到教育部复电，称该校各院学生受工学院影响，有越轨行动，"应由校长会同各院长、教职员，剀切劝导，严厉制止，以肃校风。值兹时艰，勉为其难，勿萌退志"。他当即将教育部电文转知各院长，仍表示风潮扩大，无法维持。于是，再次与各院长联名致电教育部，要求"退避贤路，敬请俯鉴下忱，派员接替，以免停顿。尹默等由即日起，即离院校，并令本处职员，赶办结束，静候交

①《北平各学酝酿总罢课 平大校院长电请辞职》，见《大公报》1932年6月11日。

代”。沈尹默为表明态度，于13日单独致电教育部，再次恳求辞去校长职务。电文云：“南京教育部部长、次长钧鉴，真电敬悉，部中困难，默所深知，荷蒙慰留，无任感泐。惟默个人万难再留，钧电当转各院长，并为劝驾。默意校长一职，部中如一时不能发表，可否请于各院长中择一任命，以免校务停顿。沈尹默，元（十三日）。”[①]

教育部为弄清北平学潮真相，特派次长段锡朋于15日抵平调查。在德国饭店接受记者采访时，段锡朋说：“平大风潮，发端于工学院，程院长辞职，系北平大学务事，当由北平大学校长处理，教育部不能专管一院之事。因工学院院长问题，影响于各学院，致沈校长及七院长总辞职，各学院学生有罢课、罢考之举，实属教育界之大不幸。无论如何，学生当以读书为天职，学校当使学生有书可读，有课可上。现在并非无书可读，无课可上，实系不读书，不上课，无异教育上之自杀政策。此次发生学潮，以罢课、罢考为手段，本人以为不必如此。各事均可从长计议，无论何校发生风潮，最受牺牲者为学生。沈校长及七院长辞职事，教部均来电挽留，希望最近数日与沈校长及各院长一谈。”[②]经过数天调查走访，段锡朋一行离平返京。不久，南京国民政府行政院依据段锡朋等的调查报告，决定北平大学除农、工、医三院照常招生外，其他学院及北师大停止招生，以便实行整顿。

此后，沈尹默仍向教育部提出辞职，部长朱家骅于8月1日复电，同意他请病假一个月，以安心治疗眼疾。其间，由女子文理学院院长夏元瑮代理校长职务。一个月期满，夏元瑮不愿再代理校务，沈尹默请求续假一个月，教育部只得改派医学院院长徐诵明暂代校长职务。续假期满，沈尹默又致电朱家骅，推荐徐诵明替代自己任北平大学校

---

①《北平学潮昨讯》，见《大公报》1932年6月14日。

②《段锡朋昨午抵平定今晨赴师大对学生谈话》，见《大公报》1932年6月18日。

长。教育部以沈尹默任北平大学校长一年多，“倚畀方殷，覆电慰留”。同年 11 月底，沈尹默再次致电朱家骅，称自己决不再继续负责北平大学职务，且徐代理校长各方关系处理得都很融洽，请教育部挽留徐氏，向行政院提请批准徐诵明正式担任校长。过了几天，沈尹默见教育部仍无决断，便直接致电行政院，请求准予辞职，并再次推荐徐诵明继任。行政院接电后，经征求各方意见，当即转令教育部办理。至此，教育部终于批准沈尹默辞去北平大学校长职务，任命徐诵明为新校长。

第六章

移居上海滩

一、竹溪二沈书画展览

1932 年底，沈尹默辞去北平大学校长职务。不久便离开北平，南下上海。他最初租住在环龙路（今南昌路）九十号，后来迁到大西路（今延安西路）美丽园九号。中法教育基金委员会出资成立中法文化交换出版委员会和孔德图书馆，他担任该委员会主任兼孔德图书馆馆长。这两所机构均设在环龙路九十号，楼下做办公室，楼上是职员宿舍。

北平时期，北魏书风盛行天下，“二王”字很少有人问津，沈尹默反其道而行之，弃魏崇唐，并进而由唐直追晋韵。这在当时来说，无疑是十分大胆的举动。正是这种创新的书学意识，成为他艺术生涯的一次重大转折，由此奠定了“沈体书法”在现代书法史上的独特地位。他对唐法的取舍和学习，也与时流专学颜、柳不同，而是专注褚遂良这一“二王”正脉。到上海后，他利用业余时间，继续钻研褚遂良法书。经过长期深入研究，对褚书的源流和特点有了进一步的认识。他认为褚遂良晚年所作《雁塔圣教序》是承袭《礼器碑》而来，并由此推断缺少《礼器碑》笔意的世传本《枯树赋帖》属伪好物，应该是米芾临本，而非褚遂良真迹。除学习褚书外，他还广泛临习历代著名书家的法书，取长补短，融会贯通，收获颇丰。他在《学书丛话》中回忆这一学书过程时写道：“学褚书同时，也间或临习其他唐人书，如陆柬之、李邕、徐浩、贺知章、孙过庭、张从申、范的等人，以及五代的杨凝式《韭花帖》、《步虚词》、宋李建中《土母帖》、薛绍彭《杂书帖》，元代赵孟頫、鲜于枢诸名家墨迹。尤其对于唐太宗《温泉铭》，用了一番力量，因为他们都是二王嫡系，二王墨迹，世无传者，不得不在此等处讨消息。《兰亭禊帖》虽也临写，但不易上手。于明代文衡山书，也学过一时；董玄宰却少学习。”①

50岁标准像

那时，他的眼病又多次发作，整整一年多不能看书写字。第二年，眼力有所恢复，好学的他不顾医生和家人的再三劝告，坚持每天读帖、临帖和书写数小时。日积月累，仅几个月时间，单书写的横幅、中堂、匾额、屏联、扇面等有二三百件，真、楷、行、草俱备，法度深严，骨格雄健，平正不苟，圆转如环，兼而有之，“真有龙翔虎跳气概，迥非时史可及”。他从中选出一百余件，与族曾孙、海上名画家沈迈士合作举办竹溪二沈书画展览会，在上海滩引起不小的轰动。

展览会的地点选在上海北京路、贵州路口的湖社楼内，从1934年6月1日开始，至6月3日闭幕，共展览三天。湖社是客居上海的湖州籍人士的同乡组织，主要从事帮助旅外同乡的公益事业，如提供免费医疗、保送子弟入学、支援家乡建设等。沈尹默和沈迈士都是湖州籍旅沪著名人士，借此举办展览可谓名正言顺。两人的故乡湖州吴兴

① 沈尹默《学书丛话》，见《文汇报》1958年1月23日。

竹墩村有条小河叫竹溪，因此展览会以“竹溪”命名，饱含着浓浓的故乡情结。展览会开幕前，海上报纸纷纷刊登消息，广为预告。有文章写道：“前北京大学教授沈尹默，书法高雅，追从晋唐，迥异常流，近年虽从政教育，任河北教育厅长、北平大学校长，公务繁忙，不辍翰墨。蒋委员长太夫人墓志，即为沈手书。比来沪与画家沈迈士合组竹溪书画社，定六月一日起在北京路贵州路口湖社展览近作三天。”又有人说：“今二沈合作展览，诚沪上不易多睹之嘉会也。”[①]6 月 1 日为展览会开张第一天。上午九时，湖社门口车水马龙，观众云集。社会名流李石曾、叶恭绰、王景岐、王一亭等先后到场观摩，文艺界人士孙福熙、汪亚尘、王济远、金启静、王远勃也前来捧场。至下午六时，观展人数达数百人，将不大的湖社挤得满满当当。有人边欣赏边小声点评，兴味盎然。更多的人赞叹展品不可多得，纷纷抢先预定，结果满载而归。据事后统计，当天定出的书画、中堂、扇面等达数十件，大大出乎两位艺术家所料。有参观者评论展品，“均能不徇俗，不泥古，不标奇立异，以平正中寓变化，于雄健中见秀雅”[②]。第二、第三天，展览会依然火爆，从早到晚，前来参观的人络绎不绝。许多人仰慕二沈的书名和画名，从市内各处赶来，一为享受艺术欣赏的乐趣，二为求购墨宝。观众最青睐二沈合作的扇面，沈尹默秀美工整的书法配上沈迈士饶有天趣的山水画，珠联璧合，堪称一绝。

诗人、翻译家穆木天观摩这次展览后，挥毫写下《从“竹溪书画展览会”归来》一文，对沈尹默的作品大加赞赏。文中说：“沈尹默先生的书法，对于我相当地起了反应的作用。他的最近作品，底确地，

---

①《竹溪二沈书画展览讯》，见《申报》1934 年 6 月 1 日。

②《竹溪画展首日盛况》，见《申报》1934 年 6 月 2 日；《二沈书画展参观记》，见《申报》1934 年 6 月 3 日。

二沈書畫展參觀記

《申报》1934年6月3日刊登二沈书画展览消息

进入了一个新的阶段。好像是在那些字里边，融合了各种的古典的遗产，已往的那些机械的处所，不切实的处所，完全都没有了。如果说，如电影艺术似地书法的艺术也有她的Montage的话，那么，我们可以说沈尹默先生之最近的书法，是有着紧密的Montage了。”[①]穆木天不愧是行家，所言一语中的。这时的沈尹默临写北碑二十年，手腕更有力量，书法也多了几分质朴沉稳。但他并不想步前人后尘，重复康有为等书家尊魏卑唐的流风。当有机会见到唐宋名家以及王羲之、王献之父子墨迹的时候，他义无反顾地踏上追随二王的帖学之路。他没有停下脚步，又遍临六朝名碑，尽得北碑的雄阔之气，然后融碑于帖，笔下的线条兼具南帖的遒美与北碑的雄强，逐渐形成刚柔相济、古意盎然、平和自然的艺术特色。可谓出碑入帖，碑帖相融。其书法已经走向成熟，并形成自己的独特风格。

尽管展览会受到各方赞许，但沈尹默似乎仍不满足，认为自己的作品悬挂起来看，毛病实在不少。他反复审视留下的部分展品，仔细研究笔画和笔势，对比古代名家的法书，找出存在的问题。此后，他还规定每次写成一幅，必须逐字逐画，详细地检查数遍。凡点画笔势

① 穆木天《从“竹溪书画展览会”归来（续）》，见《申报·自由谈》1934年6月6日。

有不合法的地方，就牢牢地记住，下次写时加以改正，一次改不了，二次再改。如此坚持十余年，从没有放松过，直到晚年，“认真写字，还是要经过检查才放手”。正是这种对艺术执着追求、一丝不苟的精神，使他能够取得非凡的成就。

当时，他受邀担任故宫博物院古物点收委员，有机会经常接触到故宫珍藏的历代书画精品，眼界大开。他深入学习传统，充分吸收历代书家丰厚的艺术营养，又努力探索，融合创新，使自己的书艺更上一层楼。他的创作实践和创作主张，给整个书坛带来积极的影响，受到越来越多的关注和赞赏。1933 年 12 月，鲁迅、郑振铎合编的《北平笺谱》出版，初版一百部。事前，应鲁迅之请，沈尹默为该书题签，后来被印在书的扉页，内容为行楷书“鲁迅、西谛编，北平笺谱，尹默”。此书封面由他的弟弟沈兼士题写，书体为行草。郑振铎原提议由钱玄同或刘半农题签，但鲁迅都不赞成，坚持请沈氏兄弟。此书付梓后，鲁迅马上分别寄赠沈氏兄弟一册。1934 年 10 月，作为“中国当代艺术能手”，沈尹默的照片赫然刊登在上海《大众画报》上。

沈尹默的书法作品还多次入选国内外各类书画展览会。1934 年 6 月，上海美术专科学校举办第四十三届师生作品展览会和现代名家书画展览会，沈尹默的作品入选现代名家书画展览，与他同期展出的还有于右任、王一亭、王济远、黄宾虹、刘海粟、潘天寿、诸闻韵等名家的作品。1935 年春，为弘扬中华传统文化，上海美术专科学校筹建新校舍委员会主办菲律宾中国现代名家书画展览会，受到菲律宾政府和当地华侨、华人的热烈赞助。沈尹默与于右任、叶恭绰等人的书法作品入选此次展览。①

①《菲嘉年华会举行中国现代书画展览会》，见《申报》1935 年 1 月 22 日。

二、顾随“为默老烧香”

“默老是父亲的恩师，是默老把弟子引进‘燕园’，登上古都名校燕京大学的讲坛，从而改变了弟子的生活轨迹，使弟子在‘苦水词人’的成就之外，又走上了教授、学者之途。父亲在诗词创作与书法上，只服膺于默老一人，‘确实为默老烧香’。”这是学者、诗人和书法家顾随的女儿顾之京在《学者有师——父亲顾随与老师沈尹默》中的一段文字。“确实为默老烧香”是顾随写给弟子周汝昌信中的原话，“烧香”是佛家语，顾自注：“烧香者，宗门嗣法弟子住山后，为其传法师烧香也。”[①] 可见，顾随对老师沈尹默敬重有加。

顾随字羡季，笔名苦水，是沈尹默北大教书时的学生，可那时并无直接的交往。后来促使两人走近的，是沈尹默另一名北大学生、顾随的朋友冯至（字君培）。1927 年，沈尹默在冯至处见到顾随的词集《无病词》，十分欣赏。由于冯的介绍，沈尹默收到顾随来信后，马上回信报答：“日前由君培兄处得大著《无病词》一册，顷又奉手示，忻忭无似。我词辛苦得来，仍余辛苦之迹，不若君词手笔，差多自然清

①《致周汝昌（一九四三年八月二十七日）》，见《顾随全集》卷 9，河北教育出版社 2014 年版，第 82–83 页。

顾随

丽处，读之令人辄生空谷足音之感。此秘时流那得知？还与君秘之耳。何时晤对，深所企幸。”[1]信中不仅对学生的词作大加赞扬，而且表达了愿与之晤谈的想法。两人的师生情谊由此开始。

四个多月后的1928年元旦前后，沈尹默终于与进京的顾随见面。让老师没有想到的是，这次平常的会面竟给学生以莫大的鼓舞。当时顾随在天津第一女子师范学校教书，对现状颇不满意，很想在北平谋个大学教员的职位，但苦于没有机会，受到老师的鼓励后，心中似乎充满了希望，在给朋友的信中写道：“此次进京，得识刘公纯，并晤沈尹默，似是生活上一个转机。”沈尹默爱才心切，希望顾随的词集继续印行，便托人询问是否有此意愿。老师的关怀和鼓励，使顾随决定印行自己的第二部词集。同年夏，顾的《味辛集》正式出版。沈尹默又托人向弟子传递拟邀赴北平做事的信息，一年后顾随果然接到燕京大学的聘书。燕大国文系主任是沈尹默的朋友马季明，对顾随比较关心。秋季开学时，顾随教授“诗词”和“骚赋”两门课，两星期后因“文学名篇选读与习作”课无人承担，马季明即将此课也交给顾。后来，顾随还成为系主任的“预备兵”——有顾在国文系，系主任不再怕有教师采取不合作态度而以辞职相要挟，因为可以随时派这名“预备兵”上去抵挡一阵。“预备兵”是系主任对下属的亲切称呼，证明沈尹默、马季明对顾随的信任。

①《沈尹默致顾随（1927年8月23日）》，见赵林涛《顾随与现代学人》，中华书局2012年版，第82页。

1935年春，沈尹默从上海回北平探亲。顾随闻讯后，即携带新出版的首部诗集《苦水诗存》登门拜访，碰巧主人外出，只好留下诗集，怏怏而回。沈尹默返家后，读罢《苦水诗存》，颇有感触，当即赋诗一首，并写成长一尺二寸、宽一尺的条幅。诗前题记云：“廿四年五月至北平，羡季来访，未得相见，留赠《苦水诗存》而去。归来辄题寄一首。”诗云：

吟君苦水诗，亦自有甘味。
温驯出辛酸，平凡蕴奇恣。
老驼秀发姿，稳踏千里地。
颇与牛羊殊，无复水草意。

黄沙莽莽风被天，眯目相见无由缘。
江南好花自开落，安得到君尊酒边。

五言诗首句肯定弟子的诗作，七言长歌记述未得晤谈的惆怅。沈尹默回到上海，大概因为事务繁忙，“题记”之诗竟没有寄出。一年后再寄函时，才发现早已写成的条幅，于是提笔在条幅左侧空白处补记数语，称自己“疏懒可笑也”①。

师生由于天各一方，晤面的机会不多，平常主要靠书信来往，畅叙诗词书法和别后境况。沈尹默以己所学，为学生指点诗词和书法创作门径。顾随服膺师长，坚持效法和研习，自感获益匪浅。1936年，沈尹默收到顾随来信，请求为其新作《积木词》题签。他欣然在宽一

① 顾之京《尹默大师和顾随的墨缘》，见《中国书画》2003年第4期。

沈尹默在阅读

寸、长半尺的小条幅上题写“积木词”三字，并署“尹默”二字，再加盖一硃红小印章，工笔正楷，端庄秀美。在回信中，他针对学生词集中“和花间词”谈了自己的体会：“‘和花间词’甚有意思，亦如我近年来专意临摹晋唐人名迹，虽然多少没却自家面目，但暗中仍是进展向自家新辟的一途径去，兄当了此意耳。”以自己临摹晋唐人法书类比学生的词作，进而上升到理论层面的临摹与创作的关系，说明学习古人难免“没却自家面目”，但学古而不泥古，目的仍在于提高自身的文艺修养，以达到更高的境界，从而形成独特的风格。老师的这番高论，顾随牢记在心，永生不忘。大概因为时局动荡，这部词集最终并未付梓。更令人扼腕的是，词集初稿竟在战乱中遗失。但沈尹默书写的精美条幅仍完好无损，奇迹般地躲过“文化大革命”时期的两次查抄，一直由顾随保存下来。1936 年 6 月初，沈尹默又收到顾随的信，并附有近作之小令、散曲。他马上回信，支持学生创作散曲。信中说：“顷归自南京，得奉手教并佳作，欣慰可知。小令、散套，兄笔致更为相宜，何妨以民间现实生活为题材放手写之，必有生气也。”①

沈尹默为顾随题签的条幅不少，由顾氏后代珍藏的尚有“无弦琴”“苦水作剧”“南曲九宫正始”等。其中“苦水作剧”一幅，沈尹默书写完成，于 1937 年 3 月 15 日随函寄出。信中说：“顷奉手书，嘱为尊著题签，今日写就寄览，不知合用否？”信末又附言：“附陈题签

①《沈尹默致顾随（1936 年 6 月 9 日）》，见赵林涛《顾随与现代学人》，中华书局 2012 年版，第 83 页。

一纸，请择用之，皆不甚佳也。又及。”何以言“择用之”，原来沈尹默共题写了四幅，都写在一张红色竖格信纸上，供作者选用，而每幅均特书“尹默为羡季题”六个小字。《无弦琴》可惜未能出版，且原稿已不见踪影，因此沈尹默的题签显得尤其可贵。《南曲九宫正始》并非顾随著作，而是明末徐于室、清初钮少雅所合撰。曲有南曲、北曲之分，南曲以唐宋大曲、宋词为基础，曲调用五音阶，用韵以南方语音为准。“九宫”即所谓宫调，“正始”即正其本源之意。沈尹默此签长四寸、宽不足一寸，字体较结实，六个字端严丰秀，错落有致，十分美观。不过，沈尹默何以为学生书写此签，至今不得而知。

应顾随之请，沈尹默曾书赠墨宝多件。现存的尚有两种，一为楷书前人短文，一为行书自作诗词。前者共有两篇，即“书吴无至笔”和“书侍其瑛笔”。吴、侍二人均为宋代善制笔之人，二文均为言笔之形制及运笔技法者，共五页纸三百一十二字。每张纸横长九寸三分，竖长八寸。文末一加盖阴文“尹默”小方章，一加盖阳文“沈”字小圆

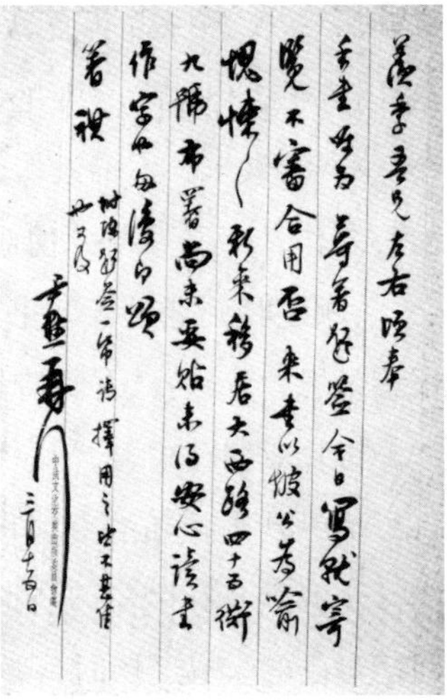

致顾随信札

致顾随信札封面

章。后者书于1939年夏秋时节，正在重庆的沈尹默花数天时间书写自作诗词二十七首，共九页纸。他在末尾记述了书写这些诗的经过："羡季寄纸素来，索书近作，久置未报，直因无俚，非故懒也。诗皆非精心之作，字又草草，愧对，如何如何，此时更无可说耳。羡季其鉴之。"顾随收到老师亲笔书写的自作诗后，欣喜若狂，当即赋诗一首，报答师恩。诗云："吾师诗句久空群，笔法千秋接右军。耿耿此心虽好在，青青双鬓已输君。"

沈尹默与顾随的交往长达四十余年，结下了深厚的感情。毫无疑问，沈尹默是顾随学习诗词和书法道路上的领路人。许多年后，顾随回忆自己的学书经历时，曾对弟子滕茂椿说："吾早年临苏黄，难于精进，后从吴兴沈尹默先生游，服膺其用笔理论与实践，并悟'腕力遒时字始工'之奥诀，乃取晋唐诸大家行楷碑帖悉心揣摩，日日临读，于褚河南、小欧阳尤多致力焉。"他还认为由于受"默师"的影响，自己在诗词方面始有长足的进步。曾在一封致友人的信中指出，自己"年逾三十从尹默先生游，始稍稍振拔，四十后益研读山谷、简斋、诚斋之诗，……而胸鬲间时复勃勃若有生气"。不过，对于求师学习，他有自己的正确认识，即学师之所学，避己之所短，补己之不足，决非一味效仿以求形似。他曾直言批评孟姓学生学沈尹默师之书是"亦步亦趋，多因袭，少变化，固是一病"。他十分珍视"默师"给予的种种指教，多年后将沈尹默评其诗作"少生辣味"的意见转告周汝昌，供学生借鉴参考。又教导弟子滕茂椿"字课功夫""能不断间方好"，当趁年富力强，勉力读帖、临帖。顾随把老师沈尹默的经验传授给更年轻的一代，如此薪火相传，后继有人，可喜可贺。

三、出版会里的“善人”“善举”

沈尹默任职的中法文化交换出版委员会主要从事沟通中法两国文化有关的出版工作。该委员会于1932年在北平开始实际运作，并于次年在上海设立事务所，由中法教育基金委员会每月补助国币两千元，用于聘请专任撰译及事务人员，收买稿件、印刷及购买参考书籍等。事务所设在环龙路九十号一幢二层洋楼内，除主任沈尹默外，还有秘书褚保权、会计金湌清等职员。这幢洋楼既是办公楼，又是职员宿舍。沈尹默住楼下，褚、金等住楼上。

按照中法文化交换出版委员会组织条例规定，委员会“选择中法两国最重要之著作，足以代表两国之精神者若干种，逐次详慎译述，互相介绍”，并制订具体办法和出版计划，将出版物分为翻译、专著和调查报告三大类。在沈尹默的主持下，至1935年，该委员会先后出版的专著有江绍原《中国古代旅行之研究》（第一分册）、郭鼎堂《先秦天道观之进展》和林谦三《隋唐燕乐调研究》。翻译类作品有法国朗松《文学史研究法》，莫诺《历史学方法论》，莱纳克《考古学方法论》，里博《心理学方法论》，巴尔扎克《欧也尼·葛郎代》《从妹贝德》，莫里哀《爱的纠纷》《一误再误》《司嘎那尔勒》《可笑的高雅女士》《嫉

1934年任中法文化交换出版委员会主任时

妒王子》《丈夫学校》《太太学校》《太太学校批评》《讨厌的人们》，左拉《卢贡家族的家运》，莱维·布律尔《孔德哲学》。翻译类中中文著作译成法文的有江绍原《中国古代旅行之研究》(第一分册)、郭鼎堂《先秦天道观之进展》。《中国古代旅行之研究》由范任翻译，出版后颇受法国读者的欢迎。沈尹默曾将此书寄赠蔡元培一册，蔡元培非常喜欢。

沈尹默还利用担任中法文化交换出版委员会主任及管理和使用补助基金的便利，倾力帮助爱国作家郭沫若。他和郭沫若于20世纪20年代初在日本相识，以后交往不多，但仍然关注对方的动向，尤其当郭沫若遭到南京国民政府通缉，被迫流亡日本时，很为其安危担心。1936年夏天，他在上海南昌路家中接待来访的旅日剧作家杜宣。客人谈起因事刚从日本归国，并聊到郭沫若在日本居无定所，生活十分困难。他当即委托杜宣回日本后转告郭沫若，自己正在管理中法文化交换出版委员会的事务，如能翻译一些法国文学作品寄来，可以按最高标准支付稿酬，希望对其生活有点帮助。杜宣答应一定转达他的意见，但表示郭沫若并不懂法文。他听后不禁笑了，说这个当然知道，意思是只要郭沫若翻译的是法国作品，无论从什么文字转译都行。听了这话，杜宣“感到一股暖流涌上心田”，认为表面看沈老对世事已十分淡漠，其实怀有一副热心肠，“仁者之心，此之谓也”。①

① 杜宣《记沈老》，见《杜宣文集》第6卷，上海文艺出版社2004年版，第576页。

与中法文化交换出版委员会同仁合影

杜宣回日本后，果然向郭沫若转达了沈尹默的好意。郭听后十分感动，不久便与友人前往东京访问日本篆刻家河井荃庐，借得明代锡山安国十鼓斋三种《石鼓文》拓本的照片，便将全部照片复制，并据此修改、补充旧著《石鼓文研究》，完稿后连同照片一起寄到上海。沈尹默认真校勘全稿，纠正几处舛误，并应邀撰写序言，高度评价此书："近来研究石鼓文者实非一家，比诸往昔，发明已多。唯于建石之意，推阐无遗，而持论精辟者，固当推此箸为第一，要非阿私之言也。"[①] 此前，沈尹默已请来沪的蔡元培与商务印书馆总经理王云五商量，希望该馆以珂罗版印行《石鼓文研究》。考虑到印刷费比较昂贵，

①《郭沫若全集·考古编》第9卷，科学出版社1982年版，第269–274页。

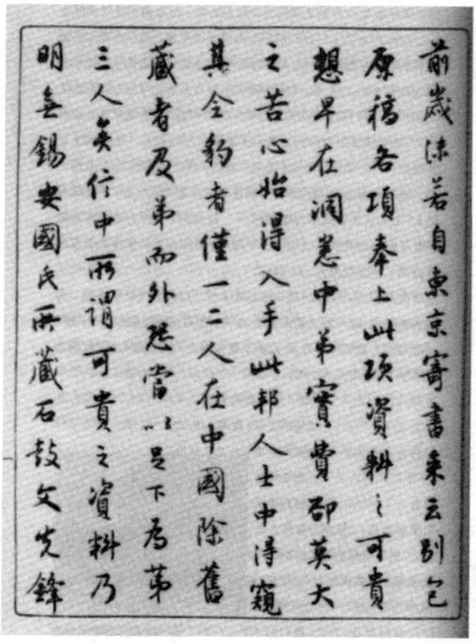

前歲沫若自東京寄書來云別已
原稿各項奉上此項資料之可貴
想早在洞鑒中弟實費卻莫大
之苦心始得入手此邦人士中得窺
其全豹者僅一二人在中國除舊
藏者及弟而外悉當以足下為第
三人矣作中所謂可貴之資料乃
明無錫安國氏所藏石鼓文先鋒

为郭沫若《石鼓文研究》所作序（部分）

沈尹默又主动声明中法文化交换出版委员会愿意拨款补助一部分。因为资金有保证，该委员会与商务印书馆又有过合作印书的经历，王云五便欣然答应了。由于全面抗战爆发，此书未能及时付梓，直到 1939 年 7 月，才由长沙商务印书馆据著者手迹影印出版，列为孔德研究所丛刊之一。郭沫若在自序中说：“稿成，就正于尹默先生，期以问世。尹默亦乐于赞助，并允为序以冠编首，诚幸事也。”①

1937 年 7 月，郭沫若听从祖国的召唤，从日本回到上海，准备投身抗日救亡运动。一下轮船，便直奔大西路美丽园九号沈宅。沈尹默将他安顿在中法文化交换出版委员会办公处住下，当天还与前来探望的姚潜修、张凤举、李初梨等召开联席会议，商量郭沫若回国后的对策和安排问题。随后，郁达夫、施蛰存、陶亢德等也闻讯赶来探望，施、陶走后，由郁达夫做东，在来喜饭店设宴为郭沫若洗尘，宴席直到深夜才结束。郭沫若归国前一天，曾用鲁迅的诗韵作七律一首，内有“四万万人齐蹈厉，同心同德一戎衣”句，沈尹默读后深受感动，当即和诗一首，发表于上海报纸。

8 月 13 日，日本侵略军进攻上海，中国军队奋起反击，淞沪抗战爆发。上海全民动员，支援十九路将士。沈尹默十分痛恨侵略者的暴

①《郭沫若全集·考古编》第 9 卷，科学出版社 1982 年版，第 269–274 页。

行，积极响应号召，停下手头的工作，与职员、朋友一起做绑带、棉纱布，送到前线救治伤员。

不久，郭沫若与夏衍等创办《救亡日报》，作为上海市文化界救亡协会的机关报，以宣传抗日救亡思想，发动民众参加抗日活动。应郭沫若之邀，沈尹默于同年11月1日为该报撰写五言诗《微闻》二首，表达愿与全国人民一道，共同抗击日寇的决心。诗云：

> 屡败还屡战，壮志不可渝。极知大厦倾，要须尽力扶。民力乃国力，愈用愈有余。任兵未任民，未足为全图。生聚与教训，万众为一躯。众志所成城，金汤曾不如。寇深共淬厉，艰危迈长途。有志终必胜，小挫何须虞？微闻主和论，出自士大夫。坐坏此金汤，谁欤甘为奴？战难和岂易？事豫乃无患。敌志在亡我，虽和岂能全？道理至明白，事例更昭然。国基待重奠，举措慎当前。忠信足涉险，把兹破浪船。有力毋惜力，有钱毋惜钱。坐言终何补？起行赖贞坚。向来扶醉人，未有不倾颠。醒矣顽与懦，大难共仔肩。[①]

诗稿送去不久，郭沫若托人带来一封信，请求为潘汉年、钱杏村（阿英）、叶灵凤等写字，沈尹默很快满足了他们的要求。新中国成立后，潘汉年任上海市常务副市长，沈尹默是上海市政府委员，经常在一起出席各种会议和活动，渐渐熟悉起来。这时他才知道当年潘汉年是党的地下工作者，负责统战工作，为抗战立下了大功。

帮助西洋美术史专家林文铮在战乱中度过困难，是沈尹默的又一

①《救亡日报》1937年11月6日。

桩善举。抗战前，蔡元培女婿、法国留学生林文铮在国立杭州艺术专科学校做教员，事业上风生水起，家庭生活也美满幸福。不料，淞沪抗战后，日寇进逼杭州，林文铮一家加入了流亡队伍。他们先和杭州艺专师生内迁到湖南，后来又历尽艰辛，随战区难民逃到昆明。他在西南联大外文系谋得教职，可妻子蔡威廉没有工作。战时物资匮乏，加上薪水比较低，家中又有五个孩子，生活异常艰难。蔡元培虽为国民党元老，但一生清寒，无力资助女儿女婿。沈尹默闻讯，请老校长转告林文铮，可替中法文化交换出版委员会翻译一些法文书，如美术史一类，最好自己先开列图书清单，送该委员会讨论决定，每千字可支付稿费五元，以补贴家用。后来，林文铮果然按照沈尹默的建议，为该委员会翻译了一些作品，所得稿酬虽然有限，但也算雪中送炭，在危急时刻起了重要作用。

1939年初，中法文化交换出版委员会更名为中法文化出版委员会，在上海停止办公，所有设备迁回北平。沈尹默不再担任主任一职，所有职员自动解散，工资也停发。他不得不退掉大西路的大房子，搬到爱麦虞限路（今绍兴路）一幢房子的三楼居住。那处住房比较小，几个房间都堆满了孔德图书馆的图书。这时，上海的局势越来越危急，他不愿为日本人做事，决定远赴重庆。离沪前，他把孔德图书馆的书一一捆好，暂存在朋友家的客厅里。中华人民共和国成立后，他将这批书全部捐献给国家。

四、翰墨交流之乐

20 世纪 30 年代的上海，华洋共处，五方杂居，是国内著名的文化艺术中心和中国书画典藏的重镇，也是收藏家、书画家向往的乐土。沈尹默长居于此，所见日多，交游极广，周围聚集了一大批文艺名家，其中有吴湖帆、叶恭绰、张葱玉、汪亚尘、刘三、陆丹林、朱屺瞻、徐邦达、王季迁、沈迈士、褚礼堂等。他们经常聚会畅叙，切磋艺术，鉴赏字画，交换藏品，乐在其中。

1936 年夏，沈尹默得郭沫若从东京寄来的“石鼓文”先锋本全套照片，引起沪上朋友的极大兴趣。“石鼓文”是先秦时期刻在十块鼓形石上的文字，内容为十首组诗，是我国最早的刻石文字，对后世的书法与绘画艺术有着非常大的影响，具有很高的文史价值和艺术收藏价值。“石鼓文”历代拓本较多，最珍贵的属宋拓本。明代锡山（今无锡市）安国（号桂坡）十鼓斋收藏宋拓十本，将其中最佳的三种分别命名为先锋本、中权本和后劲本。民国初年，这些拓本转入锡山秦文锦之手，秦于 1921 年将先锋本售予日本人三井高坚，售价四万两千元。后来，三井高坚又购得秦藏中权本和后劲本，并将此三帖收藏在三井文库听冰阁中，秘不示人。先锋本最有名，但流传极少，是收藏

吴湖帆

界公认的珍品。1937 年 3 月 14 日，沈尹默在家中接待来访的收藏家张葱玉和书画家吴湖帆，因张葱玉闻讯主人新得“石鼓文”先锋本照片，便约吴一起登门观赏。沈尹默爽快地取出珍藏的全部照片，让客人观瞻。经张、吴仔细审阅，一致认为照片中字迹确实比中华书局后劲影印本、上海艺苑真赏社中权影印本为佳，并且有安桂坡篆书题跋多篇，文中记述安氏得于苏州曹氏，可惜曹氏为何人已不得而知。沈尹默介绍这套照片市场价为洋一千二百元，两位客人都很吃惊，觉得东西很好，但仅照片价格也如此之高，“可谓骇然矣”。

1938 年 5 月的一天，沈尹默从好友李石曾处借得唐代颜真卿《刘中使帖》真迹，当即通知褚礼堂、张葱玉等各带藏品来家中互赏。又写信给吴湖帆，邀请一起参加。吴湖帆收到信后，便约朋友潘博山赶到沈宅。《刘中使帖》为蓝笺本，与陆柬之《兰亭诗》相似，字大约两寸半大，行书四十一个字，元代鲜于枢等六位名家题签，后有文衡山小楷跋及文与华中甫札，仿颜真卿体，十分难得。董其昌、沈文恪二题俱书绫上，因原装卷子本书于隔水绫。最后有王某大楷跋，仿钱沣（号南园）书体，写得绝妙。大家仔细品读此帖，啧啧称奇。当天张葱玉带来鲜于枢《石鼓歌》大行书卷，也属艺林名迹。褚礼堂带的是《瘗鹤铭》五十八个字，号称旧拓之精品，其实是翻印本。沈尹默还将个人收藏的明代苏州人文林、文徵明、文彭、文嘉祖孙的书册拿出来，

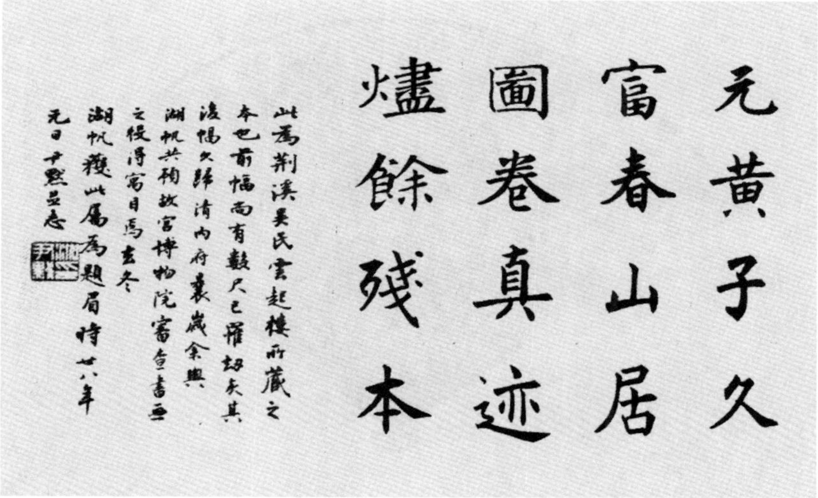

沈尹默题词

供客人欣赏。吴湖帆认为“六如、梦晋二通尤特别”[1]。

吴湖帆妻子潘静淑过门时，嫁妆中有宋拓欧阳询《化度寺碑》《九成宫醴泉铭》《皇甫诞碑》三帖，而吴湖帆家传有宋拓欧阳询《虞恭公碑》，吴氏夫妇将之合而称为“四欧堂”。其中以《化度寺碑》最著名，为传世《化度寺》宋拓本中最全最清晰者。此本原为明代王孟阳收藏，后归商丘陈伯恭，嘉庆八年（1803）陈伯恭以百金之价售予成亲王。嘉庆十四年（1809）成亲王又以银四百两购得吴氏筠清馆本，因听信翁方纲所言，视筠清馆本为原宋拓本，而将此本认作翻刻本转赠荣郡王。后为潘祖荫“攀古楼”收藏。此本存九百三十字，上有王孟阳收藏印及翁方纲、成亲王、荣郡王、王同愈、罗振玉等人题跋，十分珍贵。沈尹默早已听说这件宝物，可惜一直无缘寓目。1938 年 2 月的一

① 六如指文如居士，明代书画家、文学家唐寅（字伯虎）号六如居士。梦晋指明代画家张灵（字梦晋）。

与吴湖帆合作扇面

天，好友刘三来访，聊起吴家的“四欧堂”，希望一睹为快。这正合沈尹默的心意。于是两人相约同赴吴宅，果真见到心仪已久的四部名帖，欣喜无比。沈尹默还应吴湖帆之请，为《化度寺碑》题跋一则。

沈尹默还为吴湖帆所藏元代画家黄公望《富春山居图》(剩山图卷)题款，记述此画收藏及鉴定经过。说起这幅名画，还有一段有趣的故事。1938年，上海汲古阁主人曹友卿携一张破旧的《富春山居图》(剩山图卷)，请吴湖帆鉴定。吴不敢确定是否为黄公望之作，但认为有收藏价值，当即请求曹友卿转让。精通生意经的曹友卿见吴湖帆如此看重此画，表示坚决不卖。后吴湖帆又几次登门求画，曹友卿则漫天要价。最终，吴湖帆以家中祖传的商周青铜鼎商彝与曹友卿换回了这幅梦寐以求的古画。吴妻潘静淑随即用正楷在画上题写“梅景书屋第一珍品”，视为镇室之宝。收到此画的吴湖帆即请好友沈尹默过目，沈尹默慎重查阅相关资料后，确认此画为遗失多年的黄公望《富春山居图》前卷。嗣后吴氏重新装裱并请沈尹默题款，沈尹默欣然答应，

浙江博物馆藏《富春山居图》（剩山图卷）

将此画收藏及鉴定经过题记如下：“此为荆溪吴氏云起楼所藏之本也。前幅尚有数尺已罹劫灰，其后幅久归清内府。曩岁余与湖帆共顾故宫博物院审查书画之役，得寓目焉。玄冬湖帆获此属为题眉，时二十八年元日。尹默并志。”后来，此画被浙江博物馆历史部主任沙孟海获悉，以洋五千元收购，成为浙江博物馆的镇馆之宝。有趣的是，《富春山居图》（无用师卷）原件由台北故宫博物院珍藏，而《富春山居图》（剩山图卷）藏于浙江博物馆。2011 年 6 月，海峡两岸分别将这两幅名画合璧于台北故宫博物院“富春大展”，引起海内外的广泛关注。同时，故宫博物院也破例派专人护送珍藏的沈周《仿黄公望富春山居图》赴台湾合展，轰动一时。

有一次，沈尹默应吴湖帆之邀，赴吴家观瞻杨少师《韭花帖》。此帖由收藏家孙邦瑞向别人借阅，据藏家称是真迹。吴湖帆经过仔细鉴别，认为所有用笔、间架都与宋人张即之相同，后面仅有元代张晏题款一行，遂认定为张即之书，而非杨少师所作。沈尹默观后，也以为与杨少师笔法相左，属后人仿品无异。

那时，沈尹默年已五十五六岁，眼力衰到极点，连阅读书报都很困难，然而对书法的兴趣依然很浓，自称除此外没有其他爱好。他待人诚恳，有人求教书法，往往倾心传授，深受年轻人的敬重。书法上他最推崇褚遂良，认为褚书在欧阳询、虞世南之上，可直继王羲之，为嫡派宗子。这一点颇得向来推崇褚遂良书法的吴湖帆的赞同。他又认为颜真卿、柳公权、薛绍彭、李邕诸家都属褚派，而唐代书派显庆以后差不多也都为褚派，连元代赵孟頫派亦然。有一天，他带着几件自写的条幅去吴家，被吴湖帆和另一位海上画家陈蝶野各索走一幅。他请吴、陈在余下的一件条幅上题款，两人爽快地答应了。后来，他连作 5 首绝句，感谢两位好友题款。一次，他与吴湖帆聊天，说自己近来临习古人名帖，力避李邕、米芾、赵孟頫三家习气，但一不留意，时有流露，尤见李、米、赵魔力之大。吴湖帆称其堪比北宋书家薛道祖（绍彭），有东晋王、谢家子弟之风流气概。他听后很高兴，引吴为知己。吴湖帆以自身的学书、学画经历，对沈尹默由唐楷直入二王所取得的成就发出由衷的赞叹，在家藏《翁覃溪双钩庙堂碑》题跋曰："最近数载，颇爱唐楷，和平冲淡，决非六朝剑戟奇伟可拟，洵书学中别有宇宙，万不可蹈贵远浅近之常见。三年以来，得交吴兴沈尹默先生，旬日往返，几无不以论书为业。尹翁初亦浸会六朝，近年书学之深，堪推国书盟主，尚唐初三家为书中巨擘。"

沈尹默对朋友索要墨宝，无论题诗、题款还是书写中堂、条幅，总是有求必应。有一次，他到吴湖帆家访问，禁不住吴的两个儿子孟欧、孟强和外甥的要求，一口气写了三副对联相赠。他对吴湖帆收藏的宋末元初湖州籍画家钱选所摹《蹴踘图》小卷，赞不绝口，说这种画真真古雅，非俗眼可识，吴深以为然。应吴湖帆之请，欣然为此画题句：“雪溪翁所摹《蹴踘图》，匪唯笔意超尘，即题语亦简远有致。湖帆道兄以余为翁乡人，属为跋尾，爰缀数行，以志乡向往。廿八年四月二十日，吴兴沈尹默。”1940年，吴湖帆妻子潘静淑去世，吴以夫人所作词句“绿遍池塘草”为题，函征海内一百二十位社会名流、书画名家题诗作画，汇集成册，以示纪念。远在内地重庆的沈尹默题诗云：“一夜将愁向败荷，西亭幽恨未为多。东风吹遍江南绿，奈此池塘草色何。”末尾又书“小诗奉题静淑夫人遗词图，即应湖帆先生之教”两行文字。[①]

沈尹默与画家朱屺瞻也是好朋友。朱的家乡江苏太仓浏河故居命名“梅花草堂”，曾征集海内名家王一亭、齐白石、黄宾虹、吴湖帆、贺天健等作梅花草堂图，汇为一巨册。1937年春，应朱屺瞻之请，沈尹默为其作《梅花草堂诗》二首：“窗间光景晚来新，半幅溪藤万里春。从此不贪江路好，剩拼心力唤真真。”“夺得斜枝不放归，倚窗承月看熹微。墨池雪岭春俱好，付与诗人说是非。”[②]

① 吴湖帆《绿遍池塘草图咏》，梅影书屋1940年印。

② 冯其庸、尹光华《朱屺瞻年谱》，学林出版社1999年版，第33页。

第七章

在重庆的抗战岁月

一、清闲的监察委员

1939年四五月间，沈尹默穿着女友褚保权亲手缝制的棉大袍，随身携带一只柳条箱，乘江轮从上海抵达重庆，开启了在大后方的抗战岁月。初来乍到，他发现这座著名的山城被陡峭的山崖环绕，古旧的城墙散发着斑驳的陈年色泽，城墙外农民开垦的梯田从一条山脊延伸到另一条山脊。除了日本飞机不时来骚扰和轰炸外，街市依旧热闹嘈杂。离开上海时，考虑到路途比较遥远且危险，他只带了几件换洗衣服，文房四宝之类几乎没带。正值战乱时期，物资极度匮乏，重庆市面上只能买到质量低劣的毛笔和纸张，很难见到像样的砚台。没有合适的砚台，每日的临池功课就只能停下来，这对好学的他来说是个不小的打击。幸亏遇到北大老同事、故宫博物院院长马衡，这一难题才得以解决。马衡因负责古物南迁来到重庆，得知老友需要砚台，便自告奋勇向中央大学教授常任侠求援。爱好收藏端砚的常任侠见马院长亲自登门，慨然允借金星歙砚一方。沈尹默非常高兴，特地赋诗一首，感谢常氏借砚之举。常任侠久闻沈尹默书名，回信说："尊诗如可铭诸砚背，佳话流传，亦艺林之胜事也。"沈尹默当即照办，命四子令昕将借砚诗镌于金星砚背面。常任侠对此砚爱不释手，以后在日记中多次提及，连称“精妙之至，宝之勿失”。此后，沈尹默与常任侠时相过从，或赠条幅、作书扇，或纵谈笔砚、书法，关系融洽。在战乱寂寞的异乡，沈尹默又多了一位胜友。

沈尹默最初租住在市区上清寺纬成里梅庄的一幢简陋小屋内，每天临帖不止。当时眼病有所好转，开始夜以继日地读书写字。他随身带着米芾《七帖》照片，时常拿出来欣赏，对于帖中“惜无索靖真迹，观其下笔处”一语，慢慢有所领悟，认为米芾不说用笔，而说下笔，这个“下”字用得很准确。他就依照米芾的指示，察看《七帖》中所有的字，每一个下笔处都不轻易放过，渐渐恍然大悟。古人所说的用笔之法，不这样做笔锋就不能够居中，牵丝就不容易顺畅，笔势往来就不合规。明白这个道理后，他又着手遍临历代名家法书，细心地探求其相同处，发现所同者恰恰是下笔都如此，也就是笔笔中锋。这一点不可不从同，其他都不妨存异。正是如此勤学苦练，他写字的技法越来越纯熟，达到相当高的艺术境界。

纬成里斜对面陶园是国民政府监察院驻地，院长于右任也是著名的书法家。于右任听说沈尹默住在附近，便登门拜访。那天，沈尹默正在寓所磨墨写字，写好一张大字后，笔头未干，便沾清水调成淡墨，翻开米芾、褚遂良分别临写的《兰亭》，比较两家之长，信手临摹起来，可临摹大半后觉得不甚满意，随手弃之于废纸堆里。不一会，于右任微服来访，故友相见，分外高兴。于右任首先问起他的生活境况，然后直截了当提出想聘其为监察院监察委员。

于右任

他欣然答应。于右任又翻看起沈尹默题写的《群玉堂米帖》，大加赞赏。沈尹默请于右任挥毫作书，于欣然点头，顺手从旁边废纸堆中捡出一纸沾墨试笔，却见是淡墨《兰亭》书法，仔细观赏后称其笔势雄健，纵横自如，连说这幅作品变而能创，但又不离其宗，是难得的精品。沈尹默听罢，快慰地说："您大书家如此赞赏，说明我的字已有进步了。"于右任捋须而笑，马上展纸在旁边题上"真逸"两字，接着又写了《鹧鸪天》一阕，其中有"万里河山染血痕，经年犹未净胡尘"句。两位大书家轮流题写，使这张原本弃之于废纸堆的书法习作顿生光辉。送走于右任后，沈尹默继续用淡墨写完这幅《兰亭》。之后请书法家章士钊、马衡、朱家济、吴湖帆、启功分别题字，使之益增价值。此幅作品现珍藏于上海博物馆。

其实，沈尹默与于右任早已相识。两人都出生在陕西，都是书法大家，有人以"南沈北于"，将他们相提并论，二人堪称 20 世纪中国书坛的"双峰"。不过，沈尹默受陈独秀批评后，以临写北碑铸就厚重、古拙之气，后致力于行书，逐渐形成古劲秀逸的书风，进而"超越元、明、清，直入宋四家而无愧"（徐平羽语）。于右任也学过北碑，并在此基础上将篆、隶、草法入行楷，独辟蹊径，被誉为"当代草圣"。早在少年时代，沈尹默就听说于右任其人。1918 年于右任担任陕西靖国军总司令，辅佐其统军的彭仲翔是沈尹默的舅父。后来彭仲翔与军阀作战时牺牲，沈尹默亲笔撰写墓志铭，于右任为之书丹。1932 年，于右任在上海静

在重庆写字

安寺路创办标准草书社。年底，沈尹默移居上海，便时常去于宅晤谈。1937年，为庆贺于右任六十岁生辰，沈尹默特赋诗《寿于右任六秩诞庆诗》。诗云：

西北风云壮，东南日月悬。
恢奇事柔翰，豁达礼群贤。
国际髯公重，中原寿颂传。
乔松倚太白，凌厉遂无前。

沈尹默曾接受于右任赠送的王世镗书写《爨龙颜碑》。《爨龙颜碑》立于南朝刘宋孝武帝大明二年（458），此碑用笔以方整为主，又兼有圆转笔法，结体雄浑秀美，大气磅礴。于右任对钟王法帖的推崇，就是对沈尹默书风缺失的批评。沈尹默对此并没有反驳，觉得此书风与自己性情不合，没有刻意去学。对于右任提倡的标准草书运动，反而赋诗予以赞许：

高论尝闻静安寺，整齐百体删草字。美观适用兼有之，用心大与寻常异！追随执事来巴岷，敢矜一得言訚訚。文宗三易理当尔，结字尤宜明便驯？（分明使易辨识，简便使易摹写，雅驯使易信用。）章草今草传千载，纷纭中有条贯在。穷源竟委搜剔勤，譬疏洪流东入海。胜业直欲薄公卿，（公尝语人，若使吾能专意竟斯功，一切皆可放下。）一尊既定无眩惊。匆匆不及今可免，爱此标准草书名。[①]

① 此诗原标题为《三十六用寺韵为右任院长题标准草书》，在《草书月刊》1941年第1期发表时改为《标准草书歌》。

于右任在写字

同年9月，沈尹默正式到监察院走马上任。他和于右任客居异乡，同操乡音，关系越来越亲密。虽然在书法风格上各有千秋，但对书法的热爱是始终一致的，因此他们相敬相惜，坦诚相待。不过，由于性格上的差异，两人对待事物的态度和处事的方式，有着明显的区别。沈尹默后来曾说："我到了重庆四个多月后，于右任叫我进监察院去。于（右任）是我少年时就闻知的，一直到北京才见面，这个人平时做个普通朋友是很好的，一谈到正经事情，就要觉得他那出人意表的糊涂，有时甚至使人烦恼。我在监察院混了六年，每次开会，起初我还说句话，后来，就不愿意开口了。于（右任）他是一个极端患得患失的人，听说他本不想走（指去台湾），因为没有决心，终于被劫持到台湾去了。"[1]虽然如此，两人还保持着不错的个人友谊。1963年，适逢沈尹

① 沈长庆《沈尹默家族往事》，中国文史出版社2013年版，第199–200页。

默八十大寿，远在台湾的于右任挂念老友，曾辗转托人送来贺寿墨宝。

监察院名义上负有对各级官吏的弹劾、审计之责，但重庆国民政府腐败黑暗，任人唯亲，弹劾官员、澄清吏治谈何容易，因此监察委员难有作为。有一次，沈尹默与其他监察委员联合署名上呈报告，揭露权贵孔祥熙、宋子文等贪污受贿的劣迹，要求政府严肃查办。可是，报告呈上去后，如石沉大海，杳无音讯。从此，沈尹默再也不愿参与这类弹劾活动。除有时去学校、工厂、基层访问纠察外，几乎无事可做。他只是开会时才到陶园坐坐，平时就在寓所作诗写字，或者与三五好友聚会小酌。因于右任重用人才，监察院聚集起一大批学者、诗人和艺术家，有章士钊（行严）、汪东、潘伯鹰、卢前（冀野）、乔大壮、叶元龙、谢稚柳等。大家共处一院，经常喝茶会餐，谈文论艺，诗书往还，给清苦的大后方抗战生活增添了不少乐趣。

其时，有人送来故宫所印“兰亭八柱”三种，一是虞世南临本，一是褚遂良临本，一是唐代响拓本。沈尹默手头还有白云居米芾临本，于是他发奋临习这四种字帖，直到烂熟于心。不过，他对自己要求很高，认为自己写得拘束，未能体现王羲之字的宽博气象。他继续努力，遍临《张黑女志》、褚书大字《阴符经》《伊阙佛龛碑》、柳公权《李晟碑》等名帖，“对于书法的意义，始有了进一步的体会与认识”。于是，1941 年 1 月沈尹默发表了第一篇论书文章《执笔五字法》，首先用歌诀的形式肯定五指执笔法的合理性，然后总结了前人执笔的得失与自己学书的经验，“分清了五字执笔法与四字拨镫法的混淆”[①]。可以说，此文奠定了他笔法理论的基本框架。

这一阶段，沈尹默还创作了不少论书诗，如 1939 年的《与豫卿夜

①《读书通讯》1941 年第 17 期。

话因赠》《柬植之》《题〈群玉堂米帖〉》，1940 年的《观履川家二童子作大字因赠》《劝履川学书》《为履川草书〈橘颂〉履川次“我”字韵见谢叠韵答之》《学书一首叠“竟”字韵》等。这些论书诗虽然涉及的内容五花八门，有些又相互穿插，但体现的书学思想大致可以归纳为四个方面：一是尊重历代优秀传统、推崇“二王”的师法观，二是主张艺苑百花争艳的发展观，三是书法实用性与艺术性统一的辩证观点，四是书法创作实践的体会。

二、“长打”与“短打”

初到山城，沈尹默除刻苦钻研书法外，还创作了大量诗词。其中大多为心系天下、忧国忧民的感怀之作，反映了诗人在抗战初期的心路历程。他的《诵杜老夕烽诗感赋（廿八日）》云：“飞将从天下，轰雷岂定时。共藏犹有窟，相失遂无期。警急声仍切，平安信每迟。艰难殊未已，愁诵夕烽诗。”写的是读杜甫《夕烽》诗有感。作者借安史之乱时杜甫期盼西北边疆早日燃起平定叛乱的烽火，表达自己也希望飞将军从天而降，打败日本侵略者，使战乱离散的亲人得以团聚。1939 年 5 月 3 日、4 日两天，日本侵略军的飞机连续轰炸重庆市区，并大量使用燃烧弹，许多商业街道、建筑物被烧成废墟，军民死伤六千余人，无家可归的达二十万人，给重庆造成空前的灾难。沈尹默听亲历者讲述这场惨祸，义愤填膺，遂挥笔写下五言诗《听人说五月三四两日事》：“安居人事尽，多难寇氛延。阴渗藏深洞，丰隆响远天。腾腾连日火，落落几家全。赖有成城志，金汤未堕坚。”他的这些诗词大多在《民族诗坛》《中国青年》《时代精神》等杂志发表，引起诗坛的关注。同年 8 月，《时代精神》创刊号还集中刊登他的诗作二十一首，编者专门在前面写了一段短语：“尹默先生为我教育界先辈，对于

章士钊

国学，造诣甚深；远在二十年前，即与胡适之、陈独秀诸君提倡白话诗，颇为时人所传诵。年来致力于中法文化交换工作，不遗余力。此次由沪来渝，所见所闻，发为吟咏，词意均极清新，本刊得选载一部分，殊为荣幸。”

在重庆，沈尹默的周围有一大帮文人墨客，他们醉心翰墨、诗酒唱和，在战时大后方过着苦中作乐的生活。他将这一时期的作品形象地称为“长打短打”。“长打”指众人竞和的寺韵诗（首句以“寺”字为韵），这类诗都为七言长庆体，共十六句；“短打”指与卢前等所竞作的散曲，主要为篇幅较短的小令。

沈尹默有位书画家朋友叫曾履川（克耑），家住市区下罗湾，书斋命名“颂橘庐”。曾履川热情好客，又烧得一手好菜，大家便时常在“颂橘庐”集会，可谓“谈笑有鸿儒，往来无白丁”。曾履川的两个儿子曾永闳、曾永闿，年纪约六七岁，正在学习书法。秋末初冬的一天，父亲将两儿的作品拿给好友章士钊、沈尹默等观看，请求给予指导。章士钊当即题诗《童子曾永闳永闾以大字来诗以勖之》，大加鼓励。在诗中，章士钊将永闿误看成永闾。曾履川次韵和一首，既作更正又对章氏多有赞誉。沈尹默闻讯，也作《次行严寺字韵即赠》：“自公退食铺池寺，一帘风日理文字。明珠草木借光辉，诗成始信涪翁异。源流清浊分江岷，是非争辨何閭閻。文章得失寸心事，拗性肯为他人驯。骚人墨客论车载，中有几人面目在。洛阳纸贵自一时，何用声华溢四海。十年相遇还相卿，白发盈颠未足惊。后生且莫谤前辈，孝章要为有大名。”

章士钊答诗云：“当日北学如荒寺，疑古重闻鬼哭字。平生一首俳体诗，欲向苇间讨灵异。”蔡元培初长北京大学，章、沈都任北大文科教授。女师大风潮时，沈尹默曾声讨过“老虎总长”章氏，两人不相往来十多年，战时在重庆相遇，心情归于平淡，恩怨已消，和好如初。“俳体诗”就是大家熟知的章、胡合影后，章士钊写的一首白话诗，而提倡白话诗的胡适却还赠了一首旧体诗，可见新旧两派代表人物在论战的同时，保持着不错的私交。沈尹默眼力不好，将章诗中的“俳”字错看成“佻”，在接着的答诗中写道：“不唱佛陀不住寺，闲向人间弄文字。虽然一首佻体诗，落笔便令人诧异。”章继作《五十迭韵答尹默》，指出了他的误读，诗中云：“招提本来不是寺，俳优佻达非同字。诗忆当年白话作，先生右眼微有异。……六朝诗学高千载，君家乃有休文在，休文依旧多名篇，君默自然争掣海。”诗中提及的休文是文学家沈约的字，君默为沈尹默原名。沈约与沈尹默同姓，且都是浙江吴兴人。

读了章诗，沈尹默又以《六用寺韵前诗误俳为佻本诗正之因答行严》诗相答：“招提非寺仍是寺，眼蒙不审俳佻字。烦君七步答我诗，珍重磨勘辨同异。”一字之误引出好几首诗，十分有趣。

之后，汪东、马衡、朱希祖、于右任、潘伯鹰、陈仲恂等纷纷响应，“彼此一迭再迭，原不过同好间的文字交往，嗣后酬唱的圈子日益扩大，一时成为一股争步寺韵的洪流”，且时有精彩之笔。唱和中大家“推敲论难，辩辞云涌”，因此被时人称为“诗战”，一直绵延至第二年年初才停战，成为雾都重庆轰动一时的新闻事件。[①]

①《吟坛喧寺韵》，见黎泽济《桑榆剩墨》，百花洲文艺出版社1999年版，第320–323页。

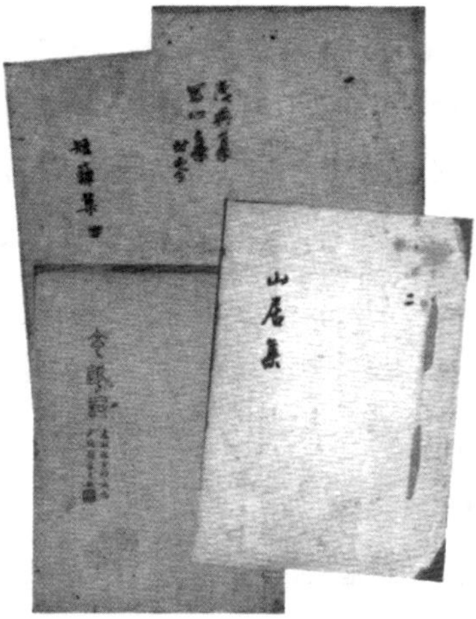

重庆时自订诗词集多种

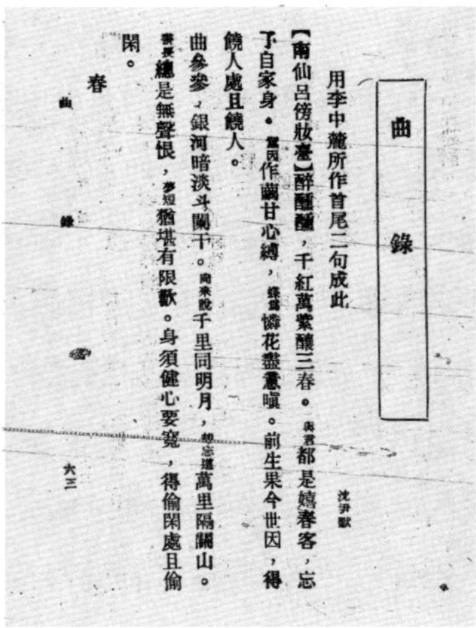

曲錄

用李中麓所作首尾二句成此　沈尹默

【南仙呂傍妝臺】醉醺醺，千紅萬紫釀三春。與君都是嬉春客，忘了自家身。當因作繭甘心縛，綠窗憐花盡意嗔。前生果今世因，得饒人處且饒人。

曲參參，銀河暗淡斗闌干。向來說千里同明月，想忘遙萬里隔關山。夢長總是無聲恨，夢短猶堪有限歡。身須健心要寬，得偷閑處且偷閑。

春　曲錄　大三

在《民族诗坛》1940 第三卷三辑发表的散曲

沈尹默是这次诗战中的健将，共作“长打”三十六首。其中有忆旧怀人的，有写宴饮聚会的，也有涉及时事的。这年底，他收到好友朱希祖印行的长诗《天都烈士歌》，乃作者为纪念同门师弟、古文字学家吴承仕（字检斋）而作。传闻吴在北平、天津秘密从事抗日活动，不幸被捕，遭敌人肢解而亡。沈尹默读后十分感动，当即赋诗《廿九用寺韵奉同行严闻吴检斋为敌人支解感赋之作》：“寇氛张甚海光寺，吴公竟被知名字。机事不密害其成，临难坚强死尤异。忠义凛凛陵嶓岷，平生言论何訚訚。始信读书有肝胆，士固可杀不可驯。常山之舌传千载，今日艰难应倍在。露布旦夕出人间，声名困顿埋尘海。愿将此事上公卿，但观大节且莫惊。裁成吾党赖有此，何止长留青史名。”不过，这则传闻不实，事后得知吴承仕并未遇害。

曾履川是个有心人，事后汇集众人所作寺韵诗，得《寺字倡和诗》油印本二册，其中有沈尹默、章士钊、汪东等十多人的诗四百多首。

可是，此书所收仅占“诗战”中全部诗作的很小一部分。后来个人诗文集不断出版，集外的寺韵诗时有发现，数量较多的还有马衡和朱希祖，其他作者有郭沫若、金毓黻、林庚白、卢前、梁寒操、刘延涛、程千帆等。

沈尹默有段时间醉心于散曲，写的虽是小令，涉及面却很广。他的小令《春》云：“（休怪你）多疑虑，（非关他）少志诚。四时难得行春令，一生最好游春兴，各人都有伤春病。（好）端端总是没精神，（闹）洋洋也会嫌孤另。”读来别有情趣。《游四门》：“一声警报起悠悠，空袭又临头。防空洞里相厮守，也算是同舟。雠！百世不能休。”写的是战时重庆遭空袭的场景，短短数语，道出了民众躲警报的痛苦。诗人、剧作家卢前对散曲颇有研究，认为沈尹默的小令清新自然，可与元曲名家比肩。两人相互欣赏，时常唱和诗词，竞曲为乐。卢前字冀野，是沈尹默北大老同事吴梅的弟子，少年成名，有“江南才子”之称。有一天夜晚，两人在陶园笑谈，忽然下起滂沱大雨，卢前有感而发，挥笔写下《雨夜寄尹默》一首：“枕边心上何如，共此陶园夜雨。萧萧瑟瑟声声苦，点滴都成妙句。”沈尹默读罢，立即奉和《答冀野》：“本来不动何如，却要关心夜雨。为他不论甜和苦，皱着眉头凑句。”一次，卢前坐小车外出，因路况不佳而跌出车外，结果腰部受伤，走起路来有些狼狈。沈尹默闻讯，作《冀野坠车伤腰戏为赋之》相示。卢前读罢忍俊不禁，即回赠《坠车后尹默赋词见示仍用坏字韵奉答》四首。彼此虽是戏谑之作，却写得生动活泼，读来让人会心一笑，可谓“嬉笑怒骂，皆成文章”。

抗战胜利后，卢前在南京任《中央日报》副刊《泱泱》主编，曾选刊沈尹默重庆时所作散曲三十七首，取名《匏瓜庵小令》。卢前在序中说：“岁己卯，吴兴沈尹默先生西上，始相晤渝州上清寺陶园。时与长沙章行严丈（士钊）诗简倡和，叠一韵至百数十首不休。见前为北词，乃假乔、张诸集以观。先生天机活泼，妙造自然，偶尔命笔，趣合元贤。非诗即曲，昕夕不辍，尝自戏呼为‘长打短打’。三原于公诗所谓‘君能左揖关汉卿，又使长沙见猎惊。山河百战一枝笔，长打短打俱闻名’者也。既而迁居金刚坡上，肆力于诗，屏词曲不为。总旧稿以授前曰：‘子其为我订之。’遂写定三十七首为一卷。匏瓜庵小令者，先生所自署云。”[1]

[1]《中央日报》1946年10月2日。

三、女弟子张充和

在重庆的生活虽然清苦，但沈尹默全身心扑在研习书法和创作诗词上，日子过得平静惬意。他虽然乐于帮助和指导青年学习文艺，但从来没有想过要收徒授课。一次偶然的机会，他却无意间收下生平第一位女弟子，她就是年仅二十七岁、供职于重庆国民政府教育部的张充和。张氏原籍安徽合肥，后来移居苏州九如巷。张充和是家中最小的女孩，上面还有三个姐姐，依次叫元和、允和和兆和。四姐妹个个容貌美丽，兰心蕙质，且多才多艺。著名作家叶圣陶曾说："九如巷张家的四个女孩，谁娶了她们都会幸福一辈子。"张充和擅长诗词、书法和丹青，又会唱一口地道的昆曲。

1940年，张充和在重庆主演昆曲《游园惊梦》，轰动文化界，章士钊特赋七律一首志感。沈尹默读了章诗，也唱和两首。一首是《次韵行严观剧之作》："明灯今夕果何年，急管繁弦倍黯然。剧里人情终日惜，世间物论未应偏。花开陌上余归梦，河满樽前了胜缘。肯著深思写幽恨，练裙翻墨剧堪怜。"另一首为《再次韵》："断送沉冥四十年，泪痕襟上自依然。生平闻弦歌声则易下泪，故有第二句。酒从罢后人初倦，歌正圆时月易偏。场上衣冠已陈迹，坐中哀乐是前缘。高楼帘幕春归夜，犹觉明灯剧可怜。”他将两首诗抄录后，托在教育部任职的好友郑颖孙带给张充和，并在信中说：“昨夜观剧甚佳，谢谢。二诗别纸抄奉，转与充和女士一览。有可议处否？前稿则望见还也。颖孙吾兄左右。尹默再拜。十四日。”

张充和

不久，沈尹默收到张充和所作的几首诗词，并请他指正。师生间的诗词因缘由此开启。此后，沈尹默时常收到张充和的诗作，末尾往往署“尹师赐正，充和”字样。而沈尹默在原稿上用小行草写的“此处应平平接”“首句及过遍处、句尾都应用仄声字”等批语和修改过的诗句。看得出老师教得极认真，弟子学得也很用心。有一次，沈尹默写信给弟子，赞扬她的词写得好。信中说：“充和足下，昨奉手书并新词数阕，慰极。词旨清新，无纤豪俗尘，可喜。略有数处微误，悉为改正。足下试看差胜否？仍望更录一纸见贻也。”[①]

除了指点张充和如何作诗填词外，沈尹默还教她学习书法。有一次，他将自己收藏的刻于隋大业十一（615）年的《元公夫人姬氏墓志》借给弟子，希望她认真临习。随后又写信询问是否临写过，叮嘱习字不可半途而废。为便于弟子学书，他还专门为她开列一张简短的碑帖表。又经常将自作诗词工楷抄录赠送给她，署上“充和女士清

① 白谦慎《沈尹默与张充和》，见沈尹默《沈尹默蜀中墨迹》，广西美术出版社 2001 年版，第 12–14 页。

鉴”“近作词为充和书”等字样。晚年张充和回忆起当年随“尹师”学书的经过，历历如在眼前。她写道：

数十年来每在洗砚时都不能忘记尹师，所以必得从此开始。当年重庆曾家岩陶园的吃用水都是用人工从嘉陵江中挑上来的，涓滴都是可贵。尹师书桌上一盂清水，从早到晚，先用笔蘸水在砚上来回洗擦，就在废纸上写字画竹。到了满纸笔墨交加时再换纸，如此数番，砚墨已尽，再用废纸擦干。并又把笔一面蘸水一面用纸擦笔，也是到笔根墨尽为止。尹师曾对我说“笔根干净，最是要紧”，他从不用隔夜宿墨，也从不要别人磨墨，总是自己正襟危坐的磨，也正好是凝神练气，收视反听之时。一次又在洗砚，我铺了两张土制的皮纸在桌上，他就用淡墨写陶渊明的诗“餐胜如归，聆善若始”两句，每张一句，字见方八九寸，“归”字大到尺余。是我收藏他墨宝中最大的，也是最不经意神到之笔，而且这两句诗使我终生不忘，也终生受益。

陶园是监察院同人宿舍，院长于右任先生罗致诗词书画篆刻家于一堂，其他文人墨士亦以类聚，我所见即如汪旭初（东）、乔大壮（曾劬）、潘伯鹰（式）、章孤桐（士钊）、曾履川（克耑）及谢稚柳等。我的表兄李栩广（家炜）亦在其中，因此得识尹师，那时虽心仪已久，不敢冒昧求教。后来我在国泰演“游园惊梦”，章孤桐首作七律一首，诸诗人唱和，尹师亦和了两首，并一一抄寄给我，因此我才敢把几首不成熟的芜杂诗词抄呈求正。尹师细为批改，指出误处，又赐和《江城子》一阕。此后尹师若有新词，间亦寄我，故我箧中也有他近百首诗词。

我由青木关进城，总去陶园看尹师写字，如果写屏对时我

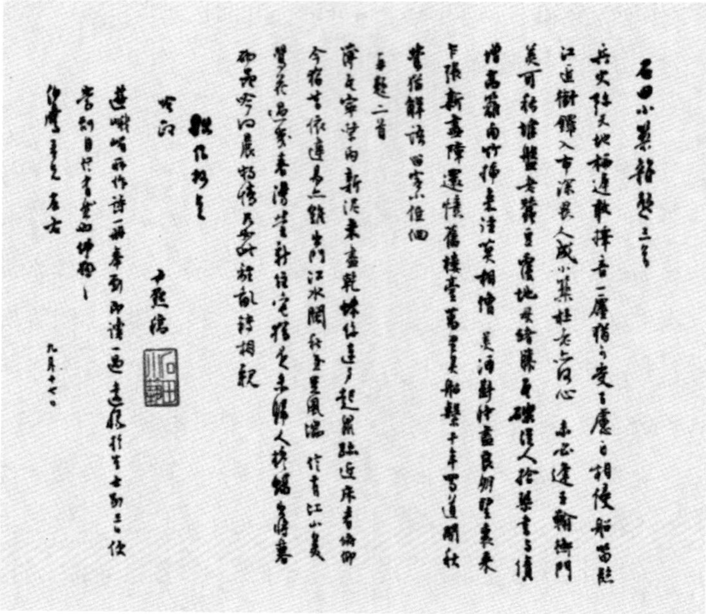

题赠张充和自作诗词

为他拉纸，是无比的享受，虽然站在对面，字是倒看的，只见笔尖在纸上舞动着，竟像是个舞者，一个字是小舞台，一篇字是大舞台，舞台的画面与动态，都达到和谐之美的极境。运笔时四面八方，抑扬顿挫，疾徐提按都是音乐的节奏，虽然是看得我眼花缭乱，却于节奏中得到恬静。我在叹赏之余，忽想到我本是来请教的，如何却沉酣在欣赏中而不学习呢。这以后才用心看他执笔与运笔，他又教我掌竖腕平法，初学时臂肌酸痛，月余后便觉自由了。尹师又书写执笔五字法给我。理论是由实践来的，总之百读百闻，不如一见。在“悬腕”一方面，尹师使我懂得虽悬并不悬，不悬却又是悬的道理，事关肌肉与关节的运用，在此不多赘了。

与张充和合作扇面

尹师从不要人学他的字，但他的友好中不自知觉受到他影响的也大有其人。徐道邻有一时就刻意学他。尹师一次向我说："我说道邻啊！你千万别学我字，如真要学呢，就找我的娘家去学。"我说："老师啊！你的娘家家族可大呢，叫人一时如何学得了？"尹师大笑。

尹师给我开了一份应临的碑帖，除汉碑外都是隋唐法度严谨的法书，针对我下笔无法。及至见到我的小楷，马上借给我元公姬氏墓志，又针对我小楷松懈无体的毛病。他从不指出这一笔不好，那一字不对，只介绍我看什么帖，临什么碑。也从不叫我临二王，亦不说原委，及至读到他写的"二王书法管窥"才知二王不是轻而易学的。[1]

---

① 张充和《从洗砚说起——纪念沈尹默师》，见《美术之友》2004 年第 3 期。

张充和极倾慕沈尹默的书法，认为他的字是自己终生学不到的，曾感叹道：“尹师的书法，看来平易近人，然仰之弥高，钻之弥坚，是由转益多师得来的创造，如何可及呢？”她珍惜随老师学书的时光，也非常注意保存老师的墨宝，即使是他废弃的字幅也会偷偷收起，如获至宝。有一天，她到歌乐山静石湾老师寓所访问，碰巧任职重庆国民政府考试院的徐道邻也在。她发现地上有一团纸饼，捡起来一看，是一张脏而破的字幅，应该是老师废弃的。于是，小心展开叠好，放入随身带的防空袋里。徐道邻看见，顽皮地向她微微一笑，以手势说“怎么不告而取呢”。她报以鬼脸，意思是“人弃我取不为偷”。许多年后，她感叹原以为楚弓楚得，只要有心收藏，总会有所收获的，岂料自己所收藏的“尹师”书法，后来大多被师友们拿走了。

1944年6月，张充和来访，沈尹默在一张小纸条上抄录一首近作七绝，诗云：“四弦拨尽情难尽，意足无声胜有声。今古悲欢终了了，为谁合眼想平生。”张充和带着这张纸条去看望水利专家郑泉白，在郑先生的书房里画出老师诗中的挑琴仕女。郑泉白连声称赞，要她抄上沈尹默的诗，顺手题了上下款和日期。过了几天，画裱好挂在郑家书房里，画上多了沈尹默、汪东、乔大壮和潘伯鹰的题咏。张充和早先写的《牡丹亭·拾画》三阕也裱成一轴，画轴绫边于次年增添姚鹓雏和章士钊的题跋。

新中国成立前夕，沈尹默在上海家中接待来访的张充和。当时她已与北大西语系教员、德裔美籍学者傅汉思结婚，一起赴美途经上海，特来探望老师。临走时，沈尹默夫妇送上绣花被面、墨一锭、杨振华特制“尹默选颖”两支及写在高丽旧笺纸上的书法两幅，祝福她平安顺利。从此，师生天各一方，再也没能相见。

四、发起组织饮河诗社

沈尹默在重庆几乎无日不作诗填词，日积月累，箧中诗稿越来越多。他选录其中的部分旧体诗，用工整的小楷抄录成《漫与集》《写心集》和《山居集》三卷。他在《山居集》卷末题记："入蜀以来，见闻思梦一发于诗，积久浸多，写成三集。其始居新市区梅庄所得者，题曰'漫与'；移寓重庆村，别为'写心'；迨迁至市外向家湾田舍，则以'山居'名之。谐谑酬应，未尽芟除。本无意于时名，同留迹于日志，将来省览，易得其情。盖一时之作，即一时之事也。廿九年十二月十六日记。尹默。"这三卷自订诗集有很高的文学和艺术价值，在战乱中幸未散佚，至今仍保存在北京首都图书馆。

除个人创作外，沈尹默还喜欢与朋友酬赠叠唱，聚会雅集，因而结交了一大批诗人、学者。面对山河破碎的局面，大家无法抑制拳拳爱国之心，决心团结起来，用笔作刀枪，投身于抗日救国的洪流中。于是，萌发结成诗社的愿望。1940 年下半年，他与章士钊、江庸、潘伯鹰、乔大壮等共同发起成立饮河诗社，推举章士钊、江庸为社长，潘伯鹰为主编，许伯建为助理编务。地址在大溪沟下罗家湾张家花园三号，附近就是中苏文化协会。社名取自庄子"鼹鼠饮河，不过满腹"

潘伯鹰

句，意思是鼹鼠喝水，费水不多，黄河再大，灌满肚子而已。换言之，我们胃口不大，要求不高。饮河诗社诸君都是大人物，一时俊彦。如此自况，既是自谦，也是不得不谦，因为日本侵略者的铁骑已跨过黄河，饮马长江，好在长江上游的重庆凭借天险，暂时得以饮河满腹。饮河诗社是个松散的团体，规定不必正式入社，凡在社刊《诗叶》《饮河集》《饮河》等发表作品者都为社员。参加诗社活动的有：俞平伯、朱自清、缪钺、叶圣陶、郭绍虞、陈铭枢、肖公权、吴宓、黄杰、谢稚柳、徐韬、黄稚荃（女）、黄苗子、蒋山青、钱问樵、王季思、沙孟海、程千帆、沈祖棻、萧涤非、成惕轩、施蛰存、曹聚仁、萧赞育、叶恭绰、屈义林、陈寅恪、王蘧常、游国恩、谢无量、李思纯、夏承焘、浦江清、潘光旦、马一浮等。可谓群贤毕至，少长咸集。社中除有当世知名耆宿外，也有青年学生，社员共一百余人，而通讯的诗友遍及全国各地。[①]

饮河诗社刊出《饮河集》分别在《中央日报》《扫荡报》《益世报》《时事新报》《世界日报》的副刊上刊登社员作品，每半月或每周一期，共出刊一百余期。《饮河集》专载反映抗战精神的旧体诗，可以对这些作品进行批评、介绍和解释，也可以作理论上的探讨。另外，可广选各家诗篇为佐证。由于是战时结社，社员大多有"国破山河在"的情结，偏重于用旧体诗记录战时情形和心绪。沈尹默也不例外，所作诗词堪称诗史。他的《晨出田野间有感而作》写道："兵火烧空动地殷，

① 许伯建、唐珍璧《饮河诗社史略》，见《文史杂志》1994 年第 2 期。

青郊耕者自闲闲。穿田野水纵横静，隐岸幽花细碎斑。赖有深宁堪致远，若无拂乱岂投艰。匹夫忧乐先天下，敢道兴亡事不关。”诗人先控诉日寇狂轰滥炸的罪恶行径，再借用古人的名言，呼吁为国家民族献出个人的力量。1942 年 10 月 10 日，美国费城击自由钟三十一响，他回忆上年当天传来中国军队攻入宜昌的喜讯，即赋诗一首：“雷雨声犹在，风云□渐宽。百年异荣辱，此日倍难艰。钟动还相瞀，兵卸始尽欢。先民迷往事，历历待开看。”抗战胜利来临时，他欣喜不已，作诗《八月八日立秋喜闻日本向同盟国请降》二首：

伫看细柳散金甲，未用高城筑受降。
时日偕亡胜众口，清秋才到静双江。
八年力战知民困，一篑亏功懔政庞。
天下一家从此始，海东邦接海西邦。

四国忧同屡会盟，一丸力大促行成。
鲸吞蚕食终何益，虎掷龙拏最有声。
得丧东西如奕局，安危今古视民情。
从新更作百年计，始信哀矜善用兵。

沈尹默先住在两路口重庆新村，后迁至曾家岩石田小筑。饮河诗社诗友潘伯鹰安家东升楼附近中央银行宿舍，许伯建住在信义街四川银行宿舍。三人的寓所都离得比较近，来往十分方便。诗社成立后，雅集的地点一般是诗人们的家中，潘伯鹰、曾履川、许伯建的寓所都举办过，有时又在城中酒馆。日本飞机轰炸得厉害，大家不得不往城外跑，红岩村嘉陵江边、华岩洞山谷、鹅岭飞阁崖下，都是诗酒会的好地方。

重阳登高是中国人的传统习俗，陶渊明“春秋多佳日，登高赋新诗”的名句千古传诵，沈尹默等旅渝诗人自然也不会错过重阳登高诗会。1942 年 10 月 18 日重阳节，重庆十六名诗人参加歌乐山登高赋诗活动，召集人为重庆国民政府考试院铨选部长贾景德。饮河诗社成员沈尹默、汪东、姚琮、陈仲恂、徐道邻、曹泾沅等积极参加。这次雅集采取传统的分韵题诗方式，分韵的诗歌选择的是南朝诗人谢瞻的《九日从宋公戏马台集送孔令诗》。沈尹默分得“华”字韵，作五言诗两首：

无限江山意，登临望眼赊。
高吟酬九日，强饮对黄花。
隔岁仍逢雨，何人不忆家。
相看青鬓在，空自惜年华。

亦有持醪兴，因之服九华。
平生爱重九，何事忆陶家。
篱破菊还瘦，雨疏风更斜。
南山佳气在，日夕有归鸦。

这次雅集的作品编成《壬午九日歌乐山登高集》，石印发行。因沈尹默是所有参加诗会活动的人中第一个完成创作的，他的两首诗就被放在书首。[①]

①《壬午九日歌乐山登高集》，1942 年石印本，上海图书馆藏。

1940年章士钊六十岁生日友朋合影，沈尹默（前排左三）

1943年春，山城重庆细雨绵绵，乍暖还寒。饮河诗社在市区红岩村农民银行大楼举行春禊诗会，沈尹默与靳志、张宗祥、潘伯鹰、乔大壮、江庸、刘禺生、曹泾沅、曾履川、沈羹梅、吴稚鹤、徐曼略、曾小鲁、李次贡、顾翊群、陈方、陈仲恂、钱问樵等出席。座中以刘禺生年纪最大，被公推为祭酒。诗会决定以杜甫《闻官军收河南河北》诗分韵，各人依韵作诗。沈尹默得“金”字韵，当场作五言诗《癸未三月三日谳集，分韵得金字，是日极寒，雨雪支至，率尔成咏》一首。诗云：

清明迫上巳，寒雨连芳林。
既飞杨花雪，还吝柳丝金。
皑皑远岭际，寂寂春江浔。
浏清咏在昔，讦乐思难任。

不有群贤集，谁闻正始音。
秉蔺非戏谑，举觞抗高吟。
俯仰一室内，张皇千载心。
所欣修禊事，何必在山阴。

这是饮河诗社在重庆举办的规模最大的一次雅集。

抗战胜利后，沈尹默等大批诗人纷纷离开山城，饮河诗社也迁到上海，留在重庆的社员便组织分社。上海的社员中有京沪区铁路局局长陈伯庄，局里办有刊物《京沪周刊》，刊名由沈尹默题写，总编辑为吴正。1947 年 2 月 9 日，《京沪周刊》第一卷第五期出版，从该期起增列“诗叶”专栏，由潘伯鹰任主编，登载饮河诗社成员的作品，也向名家特约撰稿。稿件几乎都由潘伯鹰手书上版，诗书俱佳，异常精美。该刊所登的《诗叶启事》说：“社会上从业的阶层尽管千差万别，但人人心灵的感应是相同的。文学即建筑在这相同的心灵上。尤其是诗，最易使人相感，最易使人共鸣。”又认为“文学是天下的公物；诗人的声音是时代的公言。承前启后，不但是每一代永远相传的责任，并且要无数的同人，一点一滴作起”。

“诗叶”首期登有沈尹默的诗词各一首。词作《浣溪沙·京沪道上晨车过陆家浜望中有作》云：

秋尽江南未见霜，雾收原野半青黄，飞鸣群雀弄朝阳。
西子湖风吹缥缈，陆家浜水接微茫，车轮无尽转回肠。

以作者手迹影印，极为难得。诗《次韵答迈士见寄》：

画情涉想入玄冬，雪满江天鸟绝从。
白篾篷低诗蕴藉，红泥炉小酒从容。
及时短景仍行乐，远害闲身且放慵。
古寺钟残炊梦断，知君惜取小团龙。

此诗由潘伯鹰手书刊发。此后，沈尹默的作品经常见诸“诗叶”，直至1949年初该杂志停刊。据统计，他在《京沪周刊》总共发表旧体诗十一首、词七阕。

1948年8月1日，饮河诗社在上海外滩滇池路九十号同孚银行大楼重新召开成立组织会议，到会三十余人。章士钊、江庸、沈尹默、潘伯鹰、叶元龙、陈伯庄、黄杰、柯尧放、许伯建等九人被推选为理事，江庸为理事长，另有监事若干人。会后，社中将会议情况以公函形式通知全体社员。

在国家和民族生死存亡之际，沈尹默和章士钊、江庸等发起成立的饮河诗社是当时国内最大的诗词社团，它团结了一大批爱国知识分子和文艺家，选择用诗词这种文学形式表达国仇家恨的时代情绪，在烽火连天中鼓励民众团结抗战，发挥了重要的作用。

五、鉴斋朋友圈

国民政府迁都重庆后，日本军机开始频繁轰炸这座中国西南重镇，造成大量民房被毁，无数人员伤亡。那时，城市上空时常响起防空警报，老百姓躲警报、钻防空洞几乎成为生活常态。沈尹默也亲身经历过这样的场面，为此专门写了多首诗词，记录民众的痛苦，揭露日寇的暴行。1940 年夏的一天，他正在两路口重庆新村寓所临池学书，忽然警报响起，正想出门去防空洞暂避，日机已飞临上空，巨大的爆炸声接连在附近响起。那天他自认为在劫难逃，可直到日机离开，竟奇迹般安然无恙。第二天，好友陈大齐和朱希祖登门慰问，发现寓所对面防空司令部大楼被炸毁，但沈尹默家中仅在墙上发现几处弹孔，房屋和物品均未受大的损失。陈、朱一致认为他大难不死，必有后福。

为躲避日机轰炸，国民政府各机关、学校、医院、工厂及不少市民纷纷迁往郊区暂住，沈尹默也迁到位于西郊歌乐山西麓向家湾三十六号，后来又搬到附近静石湾考试院考选委员会宿舍。那间宿舍是他哥哥、考选委员会副委员长沈士远的，取名“鉴斋”。沈士远搬去与考选委员会委员长陈大齐同住，将鉴斋让给沈尹默使用。静石湾虽然远离闹市区，但对沈尹默来说，因为经常有好友来访，品茗聊天，谈文论艺，并不感到寂寞。

挚友汪东

除沈士远、陈大齐外，造访鉴斋最多的是沈尹默北大老同事朱希祖。朱时任考试院典试委员会委员，而典试委员会驻地也在静石湾，朱每天上下班都路过鉴斋，时常进屋坐坐。两人常在一起聊聊北大旧事，不过谈得最多的还是书法艺术。沈尹默曾告诉朱希祖，近几年自己遍临唐代名家碑帖，吸取各家之长，书艺有了很大提高。1941 年元旦后的一天，朱希祖为方便上班，将家眷留在城里，独自搬到静石湾职员宿舍居住。从此，两人成为邻居，来往更加密切了。

朱希祖家乡浙江海盐祖坟前原有两棵松树，幼年时叔祖父曾为其在扇子上绘一幅松柏图，并题有“勉成大器成松柏，期望深心画里传”的诗句。后来，这两棵松树为大风所折，朱希祖作《题双松图》诗，族弟画《双松图》以为纪念。居歌乐山期间，朱希祖向好友汪东谈起两棵松树的故事，请擅长丹青的汪东重绘《双松图》，并将旧作《咏松》二首出示给沈尹默和汪东。汪东《双松图》绘成，沈尹默即题诗一首：

拔地参天赴远期，百年无改岁寒姿。
林堪梁栋宁希用，秦大夫封亦不辞。
百亩阴成千十围，红尘不见见清辉。
细看云壑沈冥意，始信渊明只合归。

有一段时期，朱希祖患脚痛病，家里连购买日用品都困难。沈尹默闻讯，托住在市区的二女儿沈令筠帮忙代办，有时还负责送货到朱家。同年 8 月 16 日朱希祖日记记载："沈尹默第二女率一女一子代购面粉（半包二十斤，洋四十八元，袋二元，送力二元）送来。……四时沈氏三人回去。"不久，沈尹默收到朱希祖赠送的《宋拓定武肥本兰亭序帖》，非常喜欢。朱还作诗《洪筠轩题藏宋拓定武肥本兰亭序帖赠尹默》："临摹意所需，投赠心方惬。聊纪卅年交，岂贵千金帖。"表明兰亭序帖虽然贵重，但比不过他们相识相知三十年的真挚感情。1942 年 3 月，朱希祖族曾孙朱寿麟在重庆上清寺卡尔登饭店举行结婚典礼，主婚人为监察院院长于右任，沈尹默和沈士远等应邀参加。1944 年 7 月，朱希祖在重庆病逝。沈尹默异常悲痛，当即赋诗一首，深表哀悼。诗云：

劬学忘年岁，寻常有发明。
思来因述往，救国胜谈兵。
笔势参欧老，诗悰并子京。
昆仑犹未至，何以慰平生。

沈尹默监察院同事汪东也是鉴斋的座上常客。汪东字旭初，号寄庵，早年留学日本早稻田大学，与沈尹默弟弟沈兼士同为章太炎高足，后执教于北京大学、中央大学，并任中央大学文学院院长。汪东晚年回忆与好友沈尹默在山城一起度过的往事时写道："尹默以书名海内，临池日有常课，磨墨涤砚，必躬为之。目短视甚，尝整理几案，玻璃杯贮水，拂之堕地，竟碎，盖不见有物也。朋侪宴聚，尹默至，则在室者必曰某在斯，虽素熟习，未尝辨面貌，自言闻其声，如见其人而已。然而作蝇头小楷，为余写诗词，笔势盘辟界格中，分寸不失。六十后，始画竹，比金冬心五十学画，又迟十年。顷作《三祝图》寿余，写竹三竿，分枝布叶，尽偃仰之势，气息尤胜。余讶其似素能者，尹默谓：‘曩于书后洗笔，就笔头所含之水，纵横浥纸上，如撇竹叶，颇得其意。亦偶作干，但不能使二者相辍耳。一旦出手，便尔贯通。人怪其速成，而我为之夙矣。’以是知古人‘胸有成竹’之说，信非夸妄。诗词初好陈简斋，其后诗益恬适，味淡而永，五言上趣阮陶，殆与神合。倚声则转以珠玉、六一为宗，赋物纾情，并归沉厚。箧中尚藏其手稿数纸，为《浣溪沙·酬湛翁》、《诉衷情》拟《珠玉词》、《定风波·旋看飞红化作泥》一首、《蝶恋花·凭仗情思今往岁》一首，杨公庶皆已刻入《雍园词钞》，不具录。”①

答汪东词底稿

沈尹默向来不吃猪肉，别人以为他信奉清真教，因此有时干脆笑称自己是回族。北宋词人周邦彦号清真居士，有《清真居士集》存世。旅居重庆时，沈尹默每填一词，辄出示给友朋。汪东欣赏他才思敏捷，曾戏言他是“清真转世”。有一次，沈尹默讲起在北大教书时钱玄同皱着眉头吃肉事，让汪东印象深刻。原来，钱玄同幼年丧父，对大哥钱念劬很畏惧。有一天，钱念劬邀请沈尹默、朱希祖、马裕藻、沈兼士等一班朋友吃猪蹄，事先征求各人意见：“愿吃红烧，还是白燉？”每

① 汪东《沈尹默之诗兴（一）》，见《新闻报》1949 年 5 月 3 日。

人依自己习惯选择毕，厨师开始烹制。钱玄同虽勉强答应，但心中暗暗叫苦，想离席却又不敢。一会儿，佳肴上桌，每人各择一盆，低头开吃。只有朱希祖分得的猪蹄红白各半，但味道鲜美，从容吃完。事后，大家仿照古代帝王、大臣死后依生前事迹给予称号例，为座中人拟号。朱希祖吃得最痛快，为“文正公”。马裕藻气度不及，而淋漓挥斥，旁若无人，称“文襄公”。沈兼士行动稍迟缓，但奋勉不甘落后，号“勇毅”。钱玄同因为在哥哥家，如背负芒刺，而钱念劬坐其旁边，类似督阵，于是颦蹙而食，勉强吃完，特封“忠愍”。只有沈尹默不吃猪肉，以豆腐代替，众议不予称号。汪东听罢，哈哈大笑，说：“宜谥公文洁。”沈尹默笑而不答，权且默认。[①]

1941年夏，日机空袭频繁，沈尹默担心住在城内黄家垭口的汪东危险，便盛邀其到鉴斋同住。汪东搬来后，两人经常乘天气晴朗的夜晚，在院中点燃篝火，喝茶聊天，诗词唱和，给寂寞的山居时光增添不少乐趣。两人一擅书，一擅画，吸引不少人前来求取墨宝，一时鉴斋门庭若市，“缣素堆案，如扫落叶”。汪东曾作《静石湾图》，并撰写记述文字。沈尹默执笔为其题于画旁。秋末，汪东因病入中央医院治疗，住院一个多月才回到鉴斋，遵医嘱还需卧床休养，时间长达一年多。其间，沈尹默日夜看护，精心调理，令好友大为感动。汪东借托院中梅花，赋诗表示感谢：“静石湾头白板门，花开应似浣花村，窗间几改圆蟾魄，梁上仍留宿燕痕。交谊如公敦薄俗，疏顽惭我负私恩，诗人但美霜中实，作意东君与细论。”那时，汪东所作诗词，全由沈尹默代为书录，所以汪东另一首诗中有“劳渠绝代钟王笔，却与旁人写恶诗”句。汪东认为自己的诗作不足以存世，“而此数卷，知必传于久

① 汪东《沈尹默之诗兴（三）》，见《新闻报》1949年5月16日。

远者，以尹默手钞故”。[1]

在长期交往中，沈尹默与汪东结下了兄弟般的情谊。沈尹默后来回忆两人在重庆相处的日子，曾赋诗《呈汪旭初》一首，表达与好友患难与共的真情。诗云：

> 平生昆弟交，况在忧患间。寥寥此中语，称意无增删。山居一日娱，胜抵十年间。笔墨不自私，为人破愁颜。岂故弄狡狯，妙锥解连环。彼已理一致，欣戚仍相关。倦矣不获休，途远未可还。涧水和松涛，日夜响潺湲。流润被四野，清源只此山。

①《客窗病榻（一）》，见汪东《寄庵随笔》，上海书店出版社 1987 年版，第 122 页。

六、吾爱郭夫子

在山城重庆，沈尹默遇到了故人郭沫若。两人自上海分别后，两年多时间几乎没有联系，此番重逢，双方都很兴奋。郭沫若比沈尹默早半年来到重庆，正担任国民政府军事委员会政治部第三厅厅长，在周恩来副部长领导下，负责有关抗战文化宣传工作，公务十分繁忙。平时，两人难得见面，但彼此都很关心对方。有一次，考古学家卫聚贤在外宾招待所宴请朋友，沈尹默与郭沫若都应邀出席。席间，两人谈笑风生，十分愉快。郭沫若读过沈尹默的《秋明集》，对作者的旧体诗赞不绝口。1942 年 7 月的一天，郭沫若与郑伯奇、常任侠等聚餐，大家谈起沈尹默的诗集，交口称赞。郭沫若认为《秋明集》诗笔可爱，是不可多得的近现代诗人作品。

1939 年 9 月 27 日，沈尹默在梅庄寓所接待来访的常任侠，一起畅谈书法。常任侠在当天的日记中写道："上午至郭沫若处论考古，谈二小时，为转致讣告送沈尹默、杨仲子、胡小石、宗白华诸先生。……下午赴沈尹默处，论书法谈一小时。"这篇"讣告"中的逝者是郭沫若的父亲郭朝沛（字膏如），两个月前刚在家乡乐山病逝。郭沫若自早年赴日本留学后，一直在外奔波，很少有时间回家陪伴双亲，因此对父母一直深怀歉意。得父亲去世的噩耗，郭沫若立即赶赴老家奔丧，并作《先考膏如府君行述》。沈尹默收到常任侠为郭沫若转送的讣告后，很快撰成挽诗《膏如先生像赞》，诗云：“继善兴家，举世所尊。乡闾感惠，盗贼怀恩。潜德终曜，必大其门。鼎鼎开贞，令子贤孙。”末尾署“沈尹默拜题”五字，并钤阳文印章。又书写“福寿全归”四字彩幛一副相赠。郭父秉性耿介，精明能干，为人慷慨，因懂一些医术，常常免费行医送药，深得乡人敬重。因此，沈尹默的挽诗中有“继善兴家，举世所尊”句，以称颂其有仁者之心。同年冬，郭氏兄弟在重庆合印纪念父亲的小册子《德音录》，收录政界、文化界许多重要人物的题词、挽联，沈尹默的挽诗和挽幛也在其中。

郭沫若

沈尹默与郭沫若还一起从事抗战书画义卖活动。1941 年 5 月，沈尹默、郭沫若、梁寒操、黄炎培、章士钊、褚辅成、江庸、汪东、江恒源、沈钧儒等发起成立友声书画社，以出售书画所得，捐助优待出征军人家属费用。社名取自《诗经》“嘤其鸣矣，求其友声”句，意思是如鸟儿鸣叫，寻找同伴，也就是社中同人寻求有志于投身抗战的文艺家。沈尹默献出书法作品，参加该社在重庆民生路生活书店举办的书画陈列展览，供市民选购。这一义举受到重庆各界的热烈欢迎，反响非常好。[①]

同年 11 月 16 日是郭沫若五十岁生日，又是他创作生活满二十五

①《新华日报》1941 年 5 月 8 日。

周年的日子。此前由周恩来提议，阳翰笙、郑伯奇等发起筹备纪念活动，计划编印《郭沫若创作生活二十五周年纪念册》，广泛邀请文艺界人士撰写纪念文字。筹委会认为沈尹默与郭沫若关系密切，便委托常任侠邀请沈尹默参加。于是，沈尹默收到9月30日常任侠的一封来信，信中说："近日郑伯奇等发起拟为郭沫若先生五十寿辰刊一纪念册在港出版，先生为其知友，恳赐文字一篇，不拘长短，诗歌、研究俱可。闻集稿者云，马先生已寄去一诗矣。先生赐件可以由晚转交。"信中提到的"马先生"，即沈尹默北大同事、故宫博物院院长马衡。沈尹默欣然接受邀约，挥笔写下五言诗《赠郭先生》，诗云："吾爱郭夫子，躭思入反听。精粗疏古事，新旧立今型。已讶多文富，还能大户醒。行途刚半百，珍重鬓毛青。"郭沫若读后深受感动，当即和诗《步原韵谢沈先生》："久不见君子，茅心愈重听。携儿过歌乐，握手接仪型。尘网经年密，清淡片刻醒。山头松柏翠，未逮眼中青。"作者记述了带孩子到歌乐山沈宅访问，与沈尹默倾心畅谈的往事，说明他们是青眼相对的好朋友。这两首诗同时发表在郭沫若生辰当天的《新华日报》上。[①]

沈尹默与郭沫若都对文物很感兴趣，曾对当年四川出土的东汉王晖石棺分别题写好几首诗词，表达了基本一致的看法。1942年春，四川省芦山县沫东乡石羊上村出土一尊东汉石棺，引起考古界的极大反响。石棺大约建造于东汉建安十六年（211），主人是东汉上计史王晖。棺体和棺盖均由整块红砂石雕筑而成，造型雄伟。内有五幅浮雕，精美绝伦。同年11月，成都《工商导报》记者车瘦舟因故访问芦山，偶然得到几块王晖石棺局部图像的拓片。月底，车瘦舟到重庆，便将拓

①《新华日报》1941年11月16日。

1942年春四川省芦山县出土的王晖石棺

片转赠给考古学家郭沫若。尽管只是几张拓片，但郭沫若慧眼识珠，对图像中透露出来的艺术水准，大为惊叹。随后，郭沫若在两天中接连赋诗两首，以抒发对王晖石棺雕刻艺术的赞美之情。其中在《题王晖棺青龙图》诗中，有“地底潜行二千年，忽而飞来入我手。诚哉艺术足千秋，相逢幸有车瘦舟”四句，充分表现了郭沫若欣赏王晖石棺雕刻艺术后的激动心情，同时表达了对车瘦舟赠予拓片的由衷感谢。在另一首《题王晖棺玄武像》中，又有“憎到极端爱到底，总以全力相盘旋”句，将王晖石棺的艺术造诣与米开朗琪罗及罗丹等西方艺术大师的作品相比较，并在诗后给车瘦舟的复函中坦言：“不臆东汉末年，芦山偏僻之地竟有如许之无名艺术家存在也！”

清道光年间，芦山县曾出土过一件宝物，即著名的东汉《樊敏碑》。因王晖石棺和《樊敏碑》在年代、地点及雕刻风格上都极相似，所以郭沫若认为王晖石棺的雕刻者，就是《樊敏碑》上所署的“造石工刘盛”。对于郭沫若的这种观点，沈尹默和于右任都怀有同感。他们都为这些拓片题了诗词。沈尹默所题诗为《题王晖石棺青龙图》：

王君碑纪建安年，一旦雕龙出世间。欢喜题诗同郭老，千秋无改汉河山。

诗中“欢喜题诗同郭老，千秋无改汉河山”句，既表明诗人赞成郭沫若的说法，又在抗战到了生死存亡关头的紧要时刻，抒发个人对中华民族必胜的坚定信念。沈尹默还因郭沫若的邀请，为其所得拓片作七律《题王晖棺玄武像》，诗后署“沫若老兄嘱题”。诗云：

昔闻巨蛇能吞象，今日蛇尾缠灵龟。四目炯炯还相向，思欤怨欤孰得知。物非其类却相从，蛇定是雌龟是雄。相与相违世间事，悠悠措置信天公。

七、石田小筑纪事

沈尹默在歌乐山一住就是三年多，虽有友朋相伴和书香之乐，但远离街市毕竟生活不便。1942 年抗日战争进入相持阶段，重庆上空已难得见到日机的踪影，原来搬到郊外的政府机关、学校、工厂大多迁回城内，监察院、考试院也相继回到上清寺陶园。因此，他也准备离开歌乐山，回到城里居住。经过一番考察比较，他看中陶园附近曾家岩益世报馆一块私人空地，与朋友金南萱、周敦礼夫妇共同出资，建造一幢平房作为安居之所。1943 年 7 月新居落成，他借用一生敬重的明代画家沈周的号“石田”，将此屋命名为“石田小筑”。

“石田小筑”靠近嘉陵江，闹中取静，环境颇佳。一排平房共有房屋四间，两个边间稍大，归金氏夫妇和刚从沦陷区北平南来的胞弟沈兼士居住；中间两间较小，一为公用餐厅，一为沈尹默的卧室兼工作室。新居建成一个多月后，好友马衡送来一件手卷，上面除书写一首诗外，还题字两行：“尹默二兄与敦礼尊兄于曾家岩合建小屋数椽，名之曰‘石田小筑’，并记以诗，属为书额。时卅二年八月卅日。叔平马衡。”

金南萱与沈尹默的女朋友褚保权是杭州女子师范学校的要好同学，

抗战时在重庆与弟弟兼士合照

曾在上海美术专科学校和新华艺术专科学校学习，擅长山水画，风格古朴秀雅。由于褚保权的关系，早在杭州一中任教时，金南萱就见过沈尹默，非常敬佩沈的为人。1940年，金南萱辗转来到山城重庆，与沈尹默重逢。因褚保权远在上海，所以委托好友照顾自己的恋人。金南萱原名金耐先，还是沈尹默替她改的名字。在重庆金南萱与小她五岁的中央设计局委员周敦礼结婚，生下一对龙凤胎，哥哥叫周庆熊，妹妹叫周庆珠，孩子的名字也是沈尹默起的。当时沈尹默已年近六旬，金才三十多岁，彼此结成了忘年交。沈尹默指点她学书法，进步很大。沈尹默时常参加文人雅集，也往往带金一起出席，使她眼界大开。

在“石田小筑”，沈尹默与金南萱一家度过了一段互相关爱的美好生活。沈尹默朋友很多，饮食起居及招待客人，多赖金南萱帮助操办。沈尹默不吃猪肉，但也不是单纯吃素。为了增加他的营养，金南萱把市场上买来的肉打碎，做成肉汤。沈尹默眼睛不好，根本看不清汤里是什么东西。怕他看出来是肉汤，不肯喝，金南萱在一旁担心地问："味道怎么样？"沈尹默边喝边点头赞叹："好喝，好喝！"金南萱这才松了口气，说："你爱喝，明天我再做。"沈尹默最爱吃四川汤圆，一口一个，吃时既兴奋，又愉快。曾对朋友说："人都说糯米食品不易消化，可是汤圆到我胃中就化了。"他曾作诗一首赞美金南萱："镜里如云黑发多，略施朱粉笑颜酡。瑶池千岁蟠桃熟，又共周王揽辔过。——戏呈南萱大家，莫怪，莫怪。石田小筑中之尹翁。"由此诗即可看出他们之间的关系很密切，即便开开玩笑也没有关系。

那时张充和常来探望老师，有时就在"石田小筑"吃午饭。一来二去，她与金南萱也熟悉起来。她后来曾回忆："其实在他们家，给我管饭，也负责招呼里外的，是一位姓金的女士，叫金南萱，我们叫她金小姐。"金小姐"挺漂亮的。她年轻，受过很好的教育，风度很好的"。有一年，四川一位杨姓乡绅邀请沈尹默、乔大壮、金南萱和张充和一起到重庆郊区杨家花园游玩。那儿是杨氏的私家山庄，风景优美，又正值惠风和畅之时，主人盛情招待。饭后众人登山望远，长江两岸的美景尽收眼底，人人都很兴奋。晚上，主人备下笔墨纸砚，请大家题诗作画。沈尹默提议由金南萱先画，然后由他书写张充和的诗，再盖上乔大壮的印，留下一幅合作图作为纪念。张充和认为自己的诗不成熟，便再三推辞。沈尹默只好说"要不然你写我的诗吧"，这使得张充和更不敢答应。于是按照原议，由沈尹默写张充和《秋晴》五律中"客情秋水淡，归梦蓼花红"二句。乔大壮认为下句不妥，而沈尹默认为不错，两老相持争论一番，结果沈尹默举"归思入灯红"例子，乔大壮才点头同意。那晚张充和与金南萱同睡一张老式大床，金南萱详细讲述了自己的曲折婚姻。原来，金南萱三十三岁那年，经人介绍与宁波城防司令王皞南相识，并约定到上海迎娶新娘。不料，"八一三"淞沪抗战爆发，王皞南奉命守卫江防，严禁船只进出。眼看婚期将至，新娘被困在上海，急得王皞南如热锅上的蚂蚁，遂不顾禁令，用重金征船秘密把新娘接到宁波成亲。此事传到蒋介石耳朵里，一怒之下，将王皞南捉住枪决。这个刚做新娘就成寡妇的故事，让张充和听了很不是滋味。①

沈尹默与金南萱还有不少合作完成的书画作品，一般都是后者绘画，前者题诗和字。1943 年春，金南萱画就一幅《重庆山水》，构图采用俯视法，内容丰富，虚实相生，充分体现了山城特有的地形风貌，也表达了画家祈求和平、渴望安定生活的心情。沈尹默在这幅画上题诗云："容膝山楼乐宴居，百城终日拥图书。丛篁密断尘来路，心自太平还古初。"诗人认为虽然住在好似"容膝山楼"这样的陋室，但能享受衣食不愁、安居乐业的生活，又坐拥百城书籍，而且凭借丛生的竹子阻断外界的干扰，心平气和，坦然面对世界，那简直堪称古人所说的桃花源了。

1944 年春，金南萱花百余日之功，临摹清初山水画家王翚仿宋代画家江贯道《谿山无尽图》。此画极其繁复，湖光山色，层次分明。局部细节均极其用心，可谓画得一丝不苟。作品完成后，获得不少书画家的肯定，名流程潜、于右任、汪东等纷纷为之题字。作者题记："耕烟仿江贯道《谿山无尽图》，未知与原本何如。余暇日亦临写一过，聊以怡情遣兴，正不复求其逼真也。甲申春日南萱。"沈尹默很为她取得的成就高兴，也题诗一首："清香凝昼小房聋，不晴不雨鸠声中，幽闲无事茶破慵，墨花泛泛回春风。点染缣素百日功，截成一卷弥从容，江本王摹聊发蒙，凭古意近捞今胸。冈岭远并江流东，水重山掩肺腑同，行李骚然循旧踪，谿山无尽年无穷。"诗后署"甲申

① 张充和《从洗砚说起——纪念沈尹默师》，见《美术之友》2004 年第 3 期。

暮春尹默题”。①

金南萱像

战时物资匮乏，大家生活都不容易。金南萱家人多，生活更加拮据。沈尹默便劝她与自己合办书画展览，售画贴补家用，并积极为之张罗。1944年10月，他亲自写信给好友潘伯鹰，请对方为金南萱写画评，刊登在报纸上，以扩大影响。信中说：“金南萱女士近作得山水多幅，颇有进境。因劝其陈列展览，藉资观摩观摩，盖且可以解生活之困，唯须有大力者之游扬，始克有济。十四日预展在中苏文化协会，届时当有请柬奉邀，惠临指教。若能作一批评文字，在晚报发表，尤所望也。”大约因为这次展览收获不小，第二年金南萱又举办一次个人画展。

后来，金南萱得知周敦礼在浙江萧山老家早已有了妻子儿女，便毅然与周敦礼断绝了关系，并将两个小孩的名字改成金鱼和金中。等女儿识字后，觉得“鱼”字笔画太多，她对女儿说：“那你就改成多余的余字吧，写起来比较容易。”1946年，她带着儿女飞到上海定居。离开重庆时，沈尹默送她一百幅字，说：“将来如果你生活发生困难时，可以拿去换钱。”

① 魏熊荣《沈尹默与女画家金南萱的师友之谊》，见《人物》2010年第3期。

高罗佩赠送的对联

金南萱到上海不久，沈尹默也回到上海，与褚保权结为夫妇。新中国成立后，沈尹默任上海市人民政府委员，又身兼多种社会职务，平时比较忙碌。每逢周末，金南萱带着小孩总会到沈家拜访，与老同学闲聊，并在沈家吃午饭，往往玩到下午才回家。这样的生活一直延续到“文化大革命”开始，沈尹默被打成“资产阶级反动学术权威”，金南萱不方便再来，便叫两个孩子去看望沈伯伯。1971 年 6 月，沈尹默含冤而逝，金南萱闻讯，悲痛万分，立即派孩子悄悄地去探望沈太太，安慰老同学。

“石田小筑”曾接待过无数来客，其中蓝眼高鼻的高罗佩无疑是最特别的一个。高罗佩是荷兰籍汉学家，于 1943 年 3 月来重庆，担任荷兰驻中国大使馆一等秘书。此人对中国文化情有独钟，不但能用中文白话和文言撰写漂亮的文章和旧体诗，还擅长各体书法，尤以行书见长，独具一格，自成“高体”。1944 年的一天，高罗佩书写对联“窗前蕉叶映金井，盆里兰花落朱栏”来“石田小筑”求正，沈尹默看后很惊讶，想不到一个外国人的书法竟有“二王”字的传统功底。他收下这幅特殊的作品，妥善保存，抗战胜利后还把它带到上海，一直悬挂在自家书房里。又一次，高罗佩用草书写马子才诗来请教，沈尹默热情为之指点。沈尹默曾精心书写陆游《北园杂咏》三首赠给高罗佩，上款题“高罗佩先生方家雅鉴”，下署“甲申秋初尹默”，并钤“沈”及“尹默”两方印章。三年多的交往，两人结下了深厚的笔墨情缘。高罗佩曾主编《世界美术大辞典》，在辞典中称沈尹默为民间第一大书家。1946 年 3 月，高罗佩结束驻中国外交官生涯，即将离开重庆。大使馆同事巴克曼说："他的告别竟然持续了几个星期。几乎每天都有中国朋友给他送来卷轴画，内容是用很艺术的书法表达的祝福。"这些作品后来结集成《巴江录别诗书画册》，由沈尹默题签印行，现保存在荷兰莱顿大学汉学院东亚图书馆高罗佩特藏室。

八、热心支持艺术社团

在监察院同仁中，乔大壮是沈尹默关系较为密切的朋友之一。四川华阳（今成都市双流区）人乔大壮比沈尹默小九岁，擅作词，工书法，尤酷爱篆刻。1939 年，部分旅渝篆刻家时常在一起聚会宴饮，渐渐有了组织印社的想法。后来，经乔大壮等提议，巴社成立，由乔任社长，沈尹默与章士钊、潘伯鹰、唐醉石、谢稚柳、蒋维崧等也加入进来，队伍日益壮大。巴社没有固定的活动场所，往往借社员的私宅或办公地点聚会，差不多每周一次，各出作品或所得文物，相互评品，交流心得。除雅集外，社员间常常互赠印章，交换刻印，赠诗或印谱题签。1943 年，印社编辑《巴社印选》，首印仅四十册，由乔大壮作序，线装石印，颇具古风。

当时在中央大学任教的蒋维崧是乔大壮的高足，又是书法篆刻界的后起之秀。经乔大壮介绍，沈尹默与蒋维崧（峻斋）结识。蒋维崧后来曾撰文记述这段往事：

> 我是 1939 年在重庆经乔大壮先生引见开始向沈尹默先生学书法的。那时我在中央大学当助教，常去参加一些文化人的聚

会。章士钊、沈尹默、乔大壮、汪东、汪辟疆、潘伯鹰、曾履川等先生经常在一块雅聚。

有一次，我在曾履川家里见到沈先生。当时我带了一本印谱去，封面是我自己题的签，曾履川拿给沈先生看，说："晙[峻]斋的书法和沈先生的很像。"沈先生看后连说："很能写！很能写！"曾履川接着说："晙[峻]斋要拜老师喽！"沈先生谦虚地说："我没有什么可学的。"又说："讲写字的条件，你们都比我好，都应该比我写得好。"

大家都知道，沈先生眼睛高度近视，近视的程度不是大家能想见的。和沈先生同桌吃饭的时候，放在沈先生面前的菜他也看不清，非得边上的人告诉他才能知道。这就是沈先生常说的写字的条件不如别人好。但沈先生接着又强调了一点，说："有一点你们必须向我学习，就是我的用功。"①

此后，沈尹默与蒋维崧经常见面，有时一起出席巴社雅集，讨论印艺和书法。每天吃过早饭，沈尹默便磨上满满一砚台墨，开始做临帖功课，一直要把墨写完，然后倒上清水洗砚台，洗砚的淡墨水也不浪费，继续用来写字。因此每次蒋维崧来访，总是看到他在写字。让蒋维崧印象深刻的是，他钻研问题非常认真。与一般书家不同，他对书法的局部研究特别细心，对用笔的研究特别透彻，别人注意不到的问题他却能潜下心去探究，这大概是他成功的重要原因。有一天，他用淡墨汁在薄皮纸上写就《兰亭序》，自己比较满意，便请蒋维崧找一个在重庆开照相馆的朋友拍成相片。他还临写过一本《执笔五字法》，

① 蒋维崧《和墨写新篇》，见《大众日报》2001 年 5 月 24 日。

也是写在很薄的皮纸上，还题了几行字，让潘伯鹰转交给蒋维崧和其他朋友观看。后来这件作品转到书法家李天马手上，被李精心收藏。1941 年初，因蒋维崧之请，他又重写了一本。那段时间他的视力比较好，所以写得非常精彩。在蒋维崧眼里，沈先生是一个谦和的人，从不轻易表现自己，有十分能力也难得露出六七分来。有一次，蒋维崧给画家、书法家董寿平刻了一颗印章，董为表示感谢，画了一个扇面回赠，礼物是托书画家潘伯鹰转交的。当天正好在一个朋友家宴客，沈尹默也在场，大家一致要求沈先生在扇子的反面题字，认为那会是一件不可多得的珍品。朋友家的桌子上刚好放着一本章草《月仪帖》。沈尹默说那就写《月仪帖》吧，众人开始都很纳闷，知道这位大书家平时总是写楷书或行书，几乎从未见他写过草书。不料，写完一看，在场的人都吃了一惊，想不到沈先生的草书也写得如此漂亮，大家都不由自主地鼓起掌来。

沈尹默与朋友交往非常直率和真诚，有什么说什么，对青年学子更是关爱有加。1941 年春，他得知蒋维崧应聘去广西大学任教，便写信给与蒋关系密切的潘伯鹰，郑重其事地请潘转告蒋维崧自己的忧虑和关心，说："峻斋想已行。此君才情可喜，唯愁其走入时下名士一路。兄等与有旧，望提醒之，我则不便也。拙书不可学，当学我用功之经过。自来专学一家书，往往不能驾而上之，且每不如远甚，其故即在未曾用过同样工夫，所得者仅其表面而已。此意亦望转告峻斋，至切要也！"蒋维崧获悉后，感慨地说："沈老对我的希望，我是终生感激的。"

作为国内书坛的领军人物，沈尹默在重庆还参与创办了第一个全国性的书法组织——中国书学研究会。由于当时正处在全面抗战阶段，国人在抵御外侮的过程中，开始反省五四以来受西方文化全面冲击的中国传统文化的价值，以便更好地继承传统，发扬光大。在这样的背景下，要挽救书法这一中华民族的文化精髓，成立全国性的书法组织显得十分必要。经过书画界同仁的共同努力，沈尹默、于右任、潘伯鹰、沈子善、潘公展、商承祚、余井塘、朱锦江、张宗祥等九位书法家发起的中国书学研究会，于1943年4月2日在重庆两浮支路国立中央图书馆举行成立典礼。奉国民政府教育部命令，会所设在重庆北碚蔡锷路（今辽宁路）五十一号，由复旦大学教授沈子善任总干事，会员有马衡、许世英、胡小石、宗白华、顾颉刚、王树人、沈士远、龚秋农、徐廉、陈公哲、洪兰友、吴兆璜、柳诒徵等。中国书学研究会以宣传、继承我国特有的书法艺术为宗旨，为一松散的民间学术社团。它对广泛团结书画艺术家，推动抗战文艺的繁荣和发展，起到了积极的作用。沈子善在报告研究会筹备经过时说："书学为我国特有之艺术，近年则日见衰微，远不如日本朝野之努力提倡，有感于斯，乃思联合国内学者及书家，力挽颓风，于右任院长、陈立夫部长、沈尹默先生等对于书学一道，均力主提倡，乃有书学会之发起。"书学会成立后，着手从事编写全国统一的书法标准教材，对教师的书法研究内容和书法教学方式进行初步的探索和研究，并筹备举办全国学生书法比赛。

沈尹默在重庆

同年7月，中国书学研究会主办的《书学》杂志创刊。这是一本纯书法理论研究的刊物，以"阐扬中国书学，推进书法教育"为办刊宗旨，由沈子善负责，沈子善、商承祚、朱锦江分任编辑。杂志为32开

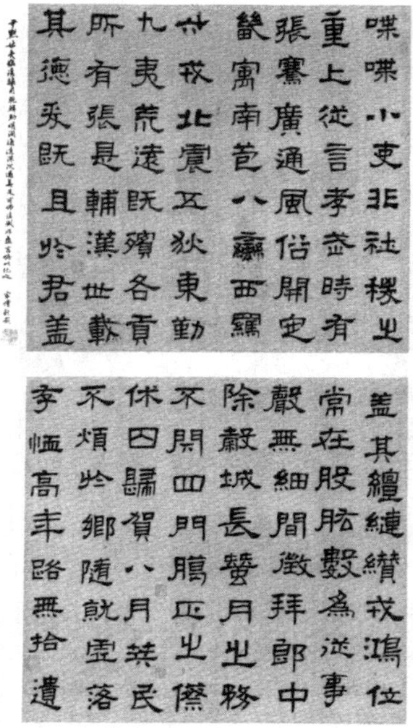

临《张迁碑》

本，由重庆文信书局印行，计划每半年出一期，至 1945 年 9 月出版第五期后停刊。沈尹默的《张廉卿先生草稿跋》及《执笔五字法》配图刊登在《书学》第一期；《沈尹默临碑帖价目》刊登在第四期和第五期，使他成为在该杂志刊登书法润例的唯一书法家。沈子善撰文认为，沈尹默的书法具有超强的技法难度，可以和古人相媲美。《书学》第四期还发表了潘伯鹰的《述执笔法》，文中大力推崇沈尹默的“执笔五字法”，同时认为执笔往往因人而小异，“不能悖于生理之自然”。

《书学》杂志除教育部每期津贴三千元外，不足部分由负责人沈子善设法筹措。沈子善曾以其个人书法作品百余件在北碚举行展览，将所得二十万元全部充作杂志基金。不久，杂志社经费又告罄，沈尹默闻讯，花三个月时间创作书法作品一百五十余件，于 1945 年 6 月 9 日至 13 日在重庆七星岗江苏旅渝同乡会举办展览，除开支外得款半数约八十万元，全部捐献给《书学》杂志。[1]浙江大学教授郦承铨受沈尹默的影响，也鬻书百余件，将所得全部捐出。正是依靠这几笔捐款，中国书学研究会不仅印行了《书学》第五期，还出版了一大批有关书法教学和理论研究的图书。

---

①《中国书学会近讯》，见《书学》第 5 期。

九、与敦煌的特别情缘

敦煌莫高窟位于甘肃省敦煌东南鸣沙山断崖上，又称千佛洞，是由南北朝到元朝历代开凿而成的。佛窟中有精美的壁画、彩塑和佛像，极具艺术魅力，是研究古代美术、书法、音乐、舞蹈和建筑的珍贵史料。沈尹默对此早有耳闻，但对其壁画艺术有比较具体和深入的了解，缘于好友谢稚柳和张大千。

沈尹默与谢稚柳相识在重庆上清寺陶园监察院时期，沈任监察委员，谢为秘书。当时沈尹默已年近六十岁，谢稚柳三十岁左右。与谢稚柳未见面时，沈尹默就听人说起过有这样一位青年画家，因欣赏其才气，还专门写赠一幅字条。沈尹默开始住在陶园对面纬成里梅庄，谢稚柳的宿舍离他的寓所仅两路之隔，于是两人几乎天天见面，感情不断加深，成了忘年交。谢稚柳写诗很用功，最爱读唐代浪漫诗人李贺的诗，有时步李贺韵写上几首，请沈尹默指教。沈尹默读后，真诚地说："不要专学长吉（李贺字长吉），还是要研究一些宋人的诗。"因为写古体诗的人，年轻时总喜欢"长吉体"，原因是李贺的诗想象丰富，经常运用神话传说来托古寓今，很符合年轻人的口味。可是步入中老年后，兴趣往往转移，就会喜欢说理性较强的宋诗。谢稚柳当时对沈尹默“要研究一些宋人的诗”这句话并没太在意，后来随着时间的推移才越来越体会到它的深意。

沈尹默几乎每天都要赋诗填词、练习书法。清晨他起床后首先磨好一池墨，然后才吃早饭，如果没有其他事或者朋友来访，整个上午就是临帖写字，像《伊阙佛龛碑》《张黑女志》往往一临就是几百遍。他还用秀美工整的楷书在专门的本子上抄写自己的诗词，日积月累，竟有好几厚册。谢稚柳有空就来坐坐，看主人写字作诗。许多年后谢稚柳回忆这段往事，总会感叹：“这告诉我们，一个成功的大作家，要付出多少精力，乃至整个生命！”

谢稚柳的哥哥谢玉岑是词人兼书画家，在上海与画家张大千结为挚友。因为哥哥的关系，谢稚柳与张大千关系也很好。1940 年 10 月，张大千的二哥张善孖在重庆病逝，正前往敦煌考察壁画的张大千不得不半途折返，直奔山城，住在大德里寓楼谢稚柳处。料理完兄长的后事，张大千于次年 5 月再赴敦煌，被莫高窟满壁古代绘画和精美雕塑所惊倒，决定将观摩时间往后延长，还写信邀请谢稚柳到敦煌共同研究壁画。谢稚柳信任张大千的眼力和才识，当即辞去中央大学的教职，只身前往大西北。在敦煌莫高窟，谢稚柳发现壁画中的人物千姿百态，各种彩色塑像安详、自尊、宁静、超脱，甚至那摇曳的霓裳，一朵朵轻轻开合的云霞，栩栩如生，感到自己仿佛置身在无与伦比的艺术宝库中，便写信给沈尹默，详细介绍所见所闻和自己的感想。沈尹默收到信后，非常高兴，立刻赋诗一首寄赠。诗云：

张大千

左对莫高窟，右倚三危山，千林黄叶落，老鹤高飞翻。
象外意无尽，古洞精灵蟠，面壁复面壁，不离祖师禅。
既启三唐室，更闯六朝关，张谢各运思，顾阎纷笔端。
一纸倘寄我，定识非人间，言此心已驰，留滞何时还。

谢稚柳

字里行间充满对谢稚柳、张大千的赞赏和思念之情。

那时在普通人眼里，敦煌壁画好比水陆道场，被认为是落后的东西，不入人们的“法眼”。可是，沈尹默作为从五四时期走来的传统知识分子，历来主张保护和继承古代优秀的文学艺术遗产，对谢稚柳、张大千苦行僧般“面壁”石窟、临摹古画的探索精神非常钦佩。他虽然没有到过敦煌，也没有亲眼看到洞窟中美丽的壁画和塑像，但从谢稚柳的介绍中，深深地为这座历史文化殿堂所吸引，也为祖国拥有如此辉煌的艺术宝库而自豪。

1943年冬，沈尹默滞留成都，这时他与刚从敦煌归来的张大千来往比较密切。有一次，他去张大千的大风堂做客，张大千拿出珍藏已久的唐太宗《屏风帖》，还有赵孟頫（子昂）、张雨（伯雨）、周伯琦（伯温）、李宾之、倪元璐（鸿宝）、黄道周（石斋）等人的真迹。欣赏之余，他欣然命笔，以七绝五首相赠。诗云：

太原公子裘轻裘，一著戎衣定九州。屏上龙蛇留妙迹，不论戈法亦清遒。

古思今情共一灯，千秋几见赵吴兴。周张仍取李邕法，却怪溪堂有爱憎。

茶陵而后见汀州，落笔神光夺两眸。惊怪元和新样好，平原一派得承流。

高格倪黄见性情，即论险怪亦天成。此流未许他人与，雅俗相看最易明。

素笺肤润染轻煤，笔势骎骎往复回。今日居然同此乐，直当唤起古人来！

1944 年 3 月 15 日，张大千在成都举办“临摹敦煌画展”，共展出所临壁画四十四幅、摄影二十二张。张大千撰写的展览序言中说：“河煌久客，乍返成都，旧雨相逢，奇观共诧，举石室之绘事，方海客以谈瀛。”各家媒体纷纷报道，称其为“伟大之工作，学术上之盛事”，引起轰动。四川省主席张群的秘书冯若飞以“贫无立锥，富可敌国”八字相赠，一时传为美谈。沈尹默与冯若飞也稔熟，听闻此事，当即写下诗歌《若飞以贫无立锥，富可敌国二语赠大千，余闻之辄戏作一诗寄奉，用为笑乐》，内有“丹青平生性所好，不辞人前称画师”句，赞扬张大千谦虚好学的品格。[①]5 月，《张大千临抚敦煌壁画展览目次》在成都出版，沈尹默应邀为之题签。[②]

同年 5 月 19 日，由教育部出面主办的“张大千临摹敦煌壁画展览”，在重庆上清寺中央图书馆隆重举行。这次展览布置考究，气魄宏大，震动陪都文艺界和学术界。沈尹默很为好友取得的成就高兴，又赋诗一首相赠：“三年面壁信堂堂，万里归来须带霜。薏苡明珠谁管

①《中央日报》专刊“饮河集”新第 4 期，1944 年 5 月 28 日。

② 李永翘《张大千年谱》，四川省社会科学院出版社 1987 年版，第 190 页。

得，且安笔砚写敦煌！”诗中以“薏苡明珠”的典故，暗喻张大千被人诬蔑、蒙冤受谤的事实，借此赞扬其为祖国文化事业奋不顾身的精神。[①]原来，张大千临摹敦煌壁画在成、渝两地相继展出后，虽然各界赞誉备至，但也有人（包括政界和文艺界中的人）暗中诽谤，说他在敦煌“猎奇”“盗宝”“破坏了壁画”“发了敦煌财”“杨宛君（张大千夫人）在箱笼中就夹带了一只死人的手骨回来”等。知情者听说后都非常气愤，沈尹默用诗歌的形式说明真相，为张大千抱不平。

其实，关于张大千“损坏敦煌文物”之事，《张大千临摹敦煌壁画展览目次》中也做过介绍：“莫高窟重遭兵火，（该窟）宋壁残缺，甬道两旁壁画几不可辨认。剥落处，见内层隐约尚有画，因破败壁，遂复旧观。画虽已残缺，而敷彩行笔，精英未失，因知为盛唐名手也！窟内东壁左，宋画残缺处，内层有唐咸通七载题字，尤是第二层壁，兼可知自唐咸通至宋，已两次重修矣。”此事据说闹到甘肃省政府，最后在南京方面的干预下，不了了之。

① 李永翘《张大千年谱》，四川省社会科学院出版社 1987 年版，第 190–191 页。

十、一则《启事》的故事

抗战时期，国民党当局批准在四川乐山乌尤寺设立复性书院，并组织董事会管理书院事务。董事会聘请马一浮为书院主讲，“统摄学众，总持教事”。由教育部拨给开办费三万元，以后每月给一笔常费，但往往不能及时汇到。书院于1939年9月17日正式开讲，1941年6月结束讲事、遣散学员。以后不再公开征选肄业生，只由时贤推荐，陆续有人入院问学。因国民政府参政会参政员刘百闵的推荐，沈尹默于1940年被聘为复性书院董事。

马一浮是沈尹默在杭州时期认识的老朋友，战时在四川恢复了联系，时常书信往还、诗词唱和。马一浮对沈尹默的诗词及学识很欣赏，在给学生刘锡嘏的信中说：“承写示沈尹默先生杂诗四十首，何幸今日得覩斯篇。自来以理语入诗最难，唯渊明能之，朴而弥隽。沈先生五言风神标格，深得力于陶公。亦不刻意唯取其貌，是以为高。”[①]1945年沈尹默收到马一浮写于5月7日的来信，信中说沈尹默清明覸寄诸诗，使自己感到“一时珠玉满前。诚不自意蓬藋之中，忽闻此凤笙龙

①《致刘锡嘏（一九四四年十二月三十日）》，见《马一浮全集》第2册（下），浙江古籍出版社2013年版，第980–981页。

管也。别示小山乐府补遗之旨，明古今哀乐不异，今之所感，人有同心，尤为笃论，所启发者多矣”[①]。

马一浮

沈尹默虽为复性书院董事，但并不过问书院具体事务。当书院有需要时，他往往鼎力相助。书院成立伊始，讲学与刻书并重，刻书是“广书院于天下”，使有志于学又不能到院听讲的人可以有书自学，也为了在大量图书毁于战火的时代，多刻印一些古籍，多为后人留下文化种子。可是，政府拨给的经费少得可怜，根本无法做到两者兼顾。所以在勉强维持四个学期后，只得停止讲学、遣散学员，把有限的经费专用于刻书。即便如此，由于物价飞涨，刻书还是难以为继。于是，除募集到少量的社会捐助外，主讲马一浮只得于 1943 年 2 月挂出润例，鬻字刻书。至 5 月 25 日，即捐助润资五万元，并说：“继此若犹有作书之时，犹有求书之人，固当求所以增益之。”沈尹默闻讯，非常感动，从自己有限的收入中挤出一部分来，与另一位董事谢无量合捐六万元。马一浮感谢沈、谢的义举，特赋诗相赠。又委托学生刘公纯，代为当面致谢。从刻书支出来讲，六万元仅分别能写六百万字，或刻八十五点六万字，或印刷装订八百五十六万页，或买刻书用梨木板五百一十六。刻成一本书，不仅这几项要同时支出，还需加上纸张、墨、线及工人膳宿等其他费用，这样算下来就只能刻十多本书。

在战乱中靠个人捐助刻书，无异于杯水车薪。于是，董事会决定

①《致沈尹默（一九四五年五月七日）》，见《马一浮全集》第 2 册（下），浙江古籍出版社 2013 年版，第 727 页。

向社会广泛募集刻书基金，并推举沈尹默起草募集基金的《启事》。沈尹默当仁不让，很快撰成一则《启事》。出于对老友的尊重和讲学、刻书成绩的肯定，沈尹默在《启事》中对马一浮赞扬有加。《启事》完成后，负责募集事务的董事沈敬仲马上寄给马一浮征求意见。马一浮看后觉得有些地方需作改动，特别是对自己不宜过多称许，有心修改，又很犹豫。自己作为书院主讲，还处在再三请辞不成而请假一年、不问院事中，又并非董事，更未受董事会委托，对老友起草的文件擅作修改，于公于私，均不妥当。但如若不改，《启事》毕竟要向社会印发的，岂能明知有些提法不妥而任其流传，使公众对书院董事会、对老友沈尹默、对书院刻书的意义产生误解呢！考虑再三，决定还是据实修改，并增加八条刻书事例。然后致函沈敬仲，说明修改《启事》的原由："附来尹默所撰通启，鄙意于其辞义亦有未安。其事既不容已，则此文尤亟待印发。再三思之，只得不避嫌怨，伤锋犯手，辄为代拟一通。如此在董会立言颇为得体，而亦前后照顾事实，免有为弟捧场之嫌。但轻改尹默之文，在弟实为不逊。既无法躲避，只有自承其过咎。"

后来，沈尹默收到马一浮托沈敬仲转来的一封信，信中说：

> 昨得敬仲先生来书，知书院董会方谋筹集刻书基金，得公撰启，俱仰仁言。此举出自诸公原力，本非浮所得与。文中过蒙称许，以删述之业相期，一若董会斯举乃徇我而为之者，读之不胜愧悚。先生之文，吾无间然，独其所以见称者，万非鄙拙所安，欲乞稍易数语而不敢以请。继思此文方将流布，不可使见之者疑其过誉而议及高文，转损盛美。使竟不言，反负知爱之厚，于朋友为不忠，而自居亦不信，是非浮之所敢出也。夙钦雅度宏绰，故不避出位之嫌，辄就大文稍变其辞，仍不敢失原意，别草

数语奉正。如其不当，幸赐改斥。末后所附事例，亦就鄙虑所及，妄有增益。揆之于事，未知是否可行，并望与诸公裁之，而恕其谗言之失。

沈尹默读罢，认为马一浮改得恰当，没有提出异议。

董事会采用了马一浮修改的《启事》，印发后募捐颇有成绩。《启事》是1944年6月撰写刊布的，计划募集基金为两千万元。至1945年8月，负责此事的沈敬仲在信中说：“照目前趋势，两千万甚有希望，且有超过可能。”鉴于这种情况，董事会已着手做登报停止接受捐款的打算。

从马一浮改《启事》这件事，可以看出沈尹默、马一浮两位文士的高尚风格。如果说马一浮是谦虚谨慎、实事求是、勇于负责的，有“与人忠”的交友原则，那么沈尹默是胸怀坦荡、择善而从的。沈尹默不在意马一浮否定自己的文章加以修改，反而更加佩服、敬重马一浮，这是何等的肚量和境界！自此以后，两人的交谊更加深厚。1945年春，沈尹默收到马一浮的信和词作，得知老友辞去讲席后蛰居乐山，心情沉重，马上作《浣溪沙·酬辱湛翁四阕》相赠，词前注云：“乙酉仲春湛翁自乐山寄书来，附小词一阕。盖山居寂寞，聊复陶写，以遣幽忧。昔者小山自叙所作，谓为乐府补遗。良以词意所涉，皆古今来人人胸臆所蓄未经道

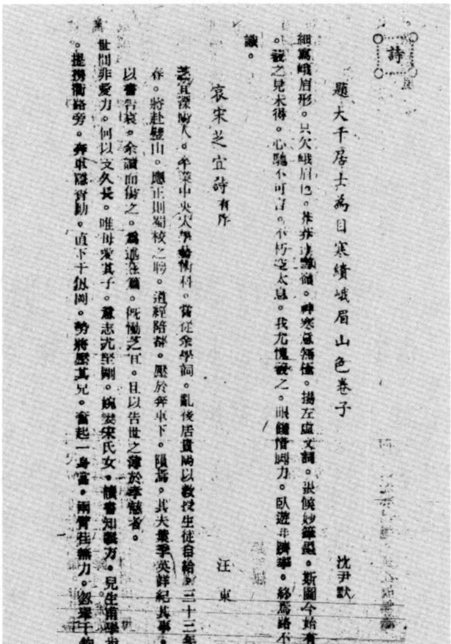
诗

题大千居士为目寒绩峨眉山色卷子 沈尹默

哀宋芝宜诗 有序 汪东

在《中华乐府》1945第一卷三期发表的诗作

出者耳，正是所遗非今日新有之事也。尝思人情相去不远，古之与今，南之与北，哀乐谅复相同，其间但有浅深之分，无根本之异，湛翁寂寞之心正余怀之所具，亦即众感所必然者也。诗人每言解人难得，此日别是一事，若夫当情惬理，言必由衷，斯长言往复，自相契合，又安见其得解之难哉。”1946 年秋，沈尹默到杭州探望马一浮，在西湖边一住就是四天。两人漫步湖畔，同赏烟柳和飞鸟。又同登孤山，寻访梅林，看夕阳西下。沈尹默见眼前湖山依旧，回忆起四十年前与马一浮、苏曼殊等朋友在杭州相交的往事，十分感慨，当即填写《西江月·听雨轩中漫吟呈湛翁》二阕：

听雨轩中来暮，残荷叶已无多。瓜皮艇子荡平波，轻梦晓窗初破。对面孤山无恙，乞浆不见头陀（谓曼殊）。凤林钟动意如何，漫道今吾故我。

四十年来旧侣，八千里外生还。双堤绿树故依然，着意西泠桥畔。世事一枰棋局，人情方丈杯盘。孤山林下晓风寒，会见天心数点。

1948 年初，复性书院迁到杭州后，计划再聘请马一浮做主讲，马一浮在给书院负责人周钟岳的回信中一口谢绝，认为董事沈尹默、谢无量“皆博洽多闻，远胜于浮”，建议在这两人中选择一个担任主讲。中华人民共和国成立以后，随着社会生活的变化，沈尹默和马一浮在信中曾探讨儒学与科学技术、工业化的关系，讨论马列主义的最终目的等。1963 年 10 月，西泠印社举行成立六十周年庆典，沈尹默应邀赴杭州出席，在会上与马一浮重逢，彼此都很高兴。会议休息时，两人作为印社老年社员代表，一起受到浙江省领导的亲切接见。

沈尹默传

第八章

重回申城

一、字同生菜论斤卖

抗战胜利后，国民政府还都南京，大批职员、家属及内迁民众准备离渝返回南京、上海等地，交通工具十分紧张。除少数特权人物能搞到船票、机票外，大多数人只有观望等待。沈尹默直到1946年11月才搭上一架飞机，离开生活了整整七年的山城重庆，抵达上海虹桥机场。他被女友褚保权及家人接走，住在狄思威路东洋街（今虹口海伦路）二二〇号一幢日式楼房。这座房子是褚保权的兄弟褚保三购置的，听说他要回来，就特地腾出来给他居住。从此，他一直住在这幢房子里，直到“文化大革命”时期含冤离开人世。

在上海，他的生活终于安定了下来，可以全身心从事喜爱的书法艺术。他依然保持着过去的生活习惯，每天清晨起床，照例磨好满满一砚台墨，吃过早饭便开始临帖写字。因为生活上有女友的照顾，他更有时间读书练字。这一时期，他主攻欧阳询、颜真卿、怀素、苏轼、黄庭坚、蔡襄、米芾等人的法书，尤其是欧阳询的草书《千字文》和怀素的小草《千字文》，天天研究，潜心临摹，约取所长。他发现两人的用笔有一拓直下和非一拓直下（行笔有起伏轻重疾徐）之分，欧阳询属于前者，怀素属于后者；前者是二王以来的旧法，后者是张旭、颜真卿以后的新法。有一次，他临写好几遍怀素小草《千字文》，体会到怀素使毫行墨十分精微，且极有意趣，才猛然领悟到运腕的高妙手法。临写后作题记曰："素师此书笔笔有意，而神韵淡远，极书家之能事！自来草书当推此帖为第一。余近来数数临摹，略窥其用笔之意，锲而不舍，或有企及之望，然正未易言也。余年已六十五矣，对师能无愧杀，临毕并题记，丁亥春日尹默。"可见，他是真正以古人为师，勤学苦练，尽力提高自己的书法水平。这种"活到老，学到老"的精神永远值得后人学习借鉴。

这一时期，通过深入钻研古代碑志法帖，沈尹默撰写了多篇碑帖跋文，有《跋北魏〈崔敬邕志〉》《跋褚登善书〈阴符经〉真迹》《跋唐大雅集右军〈兴福寺碑〉》《再跋褚书大字〈阴符经〉》等。可以说这些短文都是他多年潜心研究历代书家法书的心得体会，不乏独特的见解和认识，对后世学书者有很好的参考价值。他从不人云亦云，而是充分运用历史文献，仔细探索碑志法书的传承和流变，指出各家的长处和不足。他在《再跋褚书大字〈阴符经〉》中写道："今取褚氏本为正，上所引诸本与褚书大字本对勘，大略相同。是知《阴符经》在唐初有数家传本，其字句往往小有异同，正如诗有齐鲁韩三家者然，不足异也。此书自黄鲁直定为李筌所伪托，而朱子亦从其说，其实褚氏本自有来历，李氏书既出张果前，即使为其所伪造，褚公亦及见之。惟有人谓李筌是开元时人，则不知何所依据；或者筌素学道，能致长年，开元时其人犹存，致有此误传也。"[1]《跋唐大雅集右军〈兴福寺碑〉》是应潘伯鹰之请而作，他在这篇题跋中提出，唐集王书刻石的面目风神的不同，"盖《圣教序》全用大王法，此

① 马国权《沈尹默论书丛稿》，岭南美术出版社、香港三联书店 1981 年版，第 185–186 页。

1947年返沪后的沈尹默

碑字则与小王为近。唐时李范诸人学王，虽言承接右军，而实师法子敬”[①]。这其中的原因是齐梁以后王献之的书法还是相对容易得到，当时的人都很推崇，而王羲之的书法就极不易得了。此外，沈尹默还应好友吴湖帆之请，为吴氏所藏《宋黄文节草书太白忆旧游诗卷》题跋。跋文云：“山谷此卷，淡墨挥洒，初非经意，然极真率可喜。昔鲜于伯几评论草书，谓至山谷乃大坏，不复可理，此言或指其解散体势，结行参伍，有与古人相异处；若就其点画使转细察之，实未尝有一笔出乎法度以外者。世有明鉴，当能辨之。湖帆方家以为然否？卅六年十二月十九日，尹默。”吴湖帆对此非常赞同，把他的见解与明代画家沈石田的意见相提并论，说：“明名贤沈石田题是卷云：‘笔力恍惚，出神入鬼，谓之草圣，宜焉。’近时书家沈尹默云：‘初非经意，然极真率可喜。’二沈之言，对黄氏草书皆从甘苦中语，非一般皮相论者所能道。”[②]

国民政府监察院迁回南京后，沈尹默不愿离开上海去南京任职。既然不履行职务，也就不想领受监察委员的薪水。经再三提出辞呈，1947年10月监察院终于批准他辞去监察委员职务。从此，他完全靠鬻书自给，日子自然过得比较清苦，但他无官一身轻，乐在其中。新年伊始，便订立书法润例，正式在报刊公布。

① 马国权《沈尹默论书丛稿》，岭南美术出版社、香港三联书店1981年版，第176页。
② 梁颖《吴湖帆文稿》，中国美术学院出版社2004年版，第372-373页。

《京沪周刊》第一卷第一期（470112）

尹默鬻字例（三十六年一月一日重订）

直幅横幅　　每尺国币二万元，逾对开以堂幅计，堂幅加倍。

对　　联　　六尺十六万元，五尺十二万元，四尺十万元，三尺八万元。以上五七八言为限，长联另议。

以上两类不及三尺者，以三尺计。

扇　　面　　每面国币四万元，金笺、冷笺不应。

册页题签名片　　每件国币二万元，册页以一尺为度，逾尺以直幅计。

堂匾招牌　　每字国币二万元，逾尺加倍。

寿　　屏　　每条一百字以内，国币十二万元，过多计字增值，以黄绢或朱丝栏宣纸为限，红笺、金笺不应。

碑　　志　　每一百字国币十六万元，过多计字增值。

碑　　题　　值每件国币八万元。

（外加墨费二成）

润金先惠，点品不应，约期取件，期促不书。

寓狄思威路东洋街二百二十号[①]

由于他的书名正盛，求购者蜂拥而来，其中不乏达官贵人、豪富巨贾，因此收入比较可观。可是，随着物价不断上涨，笔墨纸砚也越来越贵，他不得不于同年 6 月重订润例，调整直幅、对联、扇面、册页等的价格，以维持正常收入。与半年前公布的润例比较，直幅每尺收费由两万元增加到三万元，扇面由每面四万元增加到六万元，册页由每件两万元增加到三万元，碑志和碑题等收费也都有所增加。因国民党腐败独裁，悍然发动全面内战，致使物价飞涨，老百姓生活更加困难，人们对书件的需求大大减少。从 1948 年起，国民党政府实行所谓币制改革，以金圆券代替法币，造成通货膨胀，大量城

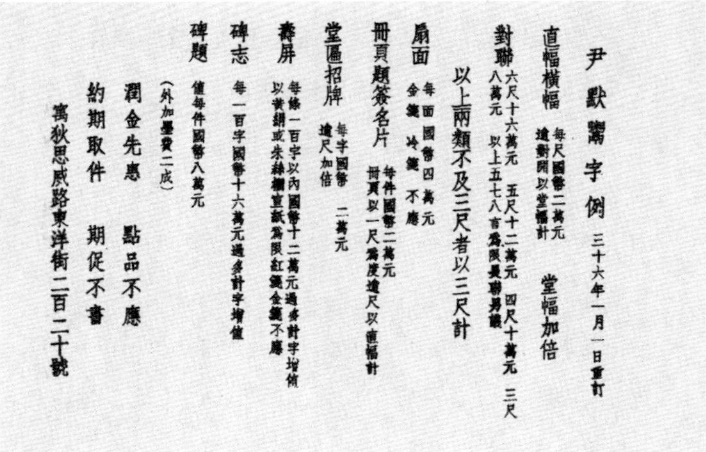

尹默鬻字例 三十六年一月一日重訂

直幅橫幅 每尺國幣二萬元 逾對開以堂幅計 堂幅加倍

對聯 六尺十六萬元 五尺十二萬元 四尺十萬元 三尺八萬元 以上五七八言為限長聯另議

以上兩類不及三尺者以三尺計

扇面 每面國幣四萬元 金箋 冷箋 不應

冊頁題簽名片 每件國幣二萬元 冊頁以一尺為度逾尺以直幅計

堂匾招牌 每字國幣二萬元 逾尺加倍

壽屏 每條一百字以內國幣十二萬元過多計字增值 以黃絹或朱絲欄宣紙為限紅箋金箋不應

碑志 每一百字國幣十六萬元過多計字增值

碑題 值每件國幣八萬元

(外加墨費二成)

潤金先惠 點品不應

約期取件 期促不書

寓狄思威路東洋街二百二十號

鬻字例

① 《世界半月刊》1947 年第 5 期。

市中产阶级因此破产。沈尹默鬻字所得减少，且纸币贬值严重，生计越来越艰难。

早春的一天，老友章士钊登门拜访，沈尹默非常高兴。章士钊离开重庆后，也迁居上海，重操旧业做律师。两人难后重逢，回忆往事，共叙友情，感慨万端。临走时，章士钊赠诗求教，并索要墨宝，沈尹默欣然和诗并撰写条幅请正。诗人书家相互情意之深，相叙之欢，不言而喻。沈尹默作七言诗《次韵答行严过访见赠之作》一首：

> 自笑居恒爱楚狂，归来行径却平常。字同生菜论斤卖，画取幽篁闭阁藏。欢会底须过赵李，剧谈时复见刘王。烦君为说闲中事，已足人间一世忙。

诗中“字同生菜论斤卖，画取幽篁闭阁藏”句，词意痛切，表达了书法家在旧社会靠鬻字为生，可字却沦落到“论斤卖”的境地，一家人得不到温饱，过着清贫困苦生活的凄凉之情。

二、二沈书画展览

沈尹默辞去国民政府监察院监察委员职务后，完全靠鬻字为生，成为名副其实的职业书法家。经过长期颠沛流离的生活，他读万卷书、临千卷帖，增添了书法艺术的内涵。其法书更显老辣遒美，饱满丰盈。他决定和族曾孙沈迈士再次合作，举办一次书画展览，对自己近年来的书法实践进行梳理和总结，以便攀登更高的艺术山峰。

沈尹默、沈迈士合作命名的“二沈书画展览会”于 1947 年 9 月 27 日至 10 月 1 日在上海成都路中国画苑隆重举行。当地报纸事先刊登了多则消息，有报道说：“两氏从事书画，均在四十年以上，各方对其作品，早有好评；此次出其精心杰作三百帧，举行展览，预计必有一番盛况。”[①] 正式展览前的 9 月 26 日为预展期，参观的人已经不少，有学者、书画家、收藏家、艺术鉴赏家，也有书法爱好者。海上著名版本目录学家、书法家顾廷龙参观预展后，对朋友说沈尹默“以楷书为长，行书次之”。这次展览会展出的沈尹默书法作品共计二百余件，自作诗词占十分之八，临摹占十分之二。临摹件中，楷书有北魏、东魏、隋、

①《沈尹默、沈迈士举行书画展览》，见《大公报》1947 年 9 月 27 日。

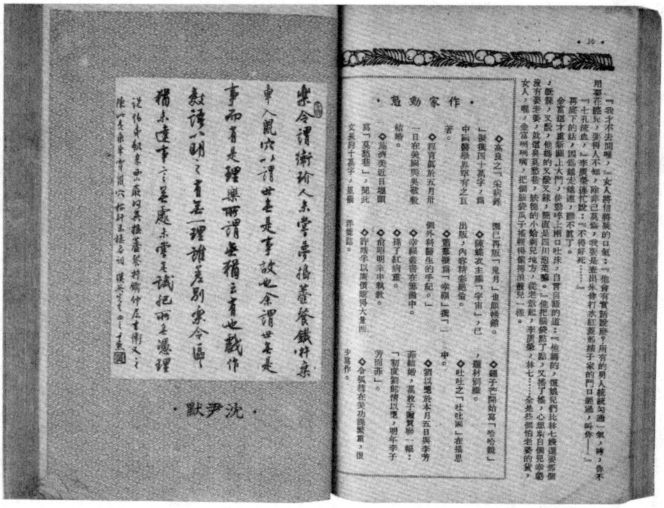

《幸福》第二卷第六期刊登的沈尹默书法作品

唐的碑版，草书有欧阳询、贺知章、孙过庭、怀素的字帖，行书有怀仁、颜真卿、李邕、蔡襄、苏东坡、黄庭坚、米芾、薛绍彭诸家作品。所有书件用纸极为考究，大部分是二百年前的宣纸，有都匀纸、藏纸、迁安纸和旧高丽纸等，五色俱全，琳琅满目，美不胜收。此次展品不仅在国内市场认可度高，就连欧美人士也慕名来求。一套他精心创作的四幅屏，有外国人甘愿赠润资四百美金，令人啧啧称奇。[①] 正因为如此，社会上纷纷传言沈尹默办展览发了大财。有小报甚至称“沈尹默富商撑腰脊”，指商贾大佬争购他的书法。他的北大老同事马叙伦闻迅，撰文称“尹默年必展览其书一次，收入巨万，谓之‘富商撑腰’亦不诬”。

展品中最引人瞩目的是沈尹默书写的一幅自作词《玉楼春六阕》，

---

① 昌年《记沈尹默——五十年来临池无间断下真工夫的一代书家》，见《世界月刊》1947 年第 2 卷第 3 期。

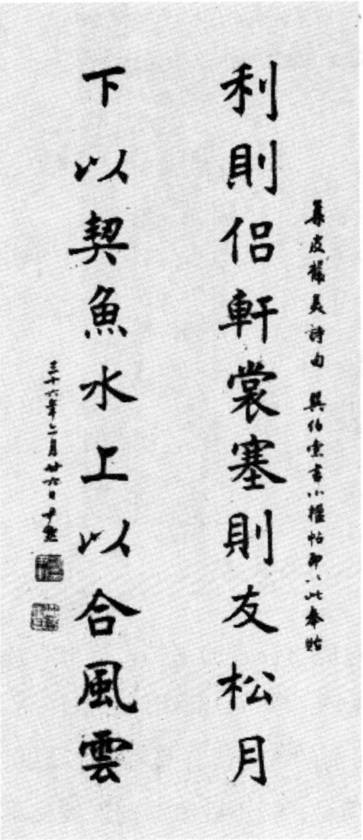

楷书十言联（1947）

写在彩色古宣纸上。参观者惊叹其书法的超逸飞舞，出神入化。这时，一位女士轻声提议，可以请作者沈先生诵读一遍。大家就把书法家拉过来，随后他“果欣然吟诵，抑扬宛转，从未会闻。座中有喜有悲，多人落泪，其感人之深有如此者”。提议吟诵者就是沈尹默的女友褚保权，是沈氏书斋中红袖添香之人。这些词作是沈尹默避难重庆时所写，状雪画梅，把酒抒怀，临水赏柳，登楼伤春，内容十分丰富。最难得的是，作者借自然景色抒写战乱中的家国情怀，以优雅的词句倾注爱人间的深深思念。难怪他的深情吟诵，赢得在场友人的共鸣。

这次展览获得时人的空前好评，不少专家、学者纷纷撰写评论文章，盛赞二沈的艺术成就，其中对沈尹默法书的讨论更为热烈。书法家潘伯鹰作《二沈书画展引》的长文，记述二沈书画的艺术特色，其中对沈尹默着墨尤多。潘文从论书之旨和学书之德两方面赞誉沈尹默。论书自然说到沈的“五字执笔法”，认为其高明的地方在于不违背生理特点，而尽量发挥颖毫的特性，运笔写字真正做到“不欺人，不自欺”。最让人感怀的还是沈尹默的学书品德。潘文还记录沈氏避难重庆时的一件往事。有一天，沈尹默正在做自己的书法日课，临写虞世南《孔子庙堂碑》，忽然警报拉响，敌机的轰鸣声随即响起，他想到这幅作品所剩没有多少字了，不如坚持一下，写完再去防空洞躲避。但敌机所掷炸弹在附近连续爆炸，地动山摇，桌上一片狼藉，不得不外出暂避，直到第二天才将余下数行字补上，感觉前后意趣相异。沈尹默为了完成一件书法作品，竟然对敌机轰炸都置若罔闻，可见他对书法艺术的追求有“贞恒之德、不倦之心”。而临写古代的碑帖，不仅能专师其长，更善于发现前人的短处并加以变通。毫无疑问，此时沈尹默的书法已经达到“通会之际，人书俱老”的境界。署名“自在”的评论家称赞“沈尹默的书法，有崇高的见解，丰富的修养，熟练的技巧”。对沈氏所写的《圣教序》《兰亭序》更是赞不绝口，誉为“冠绝一时，当代无敌”，全幅“精神饱满，一笔不苟，一气呵成”，认为沈尹默“腕中有鬼”，否则怎么会写出如此奇妙的字幅。而他用茅龙笔写成的大字，如“真逸”直幅，苍劲雄浑，力透纸背。总之，沈氏书法气韵神逸，富有书卷气，是在书法园地辛勤耕耘几十年才取得的成就。[①]

著名报人、作家许君远是沈尹默北大时的学生，对当年沈先生指导北大学子练习书法的场景记忆犹新。他撰写《参观沈尹默沈迈士书画展》一文，对老师的展品赞美有加。文章说：

两天来的来宾大部都是“法家”对着那琳琅满目的作品莫不徘徊久之，叹为功夫老到。尹默先生的书法，早岁知名，而他在五十年中从无一天间断过努力。清晨亲自磨墨，振笔疾书。汪亚尘先生批评得很中肯，他说，尹默先生才情好，功夫深，再配合上他的国学修养，集艺术家三种要素于一身，遂能睥睨当代，

---

①《申报·春秋》1947 年 9 月 28 日。

时下写帖者实无人能出其右。尹默先生于抗战时期蛰居陪都，在曾家岩筑屋三楹，安步当车，晚食当肉，淡泊以明志，终日写字赋诗，怡然自得其乐。这种毅力委实令人敬佩，他所以能有今日之成就，自非偶然。

作品中各种字体咸备，褚、米、王、欧甚汉魏碑帖的临摹无一不臻佳妙。原因是他了解历代书法之演变，善于领会各大家的神韵，因此拿起笔来能够得心应手。他写字不择笔，不择纸，全靠他的腕手翻转自如。他的一枝笔常用若干年，记得庄子在《养生主》中有一段庖丁对文惠君的话，“良庖岁更刀，割也。族庖月更刀，折也。今臣之刀十九年矣，所解数千牛矣，而刀刃若新发于硎。”这一段好像对沈先生的艺术作一注解。

尹默先生常以用笔比用人，他说你要衡量其才，妥慎使用，不能因为一个人的才华烂漫而事事委之，使无喘息的机会。羊毫软，狼毫硬，你要善为保存它的原气，否则日日而伐之，任何良笔都会脱落败敝。用人也是这种道理，你不能把他的精力一下儿耗尽，对于任何人都应该培养，正像他对待他的毛锥那样。

写字是一种艺术，没有天才和修养不易进窥其门径。沈先生已经达到写字的至高境界。这境界是真理，是哲学，也是最大的理想。任何一种学问或艺术都可以由研究者开辟他自己的意境，一到融会贯通的阶段，便能豁然开朗，辟出一条蹊径。罗素从数学理论中创造哲学，伊萨都拉·邓肯（Isadora Duncan）用舞技解释人生。举凡好的绘画和好的音乐，莫不是表达思想的艺术，而中国的书法实与绘画同一部门，前者的成功尤为不易。看尹默先生的字真如面对设计新颖的水墨，对着那一幅幅丰神秀丽的联堂，如临幽山的清涧，如听杏花村里的百鸟和鸣。是画是抒情诗，瞻之仰之，尘俗之念，为之一洗。这便是艺术的趣味，也便是艺术的价值。[1]

书画家华林也发表《观沈尹默沈迈士书画展》的文章，对沈尹默及其作品评论道：

沈尹默先生，为当代书法大家，幼承家学，性喜学书，五岁入塾习欧赵两家笔法，至十五岁作字，已整洁可观。自此临池益勤，历五十年殆无间断。二十五岁以后，始悟前者执笔之非，更由指实掌虚，掌竖腕平工夫作起，虽造次书一字，亦必如此，以不自欺不欺人自律。三十岁以前习篆隶。民国二年至十九年编临北朝碑，兼学草书，十九年以来，复取唐代诸家碑版自欧褚颜徐李张范裴王柳沈无不一一精心临写，专意点画，以研求其共通之法则，遂知用笔千古无殊，但结体随时随人有变迁而已。中间涉晋唐五代宋元下及文董笔札，以广其趣。又获观故宫所藏真迹名帖，得益尤多。平生于古人书，不以爱憎有以抑扬弃取，但师其法度，随其所见，咸有领悟，正所谓精益多师，开卷有益。近来尤留意于前贤失误处，谓非如此，不能真见其所长耳。又明夫前贤法则，时代精神，个人特性，此三者缺一，即不成书，故临摹时必求逼真，而自运则务欲尽其在己，不悖时代而能超乎时代，自来可称一代书家者无不如此。[2]

这次书法展览标志着沈尹默书法跨上了艺术的巅峰，基本形成了

①《离骚》1947 年第 1 期。

② 同上。

成熟的沈体书风。经过五十多年从不间断的刻苦磨练，尤其是避难重庆七年的深入钻研，他阅尽人世沧桑，大大加深了对人生的感悟，使他的书法更增添了厚重之感。对于古人书法的钻研和领悟，勇于扬长避短、汲取传统艺术的精华，也更促进其书法走向成熟。这时他已迈向帖学的殿堂，书艺日臻完善，声名远播，市场认可度大为提升。时人评论他成功的原因时，说："除了他的'一笔不苟'的真工夫以外，还有他高傲的人格，渊博的学问，使他在造型艺术界，获得了更崇高的地位。"

三、花甲之年再做新郎

沈尹默年轻时，由父母做主，娶四川籍女子朱芸为妻，共生育四子四女，家庭幸福美满。直到 1928 年，他在一次宴会上偶遇江南女子褚保权，爱情的天平发生了倾斜。又经过十八年漫长的守望和等待，他终于在 1947 年 10 月 10 日再做新郎，亲笔写下结婚证书，表示“敬意爱情，永矢勿渝”，和褚保权结为夫妇。他当时虚龄六十五岁，新夫人也已四十五岁。婚礼在上海警联社大礼堂举行，由老友李石曾证婚。当地报纸连续发表《沈尹默结婚佳话》《老当益壮》等文章，对这桩婚姻进行详细报道。

与褚保权第一次见面的情景，沈尹默永远也不会忘记。那时他在北京大学国文系教书，课余常偕同事到饭馆聚餐。有一次，他与几名北大同事在中央公园（今中山公园）宴客。席间，物理教授张大椿介绍座中一名风姿绰约的女子与他相识，这名女子便是张大椿的外甥女、北大教育系学生褚保权。不料，这次邂逅让他怦然心动，对眼前这名年轻活泼的新女性一见钟情。

褚保权字平君，原籍浙江省余杭县，生于 1903 年 11 月。余杭褚氏是唐代著名书法家褚遂良的后代，素称江南望族。褚保权的父亲褚

沈尹默褚保权结婚典礼合影

德顺字幼觉，工书擅文，当过河北省平泉县知事。伯父褚德彝号礼堂，精通金石书法，著述颇丰。褚保权自幼受长辈薰陶，少年即写得一手好文章。“五四”时期，她在杭州女子师范学校读书，课余喜读《新青年》，接受新思想，并动员同学参加学生运动。后来转学到上海爱国女中和立群女中，打下扎实的英文功底。1923 年考入北京大学预科，当时北大刚实行男女同校，同届女生总共只有七人。两年后她升入本科，专攻教育学。正是在这时候，她碰到了北大名教授沈尹默，彼此都留下了良好的印象。

1929 年 6 月，沈尹默出任河北省政府委员兼教育厅厅长。褚保权即将大学毕业，准备应聘到杭州某中学当校长，便回去实地察看学校情况。沈尹默闻讯，以鲁迅、柳亚子在上海请客为由，千里迢迢追到杭州，劝她留在北京工作。回京后，他仍不放心，将无尽的思念倾注于笔端，陆续写成二十多首婉约的情诗，最后送到褚保权面前的是装订成册的《春蚕词》。褚保权为他的痴情所感动，当即取消回杭州的打算，到河北省教育厅任秘书。教育厅有位科长是个老学究，有一次开校长会议，由这名科长起草文稿，内容不符合形势，照本宣科，缺乏新意。沈尹默很不满意，便指名要褚保权重写。她正在读美国教育家杜威的著作，就运用杜威的某些观点，结合河北省教育实际，洋洋洒洒写成一篇。沈尹默读后，非常欣赏，从此对她更加刮目相看。第二年，沈尹默调任北平大学校长，褚保权也随之到北平大学校长办公处担任第一科科长兼秘书。沈尹默非常信任她，将学校所有对外的英文文件及部分中文文件交她翻译、经办。①

1932 年底，沈尹默辞去北平大学校长职务，南下上海任中法文化交换出版委员会主任兼孔德图书馆馆长。褚保权也跟随到沪，任该委员会秘书，协助出版大量进步书籍。两人朝夕相处，配合默契，互相敬慕，感情更加深厚。“八一三”淞沪抗战后，沈尹默忧心如焚，因不愿替日本人做事，便结束中法文化交换出版委员会及孔德图书馆的工作，将所有文件资料和书籍整理打包，委托褚保权保管，于 1939 年春独自远赴重庆避难。留在上海的褚保权也拒绝为敌伪做事，搬到娘家居住，靠变卖衣物、首饰维持生活。此后七年，他们一个在长江头，一个在长江尾，互相靠鸿雁往返传达相思之苦。如鲁迅在信里称许广平为“广平兄”，沈尹默称褚保权为“权弟”。在寄给“权弟”的一首诗中，沈尹默写道：“江流清且长，双鱼可寄书，展素安得详，祝君千万寿。”抗战胜利后，沈尹默回到上海，与女友团聚，终于结束了长期分离的日子。

婚后，沈尹默夫妇去杭州度蜜月，才子佳人，鸾凤和鸣。褚保权表妹吴耀辉回忆：“我第一次见到沈老师是在 1947 年他和我表姐褚保权来杭州蜜月旅行时。穿着长袍马褂、戴着深度近视眼睛、拄着司的

---

①《褚保权传》，见吴耀辉、卢之章《凝静——尹默二十年祭》，北京燕山出版社 1991 年版，第 111–113 页。

克的他一副翩翩学者的派头。伴着我表姐罩着桃红色大衣的新装，红颜白头，相映成辉，廿年恋爱，终成眷属，成为当时文坛一大雅闻。”①

此后，他们在上海海伦路寓所过着与世无争的生活。沈尹默眼睛几近失明，生活和写字都靠妻子照顾和帮助。每天清晨，妻子磨好满满一池墨汁，然后站在他身边，看他在书桌旁练字。她用自己的双眸代替沈尹默的眼睛，帮他上下左右移动宣纸。下午，他睡午觉时，妻子忙着在他写好的书法作品上盖章、开信封、整理文稿。等他午睡起来，两人总会到寓所对面的公园散散步。这年农历九月廿九日为褚保权四十五岁生辰，沈尹默特作《千秋岁·为平君诞日作》，表示祝贺。词云：

> 菊花开早，十月阳春到。樽前唱，千年调。今朝犹昨日，自觉情怀好。人尽说，十年后更看年少。
>
> 福分元非小，眼底无烦恼。公家事，今番了。伴将仙鹤舞，索共梅花笑。偕隐计，红颜绿鬓长相保。

褚保权自幼爱好书法，曾遍读家藏碑帖。有一年暑假，她住在伯父家，朝夕观看伯父临书刻印，默记于心，偶然临写一通，颇似伯父笔迹。父亲看见她写的字，十分惊奇，便让她跟伯父学书，苦临褚遂良《孟法师碑》及《雁塔圣教序》，写得惟妙惟肖。与沈尹默相识相爱后，她爱屋及乌，也渐渐喜欢上沈体书法，偶尔会临写几通。沈尹默任河北省教育厅厅长时，有一次为人写楹联，因纸张发潮而空缺一字，想等干后补上。恰巧褚保权经过，旁边的人要她补上缺字，她毫

① 吴耀辉《万紫千红尽是花 致知格物亦多途——怀念沈老》，见吴耀辉、卢之章《凝静——尹默二十年祭》，北京燕山出版社 1991 年版，第 59-61 页。

不犹豫，一挥而就。字轴悬挂起来后，竟无人察觉有异，可见她模仿力之强。她喜欢沈尹默所作《春蚕词》，就用行书写成一本册页。沈尹默好友刘三见到，颇为欣赏，便在这本册页的封面题上“春蚕词保权大家所书”几个字，又赋诗一首。后来，刘三所作诗由沈尹默亲笔书写在册页末尾。夫妇俩时常谈古论今，探讨书艺，其乐融融。褚保权的书法受沈尹默的影响，由褚遂良上溯二王，结体用笔秀逸清润，风格与沈书相近，后期几乎达到以假乱真的地步。1947 年的一天，褚保权见沈尹默作书后砚台有余墨，就在旧纸上即兴书写一首苏东坡题王晋卿诗。正好谢稚柳来访，见到这幅字，建议主人将它裱好，保存起来作为纪念。六年后，沈尹默在这幅字上补记道：“……无心工于拙，然颇遒润自然，无些小尘俗意，非复平日所能及。适稚柳来，见之亦以为可存，因付装帧，悬之壁间。”有一次，著名报人黄裳来访，见墙上挂着一幅字，没有落款，初看似沈尹默书，但仔细观察又不像，写了一段赞美的话。事后得知，那幅字出自女主人褚保权的手笔。

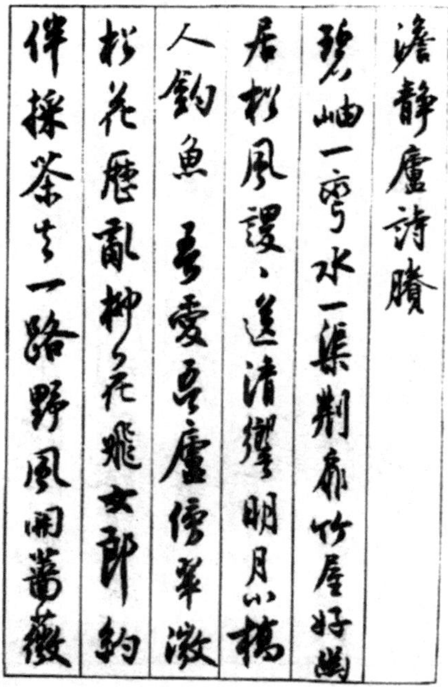

1948 年书法作品

第九章

沐浴在新中国的阳光下

一、陈毅进城拜访第一人

1949 年 5 月 27 日，中国人民解放军攻占上海，这座全国最大的城市终于回到人民的怀抱。沈尹默和全市民众一样，沉浸在无比激动和喜悦的心情之中。

过了几天，家里忽然来了两位客人，一位是上海市首任市长陈毅将军，另一位是市军管会代表李亚农。沈尹默从 20 世纪 20 年代开始担任中法教育基金委员会代表、北京中法大学董事兼教授。陈毅在中法大学西山学院读过书，又是中法大学服尔德学院毕业生。李亚农也在中法大学做过教师，后在沈尹默主持的孔德图书馆从事研究工作。分别多年后，三位师友再次重逢，人世沧桑，不禁感慨万千。陈毅进门的第一句话就是“我拜访上海市高级知识分子，第一个就是你沈老”。听了这话，沈尹默感到很意外，也很感动。作为共产党的高级领导干部，陈毅刚率领千军万马进入上海，有多少事等待他处理，却抽出宝贵的时间，轻车从简，亲自登门探望一名旧知识分子，怎不令沈尹默感动呢！夫人褚保权后来撰文回忆这段往事：

上海解放不久，陈毅同志由李亚农同志陪同，驱车来到我们家访问尹默。

陈毅同志一进客厅，就与尹默握手，热情地说："我拜访上海市高级知识分子，第一个就是你沈老。"接着询问尹默生活情况，然后说："我们党需要像你这样的知识分子，党对知识分子是很尊重的。你可以到北京去看看，可以去见见毛主席。你眼睛不便，可以请夫人陪去。"可能是陈毅同志在北京中法大学读书时，知道李石曾和尹默交往密切，所以临走前对尹默说："李石曾是我早年读书时的校长，你和他交情深厚，能否写一封信请他回来？"尹默回答说："可以。"尹默将陈毅和李亚农两位送出大门，就马上给在香港的李石曾写了一封邀请信，后来知道此信到达之日，李已离开香港移居巴西，没有收到。

陈毅同志是新上海的第一任市长，业余时间喜作诗词和写字，对在这些方面有专长的老人，特别器重，常请尹默写字，除写前人诗词外，还要尹默写自己创作的诗词歌赋。尹默欣然从命，写了很多，卷成一卷送去。后来，陈毅同志告诉尹默，他的父亲从四川到上海，看见尹默送的字，非常喜欢，全部拿到四川去了。①

共产党和人民政府对沈尹默这样的老知识分子十分尊重，不仅政治上给予充分信任，而且注意发挥他们的个人所长，鼓励他们为新中国的建设事业服务。1949 年 9 月，上海市成立古代文物管理委员会（后改名为上海市文物管理委员会），沈尹默被聘请为该委员会委员，主要负责书画鉴定等工作。文管会集中了大量的文物，有市民主动捐献的，有从民间购买的，也有从反动政府和敌人手中没收的。文管会

① 褚保权《沈尹默与中共领导人的交往》，见《上海文史资料选辑》第 6 辑。

沈尹默

每个月都要召开例会，研究制定政策和规章，讨论、鉴定并分类整理相关文物。有时搜集的古物比较多，一个月要开好几次鉴定会。文管会最初在淮海中路，后来搬到天平路和人民广场。这几处离沈尹默家都比较远，因为出门主要靠人力车或步行，对年近七旬的他确实是个考验。可他从不叫苦，无论刮风下雨，都会按时出席。

同年8月3日，上海刚解放两个多月，上海市第一次各界人民代表会议（后统一定名为上海市第一届第一次各界人民代表会议，简称市一届一次会议）隆重召开。沈尹默被选为学术界代表，因故没有出席会议，但他还是认真学习了有关文件。以后，他连续参加第二次、第三次各界人民代表会议，并在第三次会议上发了言，为建设新上海献计献策。

那时知识分子对共产党和人民政府还缺乏了解，思想上不免有种种顾虑。爱国实业家、上海商务印书馆董事长张元济很关心党和政府关于改造知识分子的问题，向政府提出自己编过几本书，深知旧时代知识分子不仅对新民主主义革命的了解十分有限，而且对于劳动人民有很多的隔膜与误解。现在解放了，在人民政府和共产党的领导下，文化教育界的知识分子若想成为革命队伍中的一员，务必加深对工农劳动人民的感情与了解，首先更需要加深对共产党的了解。上海民治新闻专科学校校长顾执中提议编一本《什么是共产党和共产党员》的书，请商务印书馆出版，供知识分子和民众学习参考。时任中共中央华东局常委兼宣传部长舒同认为这个提议非常好，特别指出这本书要生动活泼，以适应读者的阅读习惯，并建议以编辑原来国统区的作家、记者的文章为主，如此方不失客观的原则，并且也能让原来身处国统区的知识分子知道共产党对于他们的进步性是充满着敬意与期待的。舒同素有党内“马背上的书法家”之称，因此建议用传统毛笔书写影印出版，并说可以让上海地区的书法家参与到这项工作中来，先让书法家在抄写的过程中学习思考起来，然后再把他们的抄本汇编出版，让习惯于旧形式的知识分子乐于接受和翻看。张元济对舒同、顾执中的提议十分赞同，第一个就指定让沈尹默参加书写。沈尹默接受邀请后，虽然觉得自己没有参加市第一次各界人民代表会议，而且自认为个人的书法是保守的，但考虑到这件事有益于增进大家的革命意识，表示愿意贡献一份力量，参加抄写工作。舒同在写给沈尹默的信中说，自己抗战期间避居重庆，与赵超构先生有过往来。赵先生访问延安后，发表了《延安一月》，舒同还当面表示过对赵的钦佩。因此舒同建议沈尹默从《延安一月》中摘抄部分内容。

沈尹默记得当年在重庆，《延安一月》曾引起过轰动，尤其是涉及毛泽东和共产党的几篇，连国民党政府官员也不顾禁令争相阅读。虽然不知道有多少青年是读了《延安一月》而投奔共产党的，但给予他的震动与向往至今仍不能忘记。因此，沈尹默非常愿意把这篇文章抄写出来，与大家一起再次学习。

沈尹默接受这项特殊任务后，便精心挑选相关文章，然后伏案工作，常常通宵达旦、抄写不止。此书后来选用了他工整抄写的《毛泽东先生访问记》，还印出他撰写的跋文。同时他又抄写了毛主席的多篇讲话稿和文章，如在新政协筹备会上的讲话、开国大典上的讲话等。《毛泽东先生访问记》的作者是《新民报》记者赵超构。1944 年 6 月，赵超构随大后方记者团访问陕甘宁边区，撰成长篇报告文学《延安一月》。《毛泽东先生访问记》是此文中的一节。

1951 年沈尹默（前排左五）出席上海市市长暨市政府委员就职典礼

《什么是共产党和共产党员》一书出版后，受到知识分子的广泛欢迎。人们阅读此书后，在比较短的时间内加深了对共产党和人民政府的了解，消除了不必要的疑虑和困惑，革命热情空前高涨。沈尹默书写《毛泽东先生访问记》等文稿大半年后，即 1950 年 4 月 15 日至 23 日，出席了上海市第三次各界人民代表大会，发现知识分子和民众开始信任党和政府，积极向政府建言献策。他后来说："五个月前，我又参加了第三次大会，那就大大不同，当时所处环境，比以前愈加困难，而人民和政府却真能协心同力，去克服这个困难，政府想尽方法，用出全力，去支持全市工商教育文化等事业，照顾一般人民，处处为人民着想，而代表们也能认识这个政府，真正是人民的政府，尽量说出了各种事业所遭遇到的困难，并且提出了许多问题和解决的办法，一向那些浮泛的恭维，有意的讽刺，都不听见了，经过半年来步调一致的奋斗，才能获得今日局面初步的好转，这真非偶然的事。"[①]

①《特邀代表沈尹默发言》，见《解放日报》1950 年 10 月 21 日。

二、讴歌新社会

新中国成立初期，沈尹默亲身感受到党和政府对老一代知识分子的关怀，不仅把他选为人民代表，还任命他为市人民政府委员会委员、市文管会委员，让他经常出席各种重要会议，参与讨论和决策上海市的各项建设事业，使他心情十分舒畅，工作干劲也很高。1950 年 7 月，上海市召开第一届文学艺术工作者代表大会，他被选为文学界代表和大会主席团成员，并在会上做了长篇发言。他在发言中以陶渊明和王维诗歌为例，强调文学作品可以稍微平凡些，但绝对要真实。他称自己读了夏衍部长所作的报告和陈毅市长的讲话，深深感觉到他们对文艺工作的指示是非常正确、非常切实的，值得我们大家注意。他呼吁文艺工作者紧密团结起来，努力工作，创作更多更好的作品，为社会主义建设事业做出更大的贡献。尽管视力越来越差，但他决定拿起笔来，克服种种困难，书写新时代，讴歌新社会。①

上海作为全国的文化中心，聚集着大批作家和文艺工作者，其中有不少擅长旧体诗的作者。沈尹默觉得有必要将这些诗人团结起来，

①《文代大会第五日 通过上海文联章程》《文学界代表沈尹默在大会发言》，见《解放日报》1950 年 7 月 29 日。

（从右至左）江庸、沈尹默、姚虞琴、商笙伯

充分发挥旧体诗语言凝炼、意境深远、声调和谐的优点，撰写更多的优秀作品，歌颂新中国、新社会。于是，他和老友江庸及工商界人士于1949年农历重阳“诗人节”聚会，倡议成立旧体诗社团。不久，呈文报告给上海市军管会文艺处，得到“原则上同意，文学组阅办”的批示。次年元旦，他与江庸等三十二位老人齐聚上海肇嘉浜路商界巨子魏廷荣寓所的花园里，宣布乐天诗歌研究社成立。市军管会文艺处派文学组负责人柳倩出席成立大会，柳倩通知上海常熟区公安分局准许开会。会上通过了《乐天诗社缘起》，称“诗歌启发人类之性灵，描写抒发社会之生活与情感，应为文字中之最美者”，然因“所患在其独特超然，仅为少数人观赏，毫无裨益于广大群众，故已成绝响”，而“审视诗史，独唐代白乐天所作诗有深入民间之精神，故尊白乐天为诗社之名”，以“歌颂新社会、新气象”。①

乐天诗社是经市政府批准成立的业余旧体诗爱好者团体，选举市财政局干部郑宝瑜为社长，永安纱厂厂长郭益文为理事长，沈尹默、

① 陈正卿《新中国上海第一个传统诗社》，见《世纪》2008年第3期。

江庸、王福庵、叶恭绰、黄葆戊等任理事。选择工商界人士担任社长和理事长，主要原因除他们爱好诗词外，还愿意承担活动经费。乐天诗社成立初期活动不多。1954 年，诗社理事会增补了几名理事，并印发社刊《乐天诗讯》。诗社不仅在上海拥有众多社员，同时也吸引了北京、山东、江苏、浙江等地的旧体诗爱好者，各地社员很快发展到五百余人，成为当时国内最大的旧体诗团体。

1956年，中央提出在科学文化工作中实行“百花齐放，百家争鸣”的方针。沈尹默等乐天诗社成员想借此东风扩大诗社规模，便写信给上海市副市长金仲华，请求政府的支持。上海市委文艺工作委员会于同年 5 月 15 日批复，由市文化局正式通知乐天诗社备案，明确该诗社为市文联下属的团体会员。市人民委员会批准按月补助经费一百元，由市文史馆代发。从此，乐天诗社由诗人自由结合的社团变为政府领导的文艺组织。诗社着手进行改组，理事会改为社委会，主委贾栗香，副主委张孝伯、沈瘦乐，社长张方仁。社员重新登记，人数大大增加，沈尹默、江庸、潘伯鹰、吴湖帆、刘海粟、柳亚子、叶恭绰、龙榆生等仍然是诗社骨干。1960 年 5 月，经上海市有关部门批准，乐天诗社改由市文史馆管理。

其间，沈尹默创作了大量诗词，内容多为歌颂党和人民政府、歌颂新社会。他的《一九五四年九月廿七日闻毛泽东同志当选为中华人民共和国主席，喜而有作》七绝三首颇具代表性，在报刊发表后，受到不少读者的好评。诗歌云：

和衷共济会怀仁，信任于今最足珍。一事史无前例在，人民领袖属人民。

五年政教遂生成，黑者能贤暗者明。颂语寻常无可用，且听六万万欢声。

风流人物看今朝，不数弯弓射大雕。更为和平开道路，海东潮搂海西潮。

还有1957年所作七律《为建军三十年而作》、五言诗《欣闻长江大桥通车》、五言诗《喜见人造卫星为赋一首》，1958年长庆体七言诗《国庆日献词》、七律《欢迎志愿军英雄战士抗美援朝功成归国三首》，1959年《解放十年杂咏绝句一百十五首》等，都是这一时期撰写的优秀作品。

后来，国内形势日趋严峻，阶级斗争口号越喊越响，政治气氛进一步紧张。乐天诗社在阶级斗争强化的时代背景下陷入了一场风波，沈尹默也被卷入其中。事情要从前上海微型电机厂私方经理孙忠本为父亲编辑出版一本书说起。1961年，孙忠本撰写了追忆逝世多年父亲的《思亲记》，征集文化界名流唱和诗文。孙忠本请乐天诗社帮忙，不少社员题写了诗文。沈尹默见是孝子思亲的文章，认为这是人之常情，是值得褒扬的善举。于是，欣然题了一首五言诗："孝弟人之本，兹言故不刊。旧邦新受命，尤赖子孙贤。"孙忠本委托好友将征集来的诗文进行修改、编辑，于次年12月编成《思亲记题咏录》，由个人出资印行。这本小册子共七十页，竖排本，收录一百八十人所题诗词一百八十首，所写序、跋、传七篇。沈尹默接受主人的约请，为此书题签。不料，市文史馆发现这本小册子后，立即向上级做了汇报，引起市领导的高度重视。上海市委常委张春桥批示："是一个典型事件，要抓思想文化战线上的斗争。"有关部门责成市工商联和文史馆进行调查，最后将此书定性为"一本反动的小册子"，"在近两百篇诗文中有一部分诗文内容很反动，竭力颂扬封建主义、资本主义的道德文明，丑化和攻击社会主义的道德和无产阶级专政，把社会主义的父子关系、家庭关系丑化得一团糟，并且号召这些牛鬼蛇神出来挽封建主义、资本主义之狂澜”。这本小册子牵涉乐天诗社部分骨干成员，有的被定为历史反革命分子，有的被定为汉奸，有的被定为右派分子。市文史馆根据上级的指示，拟定《关于在文史馆馆员中大张旗鼓、和风细雨地进行正面教育，分析批判〈思亲记〉，加强阶级斗争教育的打算》，从1963年9月起，对馆员中诗文作者及参与联络的三十三人进行批判，举行了十八场座谈会。作为乐天诗社发起人、市文史馆馆员，沈尹默在座谈会上也做了检查。这场旷日持久的批判运动后，乐天诗社渐渐销声匿迹，直至次年3月关门停歇，《乐天诗讯》也无声停刊。沈尹默在这场风波中虽未遭到大的冲击，但也是批判对象之一，曾不停地接受思想教育，内心受到不小的震动。从此，他创作的诗词不再有吟花咏雪、游春踏青、登高望远、题诗赏画的内容，而是紧扣政治运动和重大时事。

沈尹默十分关心国家大事，每天坚持听收音机，了解祖国发展的大好形势。从广播里听到美国介入朝鲜战争严重威胁我国安全的消息，义愤填膺，决心响应党的号召，支持中国人民志愿军入朝参战帮助朝鲜人民抵抗外来强敌。他是中国人民保卫世界和平反对美国侵略委员会上海分会委员，除参加有关会议和活动外，积极宣传保卫世界和平的政策，鼓励大家投身于轰轰烈烈的“抗美援朝，保家卫国”运动。他还给志愿军将士写公开信，表达对英勇战士的敬意，勉励他们奋勇杀敌，保卫新中国。他在信中说：

英勇的同志们：

自从你们组织了抗美援朝的志愿部队，和朝鲜人民军并肩作战，去打击疯狂侵略我们的敌人以后，不断地，听到了前线传来你们的捷报。你说，这使得人们够多么兴奋啊！

因为你们的志愿就是四万万五千七百万人的志愿，也就是全世界爱好和平者的志愿。我们用保卫世界和平的力量，与破坏世界和平者斗争，无疑地，胜利必然是属于我们的。

我想目前任何像风霜冰雪那样无情的冷酷，总敌不过我们万众一心寄与保卫和平者的同情温暖吧！英勇的同志们！在同一大气中，想你们已经听到群众不断地抗美援朝保家卫国的高亢而响亮的呼声吧！英勇的同志们！再接再厉，一直把那些疯狂的敌人，赶出我们友邦的国境。使他们无立足之地，使他们归于灭亡！

我今在这里向你们致最崇高的敬礼！

沈尹默　一九五〇年十二月五日[①]

沈尹默虽然是从旧时代走来的知识分子，但思想开明，好学深思，善于接受新鲜事物。过去，他长期从事教育工作，不太关心政治时事。在新社会，他亲身体会到共产党真心为老百姓谋福利，打心眼里觉得共产党好，人民政府好。他开始阅读马列主义和毛泽东著作，了解中国共产党的历史，还用工整小楷抄写斯大林的《辩证唯物主义和历史唯物主义》、毛泽东的《实践论》和《矛盾论》。他把马列著作称为“异书”，克服视力差的困难，越读越有兴趣，不断地充实自己，提高政治理论修养。七十岁生日时，作自寿诗表达心声：“多谢亲交问起居，时寒时暖费乘除。去年种竹延新意，今日开樽饯故吾。愧向琴书委怀抱，欠从眠食用工夫。知非未觉当前晚，七十从头读异书。”

①《解放日报》1950 年 12 月 8 日。

三、批判胡适思想

胡适思想批判运动开始于新中国成立初期，主要在知识分子中展开。1951年秋，北京、天津等地的高等院校教师中开展思想改造运动，重点讨论立场问题、态度问题和为谁服务问题，联系思想和教学态度、教学方法，进行批评与自我批评。其中批判胡适思想成为整个运动的重要组成部分。北京大学教授钱端升、游国恩，中国科学院水生生物研究所所长王家楫等分别撰写文章，解剖个人解放前所表现的小资产阶级知识分子的思想和作风，表示要继承五四光荣传统，清除胡适错误思想的影响，自觉接受无产阶级思想的领导。之后，上海知识界也行动起来，积极开展思想改造和学习运动。

沈尹默和胡适在北京大学共事多年，彼此非常熟悉。他们一起倡导白话文，一起创作新诗，一起编辑《新青年》，携手为新文化运动做出过贡献。可是，后来胡适陷入改良主义和唯心主义的泥潭，顽固坚持反共、反人民的立场，成为中国人民和中国革命的敌人。沈尹默通过学习马列和毛泽东著作，自觉接受共产党的领导，思想认识不断提高，成为进步知识分子。他对照胡适的一贯表现和观点，进一步认清胡适错误思想的本质和根源。早在1950年5月上海市有关部门举办纪念五四的活动时，他就指出胡适在这场伟大运动中的错误行为，说："有人说'五四'运动，只是对外的运动，我觉得这个看法不妥当。这个运动固然是对于帝国主义侵略者的抗议，同时也是对卖国的政府一种示威，是有革命意义的举动。又说'五四'运动原来是文化运动，后来才和政治运动结合起来。这个看法或者稍微被胡博士的言论迷惑住了的缘故，所以着重在新文化这一点上。胡适之始终认为'五四'是文化的，傅斯年也是如此。当'五四'运动发动时，胡适之丁忧回家，并不在北京，所以这运动并不是他领导的。他回到校里，就强调学生要安心读书。在这样内外不良的情势下，学生怎肯上课呢？其实这个运动，一开始就是政治的，愈演愈烈，文化运动便随之而发展。因为自辛亥以来，革命思想已深入人心，又受到苏联'十月革命'的影响，自然而然对于帝国主义封建制度的害处，认识更加清楚。想要推翻这种恶势力，就不能漠视政治，这是必然的道理。"①

沈尹默集中火力批判胡适思想是在参加上海大公报馆组织的座谈会上。1951 年 12 月 2 日，上海大公报馆邀请市文管会委员沈尹默及大学教授周谷城、蔡尚思、吴泽、顾颉刚、张孟闻、刘咸等，召开胡适思想批判座谈会，该报总编辑王芸生任会议主席。会上，大家根据各自的亲身经历和认识，对胡适思想做了分析和批判，指出胡适思想对人民的危害，证明党和政府对知识分子进行思想改造是十分必要的。沈尹默的发言题目是《胡适这个人》，后来在该报全文刊发。他在文章开头部分即指出，自己与胡适在北京大学共事一二年后，就看清胡适是个两面人：一方面自高自大，唯我独尊；一方面却很能够低声下气，趋炎附势的。接着，他列举几件具体事例，来说明胡适的为人。其中

①《沈尹默先生谈"五四"》，见《解放日报》1950 年 5 月 3 日。

一个例子是，五四运动时胡适因事回到安徽老家去，没有参与这场伟大事件的发动，等到回来，学生正在罢课中。胡适一到北大，就向沈尹默等教员提出许多责难，一面说这是非常时期，你们应该采取非常手段——“革命”手段；一面又说这个时候学生不应该罢课，要劝他们立刻复课。又提出等学生开大会时去讲话，别人阻拦也阻拦不住，终于到会讲了话，但没有人理睬，讨了个没趣。这充分说明胡适是个头等喜欢出风头的人。所以到了北京，被研究系一勾引，便鬼混到一起去了，什么学问也好，政治也好，在胡适都不过是借来作为出风头的工具而已。深入研究一下，这和帝国主义国家的政客们的伎俩完全一样，平日喊出许多好听的口号来，不过是一种引人的幌子，与其行为是完全不相符合的，这是我们常常可以看到、可以听到、不胜枚举的事例。胡适也就是这一种类型的活跃于反动时代的政客学者。沈尹默最后总结说：“今天的座谈会是对于胡适思想问题加以讨论的。无疑地他是一个亲美崇美的人，是一个极端自由主义者。一切历史的分析，学理的批判，诸位先生的发言都已经详尽无遗，我只能就我知道的事实，说出来印证诸位的言论是正确的。但我根据事实来说，胡适思想的影响，不比崇拜武训的人们的思想的影响来得大，他不能影响到学习过马列主义者的脑筋中去，这就充分说明了胡适思想是容易清除的。”①

这篇批判文章结合具体事例，直指胡适错误思想的要害，在知识界引起较大的反响。一经报纸刊登，即被人送到远在海外的胡适手中，胡适阅后十分生气，在 1952 年 1 月 5 日的日记中写道：“胡家健从香港剪寄来香港《大公报》，有十二月二日《大公报》在上海开的‘胡适思想批判座谈会’的记载与数据。那天出席的人有这些：沈尹默（上

①《本报举办胡适思想批判座谈会　全部发言记录明发表》，见《大公报》1951 年 12 月 15 日；《胡适思想批判座谈会》，见《大公报》1951 年 12 月 16 日。

沈尹默在上海海伦路寓所写字

海市文物管理委员会主任)、顾颉刚(上海学院教授)、蔡尚思(沪江大学教授)、刘咸(复旦大学教授)、张孟闻(复旦大学教授)、周谷城(复旦大学教授)、吴泽(?)(华东师范大学教授)。由《大公报》编辑王芸生致开幕辞。……沈尹默的一篇则是全篇扯谎!这人是一个小人,但这样下流的扯谎倒罕见的!"如此恶毒骂人,在胡适一生中也不多见,可见其气急败坏到何种地步。

1954年10月16日,毛泽东发出《关于〈红楼梦〉研究问题的信》,指出:"这个反对在古典文学领域毒害青年三十余年的胡适派资产阶级唯心论的斗争,也许可以开展起来了。"这封信标志着《红楼梦》研究批判运动正式开始,也标志着新一轮胡适思想批判运动的启动。10月31日至12月8日,中国文学艺术界联合会主席团和中国作家协会主席团先后召开了八次扩大联席会议,就反对《红楼梦》研究中的胡适派资产阶级唯心论的倾向、《文艺报》在关于《红楼梦》研究问题上的错误等问题展开了讨论,并检查了《文艺报》的整个工作。会议指出,俞平伯所著《红楼梦研究》和他近年来所发表的一些关于《红楼梦》的文章，是宣传胡适派资产阶级唯心论观点的错误著作。在批判《红楼梦》研究中的资产阶级唯心论的同时，必须进一步展开对胡适反动思想的全面批判。紧接着，各层次、各领域批判胡适思想的活动全面展开。

沈尹默也积极参加了这次批判胡适思想的运动。作为上海市文教委员会委员，他于同年 12 月 17 日、25 日先后两次参加上海市协商委员会和市文教委员会召开的联席会议，揭露和批判了胡适派的反动思想。会议由市协商委员会副主席金仲华主持。会上，市作家协会副主席吴强对全国各地开展批判俞平伯《红楼梦研究》中资产阶级唯心论观点和批评《文艺报》的编辑思想，以及对胡适派反动思想斗争的情况，做了综合介绍。市委宣传部长夏衍说明这一次思想斗争的重要意义和今后对胡适派反动思想进行深入批判的方针政策。沈尹默和舒新城、廖世承、周谷城、夏高阳、刘佛年、陈仁炳、余楠秋、姚蓬子、孙斯鸣、乐嗣炳、笪移今、周予同、严独鹤、吴若安、徐中玉、周行健、王造时、周信芳等先后在会上发言。大家一致同意中国科学院郭沫若院长的“三点建议”，认为批判胡适的反动思想，不但应该在文学艺术界进一步开展，而且应该扩大到学术文化界的各个部门中去。在发言中，沈尹默揭露了胡适在政治上、思想上为反动势力和帝国主义服务的本质，联系上海学术文化界的实际，与大家进行自由讨论。[1]

---

①《市协商委员会文教委员会举行讨论会揭露和批判胡适派反动思想》，见《解放日报》1954 年 12 月 27 日。

四、怀念老友鲁迅

沈尹默与鲁迅相识于辛亥革命前后的西子湖畔，后来相继到北京谋职，前者在北大预科做教员，后者供职于北洋政府教育部。蔡元培任北京大学校长时，聘请鲁迅到北大国文系兼课，沈、鲁又成为同事。五四运动前后，他们共同为《新青年》服务，沈尹默为该杂志轮值编辑兼新诗作者，鲁迅则是主要撰稿人，两人都成为新文化运动中冲锋陷阵的战士。1925 年女师大风潮爆发，他们并肩战斗，支持学生反抗军阀政府的正义斗争，结下了深厚的友谊。他们交往一直十分密切，《鲁迅日记》中提到沈尹默达五十三次之多，有共同出席友人宴席的，有互相访问谈笑的，也有互赠诗文、书信来往的。以后，鲁迅移居上海，两人主要靠书信联系。鲁迅每次回北京，都会找沈尹默晤谈。1936 年 10 月鲁迅病逝，沈尹默永远失去了这位交往二十多年的老友，心情十分悲痛。

在鲁迅离开人世的日子里，沈尹默一直在心中思念着对方，特别是新中国成立后，他的这种心情更加强烈。每当有人来求字，他书赠的往往就是鲁迅的不朽名句“横眉冷对千夫指，俯首甘为孺子牛”。据夫人褚保权回忆，这样的条幅，大大小小有七八十件。即使在“文化大革命”时期，他也经常书写这两句诗。有一次，他冥思苦想一会后，忽然伏案奋笔疾书这十四个大字，一变往日圆润妍丽之态，字迹遒劲洗练，蓄势藏锋，爱憎分明。由于当时他已成为批判对象，所以写好后没有落款，直到 1978 年“四人帮”粉碎后，才由褚保权补盖他的印章。1956 年至 1958 年，人民文学出版社陆续出版《鲁迅全集》，封面上四个端庄秀丽的大字即出自沈尹默的手笔。他还撰写了好几篇纪念鲁迅的诗文，都在报刊公开发表。其中最早的一篇《忆鲁迅》写于 1951 年，是应《文艺新地》杂志的邀请而写的，不久便发表于该杂志上。这篇文章仅七八百字，简要记述作者和鲁迅一生交往的过程。

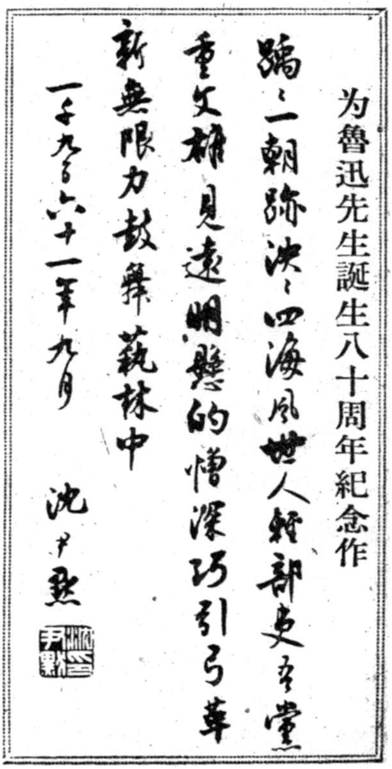

纪念鲁迅诗（《文汇报》1961 年 9 月 24 日）

1956 年 8 月，鲁迅先生逝世二十周年前夕，沈尹默收到鲁迅研究专家、作家唐弢的一封信，信中说再过一个多月鲁迅先生逝世满二十周年，上海市文联举办的《文艺月报》准备出一个纪念鲁迅的专号，编辑部委托他约请沈先生写一篇回忆鲁迅的文字，以示纪念。沈尹默阅信后，认为“在情谊上是不能够推却的”，便答应了这个约请，但苦于手头缺少资料。于是，在回信中提出能否请唐弢帮助借一部《鲁迅日记》，以供自己写作时参考。毕竟沈尹默当时已是七十四岁高龄的老人，要回忆几十年前的事，没有一部翔实可考的史料类著述，是不敢轻率动笔的。唐弢送来《鲁迅日记》后，沈尹默很快就写出了两千多字的回忆文章《鲁迅生活中的一节》，供同年10月出版的《文艺月报》“鲁迅纪念专号”刊发。《人民日报》《文汇报》都刊登了上海作家撰文纪念鲁迅的消息，其中特别提及沈尹默的这篇文章。大约因为翻阅《鲁迅日记》时，引起了对往事和旧友的回忆，沈尹默寄出稿件后，又写信给唐弢说《鲁迅日记》还没有“翻竟”，请求宽延几天归还。对这一要求，唐弢自然满口答应。①

同年9月，应《文汇报》邀请，沈尹默又撰写七律《追怀鲁迅先生》，诗云：“雅人不喜俗人嫌，世路悠悠几顾瞻。万里仍归一掌上，千夫莫敌两眉尖。窗余壁虎干香饭，座隐神龙冷紫髯。四十余年成一瞑，明明初月上风帘。”这首诗发表于同年10月19日《文汇报》副刊“笔会”上。全诗意境深远，音节苍凉，既热烈颂扬鲁迅先生的战斗风格，又深情寄托作者的哀思。五、六两句中的“壁虎”和“神龙”，作者曾多次给亲友做过解释。原来在北京时，有一天，沈尹默到鲁迅绍兴会馆的住处拜访，看到主人书桌旁纸糊的窗子上，有一只吃得很肥的壁虎，见到人也不逃避，觉得很奇怪，便问主人缘故。鲁迅笑着说：“那是我喂养的，每天还给他吃稀饭呢！”后来又看到墙上挂着一只弹弓，沈尹默又颇好奇，问道：“难道文人还学习武功吗？”鲁迅笑着说，那是用来射那些在院子门边小便的人，因为“禁止随地小便”之类的标语对他们没有作用，因此“只好动武了”。沈尹默说：“从这两件小事，可以看出鲁迅的两种态度，他真是爱憎分明。”

《文汇报》负责约稿的编辑徐开垒与沈尹默有过多次交往，后来徐开垒回忆：“他的家在上海海伦路儿童公园对面的一幢沿马路的小洋房

---

① 龚明德《沈尹默致信唐弢谈鲁迅》，见《南方都市报》2012年8月12日。

里。记得 1956 年秋天，鲁迅逝世二十周年的时候，我到他家，他给我谈他以前所接触到的鲁迅，真是谈得有声有色。”“尹默老人在五十年代对鲁迅还是十分怀念，那天他给我当场挥毫，送我一个直幅，至今还挂在我家里。那是一首七律，题称‘追怀鲁迅先生’……”①

1961 年 10 月 7 日，毛泽东主席接见正在我国访问的日本朋友，把亲笔书写的一首鲁迅无题诗赠送给客人。这首诗仅有四句：“万家墨面没蒿莱，敢有歌吟动地哀。心事浩茫连广宇，于无声处听惊雷。”第二天，《人民日报》刊登毛泽东书写鲁迅这首诗的手迹。10 月 10 日，诗人臧克家撰写《毛主席亲题鲁迅诗》一文，发表于 10 月 13 日《人民日报》，阐述这首诗的深刻含义和伟大思想。沈尹默读了臧文后，对其解释鲁迅诗的一些词句，“觉得还不能恰如其分，而且使人读了感到它未能顺着原诗的文理说去，不免有些支离破碎之嫌，对于青少年读者们读通原诗尚有一定困难”。于是，挥笔写成《也谈毛主席书赠日本朋友的鲁迅诗》，投给报社。他在文中不仅对原诗逐字逐句进行解释，还对诗的言外之意也做了说明，指出“那是很显然表现出劳动人民革命的原动力的伟大和坚强，所以人们总是说革命最后的胜利是属于劳动人民的，历史也就证明了这一点，这是鲁迅有革命的信心和革命乐观主义的表现，他真不愧为革命文学的旗手”。与此同时，高歌今、周振甫、唐弢等作者分别发表文章，提出对鲁迅这首诗的不同解读。11 月 1 日，《人民日报》将沈尹默的文章刊出。11 月 9 日，臧克家又在该报发表《再谈毛主席亲题鲁迅的诗》，详细阐述对原诗的理解，并简要点评各家对此诗解释的优劣。这场讨论引起许多读者的兴趣和关注，不少人纷纷参与进来，发表各自对这首诗深刻含义的理解。

---

① 徐开垒《追怀沈尹默老人》，见《随笔》1982 年总第 19 期。

此次笔战引起郭沫若的注意，也撰写《翻译鲁迅诗》的文章，发表于11月10日《人民日报》上。郭文对原诗提出自己的解释和看法，并基本同意沈尹默的解释。郭沫若在文中说："最近在11月1日的《人民日报》第六版上读到沈尹默的《也谈毛主席书赠日本朋友的鲁迅诗》。我很高兴，尹默的见解和我完全是一致的。如果再要加一点注释上的补充，那就是'于无声处听惊雷'句。据我看来，这一句是从庄子的'渊默而雷声'（《在宥篇》）和'听乎无声'（《天地篇》）等语蜕变出来的。诚如尹默所说'鲁迅是精熟古典文学的'，而且他对于庄子很熟。但在这里却起了质的变化，即是由庄子的形而上学的观点变成了鲁迅的辩证唯物论的观点。这真可以说是化腐朽而为神奇了。"

晚年沈尹默更深刻地体会到鲁迅精神的伟大，写出了充满敬佩之情的《追怀鲁迅先生七绝句》（其中一首散佚）：

少时喜学定庵诗，我亦离居玩此奇。血荐轩辕荃不察，鸡鸣风雨已多时。

一人笔胜万夫豪，坛坫巍然左翼高。怒向骎骎成冷对，却于此处见风骚。

过时言论从来有，往往流风及后生。取舍得宜终有益，莫轻于此论亏成。

遵命文章语最工，望中依约大旗红。辕南辙北日以远，终与洪流汇海东。

敌我分明异爱憎，吐词中晚不同程。一从唤起全民后，更使青年乐继承。

莽莽黄尘蔽远天，岁朝闲话酒樽前！因君此际成追忆，百快当前一惘然。

五、为书法正名

中华人民共和国成立后，书法界发生了巨大的变化，随着国民党政权败退大陆，身为国民党监察院院长的于右任远赴台湾，原有“南沈北于”双峰对峙的格局被打破。作为双峰对峙的另一方，崇尚晋唐书法的沈尹默经历短时间的茫然惆怅后，毅然独力挑起振兴书法的历史重任。

可是，由于种种原因，不少人对中国书法这门古老的艺术还有偏见，认为它过去一直是文人士大夫身份的象征，是求取功名的敲门砖，不为人民大众所喜爱，认为对社会主义建设毫无用处。甚至有人认为书法不是艺术，书法史不是艺术史。针对书法的阶级性问题，沈尹默撰写了《书法的今天和明天》，以自己的亲身经历，指出书法同一切文艺形式一样，看由谁掌握，为什么人服务。他写道：“我以为汉字和图画一样，是为人民大众所爱好、所欣赏的艺术品之一，这是无庸置疑的事情。拿我近来接触到的情况来讲吧，不但老年人喜欢求人写字，就是青年们也是如此。我是一个书法爱好者，虽然没有多大成就，却已有六十多年不曾间断的练习经验，被人们知道了这一点，我便陷入了应付不周的境地，不但常常有人要我写字，而且不断地有许多人——其中大多数是学校、部队、工厂、商店的青年，来向我讨教。

这种现象是够说明人民对于书法的了解和需要。”他又从生活的实际出发说：“书法本来不仅仅是用在屏条、对联、册页、扇面上的，就是广告商标、路牌、肆招、标语、题签、题画之类，也需要有美丽的书法，引起一定的宣传作用。我历年来为书籍图片出版社以及日用商品店、出口物资公司等处题了不少字，前年天津中国制药厂，要我替他们写二十多种膏丹丸散名称的包装纸，据说以此来包药，与销路也有关系，这也是社会上需要书法的一个绝好的实例。”①

沈尹默还陆续撰写《书法漫谈》《学书丛话》《答人问书法》《和青年朋友谈书法》《和青年朋友再谈书法》等十多篇介绍书法知识的文章，目的也是为了澄清有人否定书法是艺术的错误观点，帮助人们掌握基本的书写技能。他不厌其烦地指出，书法是我国的优秀传统文化之一，不仅是艺术，而且是一种最高艺术。书法的魅力在于“它能显出惊人的奇迹，无色而具图画的灿烂，无声而有音乐的和谐，引人欣赏，心畅神怡”。针对有人因为西方没有书法艺术便怀疑甚至否定书法是艺术的民族虚无主义观点，他进行了有力的批驳，维护了书法的尊严。他说：“我国人过去有些看轻自家文化，而崇拜西方文化的习惯，连我国文字不是拼音，不用横写，都觉得有点不对，何况把法书看作艺术，那自然是更加不对了。你去试问一问稍微懂得一点中国书法的朝鲜人和日本人，恐怕他们就不会这样说：中国法书不是艺术。”又说：“至于书法应该或者不应该提倡这件事，我以为本来不是凭几个人爱憎的企图，也不是靠政府的一纸当废或者当兴的命令，所能勉强做到的。”②

---

① 马国权《沈尹默论书丛稿》，岭南美术出版社、香港三联书店 1981 年版，第 158-159 页。

② 沈尹默《谈书法》，见马国权《沈尹默论书丛稿》，岭南美术出版社、香港三联书店 1981 年版，第 85-92 页。

《执笔五字法》封面

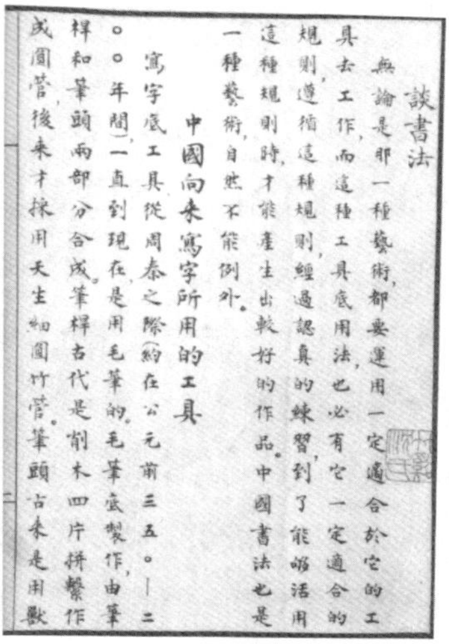

談書法

無論是那一種藝術，都要運用一定適合於它的工具去工作，而這種工具底用法，也必有它一定適合的規則，遵循這種規則，經過認真的練習，到了能够活用這種規則時，才能產生出較好的作品。中國書法也是一種藝術，自然不能例外。

中國向來寫字所用的工具

寫字底工具從周秦之際（約在公元前三五〇—二〇〇年間）一直到現在，是用毛筆的。毛筆底製作，由筆桿和筆頭兩部分合成。筆桿古代是削木四片拼繫作成圓管，後來才採用天生細圓竹管。筆頭古來是用獸

《谈书法》书影

这些言论充分体现了他的文化自信和对书法前途的坚定信念。

沈尹默还对书法理论进行深入探索，这一点在同时代的大书家中是不多见的。新中国成立前，他研究书法的理论成果主要体现在碑刻善本题跋中，偏重于点评古代书家的观点，提出自己的心得体会。1949 年以后，他研究书法的重点发生了变化，除关注书法本身的命运和传承外，特别强调书法的功用，陆续撰写了《书法论》《历代名家学书经验谈辑要释义（一）》《历代名家学书经验谈辑要释义（二）》《二王法书管窥》等多篇论书文章。这些文章既是他研究古人书学理论的成果，也是他个人几十年书法实践的经验总结。他善于吸收古人书法理论的长处，又不受这些理论的束缚，做到“取其精华，去其糟粕”，融会贯通，以丰富自己的认识。难能可贵的是，他在实践中探索理论，再用理论来指导实践，然后再由实践检验理论正确与否，如此循环往复，不断提高自己的认识水平，丰富符合实际的书法理论。

他撰写的《书法论》发表于1957年《学术月刊》第一、二期，是一篇总论性质的书法论文。他开篇就写道：“我国自来法书与名画并称，千百年来，人无异议，法书是艺术的一种，已有定评，本文不更论列。本文所论述的只有三端：一、笔法，二、笔势，三、笔意。”中国传统书法理论，对于用笔方法本来就相当重视。汉魏六朝以来，书论中对于笔法的讨论持续不断，著名的有蔡邕《九势》、王羲之《笔阵图》、南齐王僧虔《笔意赞》等，都讨论用笔问题。唐代讨论笔法的风气更盛。唐以后历代论述用笔之法，多从唐人理论推衍阐发。沈尹默吸收前人的理论成果，特别重视用笔的方法，认为写好毛笔字的第一个要点就是掌握笔法。笔法是写字点画用笔的方法，是人们在长期的写字过程中发现的规律。实践中如何遵循笔法，学书才有成就和发展的可能。首先，要注意写字所用的工具——毛笔的构造和使用方法。对历来书家的种种执笔法，认为由二王传下来的才是合理的，二王笔法就是经唐朝陆希声所阐明的擫、押、钩、格、抵五字法。能够按照五字法用笔，可以说已经打下了写字的基础，站稳了第一步。其次，论述腕法、转换处的提和按，介绍自古传下来的八种点画写法。他还认为写好毛笔字的另外两个要点是笔势和笔意。笔势是一种单行规则，是每一种点画各自顺从着各具的特殊姿势的写法。在指出前人论“势”的得失后，详细介绍了著名的八法和戈法。从结字整体上看来，笔势是在笔法运用的基础上逐渐演生出来的。强调不能离开笔法和笔势去讲究笔意，因为笔意是在笔势进一步互相联系、活动往来的基础上显现出来的，三者都具备在一体中，才能称之为书法。他还用颜真卿和张旭关于钟繇书法十二意的问答来说明笔意，赞同解缙学书的体会。

沈尹默的《历代名家学书经验谈辑要释义（一）》是阐述唐韩方明《授笔要说》的。此文有写印本，不仅可以从作者的心得体会中获得启发，同时还可以欣赏他的书法艺术。此文重在论述笔法，对初学者最有用处。《历代名家学书经验谈辑要释义（二）》包括《后汉蔡邕〈九势〉》《南齐王僧虔〈笔意赞〉》《唐颜真卿〈述张旭笔法十二意〉》三篇，重在讨论笔势和笔意。

《二王法书管窥》发表于1963年9月，是沈尹默晚年最重要的书论著述，这年他已八十一岁，书法理论和实践都日趋成熟。历史上研习二王法书，代不乏人。近现代书家中，沈尹默对二王法书的钻研尤其深入，在书法界占有重要的地位。作者以自身几十年学书的经验，把二王法书相关问题进行系统的整理和阐述，对后学有重要的意义。他在文中认为学习二王法书，“要先弄清楚甚么是王字，其次要弄清楚王字的遭遇如何，它是不是一直被人们重视，或者在当时和后来有不同的看法，还有流传真伪，转摹走样，等等关系”。然后梳理二王书法渊源以及成就异同，讨论唐太宗“扬父抑子”问题及影响，说明唐代王羲之父子法书流传情况以及宋代以来对二王墨迹辨伪的状况，指出现存二王墨迹较为可靠的作品。最后说明自己对内擫、外拓两种用笔方法的体会，指出王羲之运用“内擫”法，王献之运用“外拓”法，以及“内擫是基础，基础立定，外拓方不致流于狂怪”。

沈尹默为中国书法艺术的传承和发展做出了突出的贡献。他撰写的十多篇普及书法知识的文章，用深入浅出的语言回答了众多书法爱好者在学书过程中遇到的大量问题。而他的系列书法理论文章，为书法专业人士提供了有益的启发和借鉴。有专家评论指出，真正的“沈尹默时代”，不仅仅是他的创作成就获得社会的承认，更重要的是他把自己的书法理念传播于社会及下一代学书者，把高雅艺术普及到大众之中，这是中国书法在20世纪最主要的变迁之一。

六、拥护“双百”方针

1956年，为繁荣科学和艺术，使它们为社会主义建设服务，中央提出“百花齐放，百家争鸣”的方针。这不但指明和开拓了社会主义文艺发展的崭新道路，也为中国社会主义文艺事业做了基本构想。其主旨和精神实质就是把一切积极因素调动起来，创造丰富的文化产品，为人民服务，为社会主义建设服务。“双百”方针提出和实施后立即显示出强大的生命力，文艺事业呈现出勃勃生机。

沈尹默对中央提出的“双百”方针，经过学习和思考，认为意义重大，多次表示赞成。在接受上海《新闻日报》记者采访时，他详细阐述了对这一方针的理解和意见。他首先指出毛泽东主席为何要提出“百花齐放，百家争鸣”的方针，认为宇宙万物是多种多样的，而且总是向前发展的。提倡百家争鸣，果然有人会鸣，即使不主张百家争鸣，事实上还会有人要鸣，不过不是公开鸣而是背后鸣而已。我们宣传唯物主义，要使人心安理得地接受唯物主义，也只有通过争鸣，辨明是非，才能达到这个目的。我们不必害怕争鸣之后唯心主义会得势，甚至会造成思想混乱。因为唯物主义本来是在和唯心主义作斗争中成长壮大起来的。

为青少年书写习字帖　新华社记者王子瑾摄

他从报纸上看到北京学术界人士讨论百家争鸣的消息，自己在上海也参加过几次有关百家争鸣的座谈会，总的印象“这是我们国家科学与民主大发展的征兆，也是我们国家兴旺气象之一”。对讨论中有些意见认为讲得很好，有些意见就不一定同意。他举例论述：“有人主张，要鸣先得要成家，更要求你对这门学术有过深入钻研。我以为不肯深入钻研，安于浅尝，这当然不好，但如果他要参加争鸣，还是值得欢迎的。我看外行人提的意见尽管外行，但其中夹杂的成见和偏见就比较少。在这方面，如果内行人肯虚心接受其中可以接受的一部分，而再把自己深入钻研所得的一部分告诉对方。这样，岂不是双方都能从争鸣中得到好处吗？”又说：“也有人提出，既然是百家争鸣，究竟还要不要马克思列宁主义作为领导思想？我认为我们执行‘百花齐放，百家争鸣’政策的目的，就是要我们在文艺工作和科学工作方面，把一切的积极因素都调动起来，更好地为我国伟大的社会主义建设事业服务，为繁荣我国的文学艺术而努力，为使我国的科学工作赶上世界先进水平而努力。在这样一个总的目标之下，学术思想上，就要以马克思列宁主义为领导思想。过去，周秦诸子争了很久，结果罢百家而定于一尊，也就完了。我们今天所指的以马克思列宁主义为领导思想，既不同于过去的‘定于一尊’，也不是像十八世纪那位唯心主义者柏克莱大主教那样先指定一个框框，合者要不合者不要，而是要我们顺着社会发展的规律，为着实现建成社会主义和共产主义社会这个崇高目标而努力奋斗。”

沈尹默热切希望通过这次学术思想上的百家争鸣，能有人对我国周秦以前的各种学术思想，重新做一番检查，给予恰如其分的评价。所谓恰如其分，就是不要忘记他所处的历史环境，以实事求是的态度来给予评价。

关于正确对待民族遗产问题，沈尹默认为固然应当按照十二年发展科学事业的远景规划，进行重大的努力，使我国当前急需的科学部门赶上世界先进水平，但对规划之外的东西，也要注意有人去从事研究和整理才好。他以自己了解的实际问题为例，强调说：“对待任何事物，从联系观点看问题非常重要。举例来说，大家提倡中医，这当然很对。但同样应该及时注意有关中药的一连串问题。我知道现在专门切药料的老师傅的优秀技术，就快要失传了，如果不采取及时的措施，那将来会影响很大。又如我国对名画和书法，历来很重视，这也是民族文化遗产的一部分吧，但今天写字和画画的人，对狼毫笔和颜料的缺乏，感到这确是个问题。其实，颜料也好，狼毫也好，我们不是没有，只要有关部门能很好的联系事物，比较细致而周密地进行工作，就可以及时解决这些问题。此外，写字和画画，也离不开‘装池’的工作，因为这是工作上不可分割的部分。但我最近听说上海著名的刘定之装池，就要离开上海到北京去了。他们这部分的社会主义改造和今后的安排，都是我们最关切的问题。再举一件极细小的事件来谈，前些时候，在菜场上买不到生姜。你说这是小事情吗？当然，很小。但是当你联想生姜这种家常调味品，不但煮菜、煎药，家家户户都需要它，特别在大暑天它的用途更为广泛的时候，这便是有关人民生活的大事了。为什么曾经有一个时期会产生脱销现象，这个就值得有关部门引起重视了。”最后他总结说，我们切忌孤立地看问题，应当多注意各个方面的联系和相互之间的关系。[①]

書法漫談

《书法漫谈》一文在《上海新民报晚刊》连载（1955 年 5 月 8 日起）

沈尹默还在上海积极参加关于古典文学研究的讨论活动，以实际行动响应“双百”方针。同年 9 月 1 日和 7 日，他两次应邀参加中国作家协会上海分会古典文学研究组召集的关于李煜词评价问题的座谈会。关于李煜词评价问题是 1955 年陈培治在《光明日报》发表一篇文章引起的，争论的焦点是李煜词有没有人民性，专家们众说纷纭，莫

① 鲁宜《沈尹默谈百家争鸣》，见《新闻日报》1956 年 7 月 31 日。

衷一是。沈尹默认为“李煜时代的‘人民性’与我们这时代的‘人民性’不能完全相同，否则就是以现代的尺度去量古人的作品。李煜并不是只看到‘雕栏玉砌’的人”。许多人赞同他的说法，认为不可以简单化、公式化地对待古典文学研究。[1]

不久，沈尹默又参加中国作家协会上海分会诗歌组举办的座谈会。他认为研究古典文学，要继承前人的遗产，同时应该有自己的风格。这次座谈会后，他专门撰写《接受民族遗产的正确态度》一文，详细阐述关于如何对待民族遗产问题的观点，发表于同年 10 月 8 日的《文汇报》上。他在文中写道：“《解放日报》有一位记者报导考厨司的新闻，形容一个广东厨司菜烧得很好，说有‘锦上添花’的感觉。其实‘锦上添花’这句成语原是形容多余的东西，意思等于‘画蛇添足’。但这位记者竟用来称颂他所敬佩的厨司，这就闹成笑话了。我并没有嘲笑记者的意思，这说明对古人东西不细心地逐字逐句研究，就会弄错。”不料，他的这个解释引起不少读者的异议，他们纷纷写信给报社提出不同意见。读者王振鸥引用王荆公“丽唱仍添锦上花”句，认为“锦上添花”是“好上加好，美上加美”的意思。沈尹默收到报社转来的读者来信后，又撰文进行详细说明，坚持“读前代作家的作品，必须要读他的全篇，甚至于需要读他的全集，而且需要对于他的生平性格多少有些了解，才不会错会他的用意。如果单凭片词只句，加以端详，就给它下一个肯定的断语，那是不甚妥当的，因为认识不够全面（前人赋诗见意之例，往往可以断章取义，那又当别论）。我现在把荆公《即事》一首诗（李壁注本《王荆文公诗》卷之三十四）全篇抄出，试运篇末两句精研一番，就可能帮助我们判明他引用‘锦上添花’这

①《关于李煜词的评价》，见《文汇报》1956 年 11 月 6 日。

句当时流传的俚语的意思”。接着，他逐句逐词进行分析，最后得出锦上添花的原意是多余的、不必要的。这篇文章刚写完，沈尹默又收到读者蒋敏的信。蒋敏在信中引用郭沫若的诗句“好让你们添花锦上光大发扬”，证明郭沫若也是以“美上加美”的意思来引用这个成语的。沈尹默在文章结尾处又不得不加上一段话，对蒋文所引例子再作详细说明。他明确表示不反对把旧词和成语的原意改变了来运用，但不赞成任意改用，尤其不赞成沿袭前人误用的例子，应该根据充足的理由来改革，适合于现代作品的要求。

正如沈尹默所说的，他参加关于理解和运用词和成语的讨论，目的是为了响应党的“百花齐放，百家争鸣”方针，帮助大家正确研读古典文学。他有扎实的古诗文基础，又勤于钻研和思考，对青年人充满关怀和希望，才不顾年高体衰，多次撰文发表自己的观点和学习经验。

七、领导关怀暖人心

沈尹默生前多次受到毛泽东主席的接见，倍受鼓舞。他不仅对毛主席非常敬仰，而且对毛泽东诗词也爱不释手，经常书写这类诗词参加展览会，或者馈赠亲友。1962 年 3 月，他精心书写的小楷习字帖《毛主席诗词二十一首》由上海教育出版社出版发行，供高小和初中程度学生临摹。

沈尹默第一次见到毛泽东主席，是 1959 年 4 月。当时他在夫人褚保权的陪同下，赴北京参加第二届全国人民代表大会第一次会议和政协第三届全国委员会第一次会议。其间，他作为无党派民主人士，受到毛泽东的亲切接见，两人还做了简短的交谈，气氛轻松愉快。褚保权后来回忆说：

> 一九四九年，在陈毅市长聘请沈尹默为上海市文物保管委员会委员不久，经市人民政府报请中央人民政府毛泽东主席聘任沈尹默为上海市人民政府委员会委员。一九五九年，沈尹默在北京参加第二届全国人大第一次会议和政协第三届全国委员会第一次会议。其间，毛泽东主席接见各民主党派和无党派民主人士，

和尹默一见面就亲切握手，称赞尹默说："你工作得很有成绩，人民感谢您。"还说："听你的口音，不像浙江话。"尹默回答说："早年生活在陕南。"接着尹默问毛主席："现在各党派都要我参加他们的党，我是喜欢发表意见的人，您看怎么好？"毛主席笑着回答道："党外好，党外好！"这一番话铭记在尹默心里，故而一直到逝世，尹默始终是无党派民主人士。①

大约在 1962 年，沈尹默又去北京出席全国政协会议。其间，毛泽东主席特意请沈尹默、马一浮、章士钊、谢无量、熊十力等五位学术界老前辈座谈，谈的内容全是中国诗词。从《诗经》《楚辞》到唐诗宋词，从诗坛轶事到诗词写法，兴之所至，无所不及。沈尹默返沪后，对夫人褚保权说："毛主席真乃当世英才。他学识渊博，记忆惊人，尤其对古典诗词，造诣很深。"

据沈尹默回忆，有一次毛泽东主席找他谈话，问他是什么地方人。他说是浙江吴兴人，讲话是南腔北调。接着又告诉主席，自己没有进过学堂（指没有读过大学）。主席说："那很好，像高尔基一样。"他忙说"不敢、不敢"。这时主席就很随和地讲起故事来，说："清朝时，有一个巡抚是捐班出身，而臬台是科班出身，这臬台的官是凭功名得来，看不起这捐班出身的上司，巡抚心中也明白。有一天两人同到孔庙去拜孔子，当两人都跪在孔子像前时，这位巡抚就指指上面的孔子像说：'这位老夫子也不是科班出身啊！'"毛主席讲这个有趣的故事显然是在鼓励他，有大学问的人，未必一定都读过大学。这给他留下了极其深刻的印象，以后多次与亲友谈起这件事。

---

① 褚保权《沈尹默与中共领导人的交往》，见《上海文史资料选辑》第 6 辑。

1963年11月初，沈尹默忽然收到老友、全国人大常委会副委员长程潜的一封信，信中说：“毛泽东主席七十大寿，潜不揣浅陋，试作七律祝诗十二首，兹随函寄尘，敬请教正。倘蒙先生撰诗共祝，极所希望。尊作体例长短不拘，悉请自定。”[①] 原来，再过一个多月，即12月26日是毛泽东主席七十岁生日。虽然作为党的领袖，毛主席一直没有过生日的习惯，更反对别人为自己做寿，但有道是“人生古来七十稀”，这么一个特殊的日子，熟悉毛主席的人都想表达庆贺之意。程潜与毛主席是湖南同乡，解放战争中响应中共领导人的号召，宣布湖南和平起义，为建立新中国立下了大功，因此特别感谢毛主席和共产党。值此毛主席生日来临之际，特地撰写寿诗十二首表示祝贺。沈尹默与程潜在抗战时的山城重庆就有来往，两人时常诗词唱和，共同出席各种宴会和雅集，所以程有写信邀请好友共同做诗之举。沈尹默觉得这个办法很好，当即答应下来。经过一段时间酝酿，他精心创作《沁园春》词一阕，并书写在一张珍藏多年的红色高丽纸上，右上角钤一方朱文“长寿”章。词是这样写的：

一柱擎天，万里无云，四海无波。喜红旗扬起，乾坤浩荡，东风拂遍，遐迩融和。六亿人民，同登寿域，见者惊译安乐窝。国庆日，听天安门外，动地讴歌。

神州大好山河，人更觉，今朝壮丽多。看马列真文，功高粟帛。孙吴神武，力止干戈。玄圃桃繁，仙山枣大，松柏长青带茑萝。无私颂，为群伦祝福，欢醉颜酡。

① 戴自中《一封程潜致沈尹默的邀请信》，见《上海滩》2014年第12期。

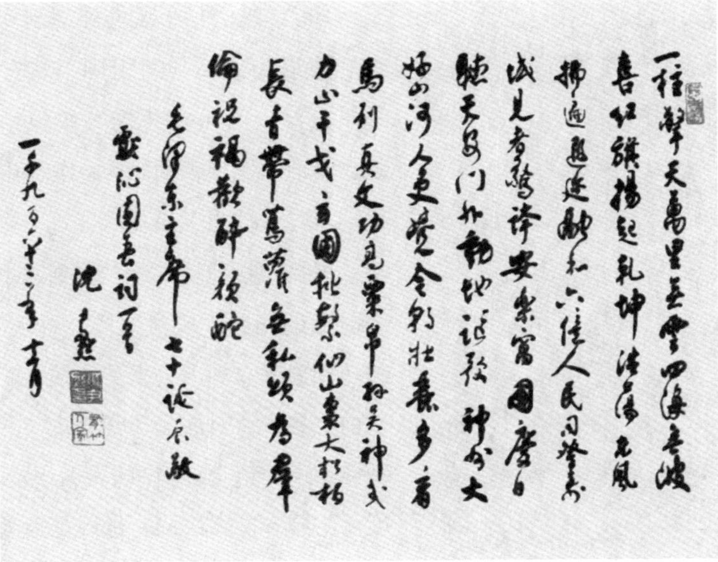

为庆祝毛泽东七十大寿所作《沁园春》词

11 月中旬，沈尹默带着这件庆祝毛泽东主席生日的横幅，抵京参加第二届全国人民代表大会第四次会议。其间，他委托陈毅将横幅转呈给毛主席。

沈尹默还多次受到周恩来总理的关怀。1959 年 4 月 29 日，政协第三届全国委员会第一次会议闭幕，周恩来特地设茶点款待三百八十余位老年委员，沈尹默也在其中。那天，宾主亲切交谈，笑语融融。有感于总理尊重老人，使大家心情舒畅，愿意各献其才，为社会主义建设贡献余热，沈尹默忽然想起刘禹锡和米嘉荣诗："唱得凉州意外声，旧人唯数米嘉荣。近来时世轻先辈，好染髭须事后生。"挥笔写下七绝一首，献给与会诸公："不知老至共开怀，长短随人各尽才。几辈髭须浑染得，莫嗤独为后生来。"这是他第一次与周总理见面，心情格外激动。

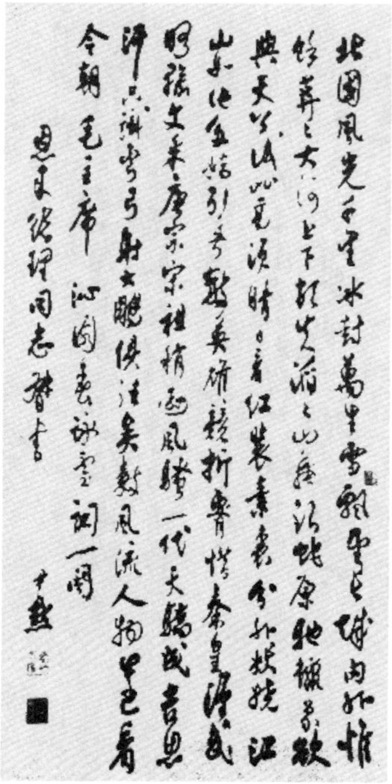
毛泽东《沁园春·雪》(1962 年书录)

1962 年，沈尹默迎来八十大寿，党和政府为表彰他对祖国书法艺术的贡献，经上海市文化局等单位精心筹备，从他创作的五百多幅作品中，挑选一百二十件在上海美术展览馆隆重展出。展品包括他从二十二岁到八十岁各个时期的作品，风格多样，琳琅满目。碰巧周恩来总理因公来沪，在百忙中抽空前去参观，对展品非常满意，并请他写字。他聚精会神地写了一幅毛泽东主席《沁园春·雪》词。也许是因为总理索要的缘故，他自认为写得太拘谨，于是重写一幅。这次大胆挥毫，笔势纵横，一气呵成。他请总理挑选一幅，周总理笑笑说："你写得这么好，我两幅全要了。"

有一次，沈尹默在上海受到周恩来接见。因眼睛深度近视，又患白内障，看不清面前人的面貌，他一进门，见有人迎上前来，误以为是接待人员，便将穿在身上的大衣脱下，随手交给对方。周总理接过大衣，挂在衣架上。交谈时，他才发觉挂大衣的就是周总理，心里感到非常内疚，周总理却泰然处之。

1971 年初，沈尹默因病住院。当时北京正在召开全国出版工作会议，周恩来总理向上海代表询问沈尹默的近况，问他还在吗，还能写字吗？但"四人帮"在上海的爪牙对周总理的指示拒不传达，反而加紧迫害。后来，有位北京朋友来信，谈到总理在会上提到沈尹默，并询问近况。夫人褚保权把信读给他听，他听后露出了容笑，那是“文化大革命”以来从未有过的兴奋表情，他是多么感激周总理的关怀啊！

沈尹默去世后，家属生活发生困难，夫人褚保权向沈尹默生前所在单位上海中国画院申请生活补助，但画院造反派不予理睬。她只好写信给刚获得“解放”出来工作的市领导王一平同志，请他帮助解决。张春桥却别有用心地说，沈尹默家属的生活费问题慢慢考虑。周恩来总理知道后，亲自询问上海市有关领导，画院是怎样考虑的。王一平说，他们考虑每月给三四十元或五十元。周总理说，什么三十、四十、五十,五十就是五十。在总理的亲自关怀下，沈尹默家属的生活才有了改善。

八、参加书法展览

沈尹默虽然过了古稀之年，但仍然孜孜不倦地追求书法艺术。他每天都规定临池功课，总要写几页字，习以为常。他历来强调执笔法，写字讲求以腕使动，中锋使转，使得线条遒劲郁勃而畅达矫健，点画精致妍润而端秀飘逸，富有动态美和书卷气，让人赏心悦目。他的书法受到越来越多的人的喜爱，上至国家领导人，下至普通百姓，都以能得到他的墨宝为荣。全国各地前来求书的人络绎不绝，门庭若市。为满足广大书法爱好者的需要，也为了扩大书法艺术的影响力，向社会大众展示个人的书法艺术，他多次参加各类书法展览，受到艺术界和普通观众的关注。

新中国成立后，沈尹默的书法作品第一次参加公开展览是1957年3月初。当时北京市中国书法研究社在北海公园举行时人书法展览会，沈尹默有多幅作品参展。3月5日，《人民日报》刊登了此次展览会的消息，称展览会吸引了不少观众前去欣赏，在书法界产生了较大的影响。展览会共展出北京、上海、河南等地一百二十多位书法家的一百八十多件作品，记者特别点评了沈尹默的作品，认为他的行书“不光工夫到家，而且气韵生动”。此后，他的作品又多次参加上海市

沈尹默与江庸观赏书法作品

有关部门组织的书画展览。

1962年春，上海市书法篆刻作品展览会隆重举行，沈尹默又有多件作品参展。他的书法自成风貌，在奇正相生、若断还连中，备尽法度，反映其书取法之醇，其人学养之丰。报纸评论说："展览会上，著名书家的作品标志着书法艺术的水平，成为业余书法爱好者学习的榜样。如年届八十岁的书法家沈尹默，他的字宗尚晋代'二王'，但对这一体系的诸代书家，如唐褚（遂良）宋米（芾）等则又无不参酌运用，所以能够得其神韵创立了自己的风貌。从他的作品来看：每一行字虽然错错落落，但是行与行之间互相照应，互相辉映，使整个篇幅浑然一体，这可以说是其结构上的妙处；又从每一个个别的字来看，他的字能寓刚劲于圆熟之中，达到所谓遒劲而兼妩媚的境界，所以字的立体感特强，这是其行笔运墨上的妙处；再看每一行上字与字之间，当其连绵不断直写下来的时候，由于字的结构精确，点划分明，使人看了别有一种流利生动的感觉，这是书家对于字学素有深刻研究所反映出来的妙处。”①

新中国成立后沈尹默的第一次个人书法展览是八十岁那年在上海美术馆举行的，当时吸引了大批书法爱好者前去观赏，不少专家还撰写评论，引起很大的反响。

青年书法家胡问遂撰文认为，沈尹默对历代著名书家的书法几乎无不致力揣摹，不因个人喜好而轻易取舍，尤其着力于学习褚遂良，写遍了褚遂良传世各个时期的作品。另一方面，沈尹默讲求用笔，参展作品各有所长，而以草书曹操诗与行书陆游诗为代表。胡文指出：“这次展出的作品，各有所长，但欣赏艺术，各人不同。我以为草书曹孟德诗（缩印左图）和行书陆务观诗堪为代表。苏东坡曾说：‘草书难于凝重。’写草书由于连绵缭绕，极易发风动气，火辣辣的使人看到有狂怪怒张的习气。尤其是横直画多的地方，更有积薪束苇之状，因而缺乏萧散静逸之趣。曹诗草书用笔清圆秀润，结体奇宕潇洒，而转侧牵带之间，干净明丽，一线抽锋，俨然莼丝。有晋宋人简淡天成的韵致。行书陆务观诗，是用茅龙笔写的（白沙茅龙是广东特产，是用一种茅龙草扎缚而成的笔，为明陈白沙宪章所创），熔杨凝式、颜真卿、瘗鹤铭、郑文公笔意于一炉，苍劲朴厚，逐节顿挫，点画之间，振迅飞动，笔力实欲透过纸背。而字势则转左侧右，皆随映带而生，富有《争坐位帖》的韵致。结体则大小参差，疏密互见。布白则燥润相杂，若断还连，神气淋漓，体势万变。‘屋漏痕’‘折钗股’各种妙谛尽归腕下。他的字向以清圆秀润擅长，此书由于用茅龙笔写，所以使转之间，益见刚劲，或者以为刚劲之极，不免火气，然火气由秀润而生，

① 之江《笔酣墨饱　体式俱全》，见《新民晚报》1962 年 4 月 10 日。

王一品斋笔庄周鑫成（右）携带样笔访问沈尹默，沈尹默挥毫试笔　新华社记者章耕辛摄

适可补其不足。”①

古典文学专家、书法家郭绍虞教授在《解放日报》发表《看沈尹默先生书法展览以后》一文，对沈尹默的展品大加赞赏，认为尤其是行书，刚柔咸宜，得心应手，风格多样，各极其妙，其书法长处是从规矩中生变化，而又于变化中出精神。文章说：

① 胡问遂《穷变态于毫端——欣赏沈尹默书法》，见《新民晚报》1963 年 1 月 13 日。

看了沈尹默先生的书法展览，尤其是他的行书，真觉得书法是一种艺术。看他用运硬毫无棱角，运软毫有筋骨，控制得法，刚柔咸宜，得心应手，这就非工力不办。看他笔粗处并不类墨猪，笔细处则细若游丝，粗处不蠢，细处不弱，这更非工力不办。看他运笔快时疾若闪电，好几个字可连在一起，而运笔慢时则一波三折，即在一横一直之间也自生顿挫；再看他结体有正有侧，行气有断有续，于正侧断续之间，自然姿态横生，令人玩味不穷，而更难在正不嫌板，侧不涉怪，断处觉密，续处成疏，再结合运笔之快慢，自然形成辩证的统一。

尤其看到最近所作的几幅，如茅龙笔写的陆务观诗，如草书曹孟德诗及“海为龙世界云是鹤家乡”一联，又如所临《汉司隶校尉杨君表颂》及跋尾，更可说是沈书的代表之作。这些作品，论体则于行书之外有草有隶，论品则于习见的清劲秀逸之外，有沉雄，有平淡，有奇肆。风格多样，各极其妙。

我认为尹默先生书法的长处是从规矩中生变化，而又于变化中出精神。这样讲，也许不致成为神秘莫测。

怎样说是从规矩中生变化呢？所谓规矩，事实上即是古人所谓笔法或用笔。……尹默先生致力书法艺术，始则从帖入手，继则改习汉碑及北魏造象，稍后又从虞褚以上溯二王，最后又遍临北魏隋唐碑版以及晋唐宋元各家墨迹，这样反复学习，所以能吸收碑帖之长以自成一家之体。自清代书家划分了碑和帖的界限，谓南人长于简牍，北人长于碑版，于是正书和草书之间的相互关系，也就于无形中变得割断了。当然，在清初赵董字体风行的时代，黄茅白苇，一片都柔媚之格，矫之以碑也有必要，但这样划分的结果，使学碑者多尚变化而涉于怪，学帖者偏于圆熟而入于俗，这又使书道带来了新的问题。所以尹默先生又综合碑和帖的长处，无不学而又无不舍，这就自然会从规矩中生变化了。这是他所以以行书见长而行书所以能兼有草情隶意的缘故。

怎样说是于变化中出精神呢？先生常认为要学好字必须与生活结合起来，如果孤立地从帖上求字，这种字是没有生活气息的。这一点很重要。……[①]

可见，郭绍虞对沈尹默其人其书都非常熟悉，评论恰当中肯，令人信服。

①《解放日报》1963 年 1 月 17 日。

九、为文字改革鼓与呼

文字改革是中国近现代史上的一件大事，是文化革命的一个关键环节。早在清末，汉语拼音化问题就已经有人提出来，如宋恕提出“造切音文字”，卢戆章在《一目了然初阶》中提出第一个拼音方案，谭嗣同主张“尽改象形字为谐声”等。民国初年，北洋政府教育部组成读音统一会，审定拼写国音的字母——注音字母。沈尹默虽然没有直接参与这项工作，但因为在北京大学国文系教书，加上好友朱希祖、钱玄同等都从事简化汉字运动，或多或少受到一些影响。由于种种原因，民国初年的文字改革并不顺利。直到 1935 年，国语统一筹备会编成《简体字谱》草稿，国民政府教育部据此编成《第一批简体字表》，文字改革总算有了一点成果，但《第一批简体字表》于次年即宣布废止。

中华人民共和国成立后，推行民族共同语，普及教育和提高全民文化素质，成为当务之急。当时，吴玉章给毛泽东写信，提出为了有效地扫除文盲，需要迅速进行文字改革。毛泽东把这封信批复给郭沫若、茅盾等人研究，并于 1949 年 10 月成立中国文字改革协会，其中一项任务就是研究汉语拼音方案。1954 年，中国文字改革协会改为国

沈尹默（右）谈书法

务院直属的中国文字改革委员会，根据几年来的调查和研究，拟订了《汉字简化方案草案》，于1955年在《中国语文》一月号上刊登出来，组织各地学习和讨论，广泛征求意见。

沈尹默非常关注汉字改革工作，读了《汉字简化方案草案》后，觉得有几点意见可供有关部门研究，便撰写《应该怎样为拼音化准备条件》一文，发表于同年6月8日的《光明日报》上。第一，同意中国文字改革要走拼音文字的方向，但认为应该准备一些足以构成改为拼音文字的条件。“我认为首先要组织人力，认真地调查全国各地区的方音，就调查所得的多种多样资料，加以科学地、周密地研究，整理出明晰的体系来。在这一可靠的基础上，选择其中相互接近，最适宜于一般应用的语音，即成为全国通用的标准音，结合近几十年来新文字运动的实际经验，制定标准音符，用这种音符，编成新拼音文字字典和词汇，然后再根据它编写普及教育用的各科教本和普通读物。利用这些工具，将新文字分区试用，逐步推广，这样，改变方块文字成为拼音文字的可能性才有实现的希望”。第二，汉字简化是必然的趋势，这是历史实践所已经证明了的。“在各个时代里，曾不断地有俗体字、简笔字的出现，这就足够说明人民大众有简化汉字的要求。为要免去它的自由发性而造成混乱趋势的情况，现在中央有领导地制订出一种统一简化字表，这是极其必要而合理的措施。根据以上理由，所以我同意汉字简化”。他还认为汉字至少有三种难处：（一）笔画多难写；（二）无音标难读；（三）形体多难记。现在简化汉字，对于困难成分解决比较多一点的，只是多笔划的一种，其余困难仍然未能得到很好的解决。这些困难在方块形字体存在的条件下，本来是无法解决的。

1955 年召开的全国文字改革会议提出文字改革的三大任务，即简化汉字、推广普通话和推行汉语拼音方案。同年召开的现代汉语规范问题学术会议，明确汉语规范化的标准是“以北京语音为标准音、以北方话为基础方言、以典范的现代白话文著作为语法规范的普通话”。次年，国务院成立中央推广普通话工作委员会，发出《关于推广普通话的指示》。沈尹默积极响应中央的号召，于同年 11 月在《文字改革》杂志发表《我对文字改革的粗浅意见》一文。他同意全国文字改革会议提出的三大任务，认为文字必须改革，必须走拼音化道路。同时，建议今后文字改革委员会应该尽量做些减少简化旧体字和制造新体简字的工作，努力为实行拼音文字创造更有利的新条件。

1957 年，《汉语拼音方案》正式公布。在党和政府的重视下，全国掀起了遍布城乡的推广和学习普通话的群众运动。沈尹默看了这一方案后，又撰写《值得六亿人民鼓舞的事情》一文，认为《汉语拼音方案》的公布，“使我们全国六亿多人民的情感愈易交流，团结愈易亲

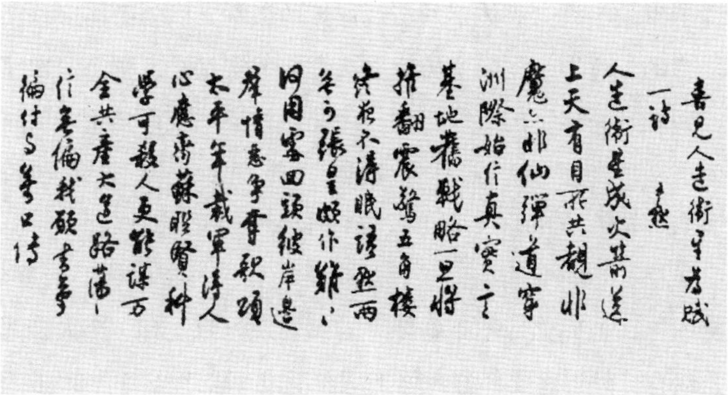

在《解放日报》1957年10月29日发表诗作（手迹）

密，人民文化水平可以普遍提高，好一心一意来共同加强社会主义建设。不管其间还有一些素不关心文字改革的人，甚至还有一些不甚赞同的人，但是广大人民是欢迎汉语拼音方案的”。对如何推行简化汉字等三大任务，他有自己的认识和看法，认为“推广普通话和统一读音两项工作，可以合并起来做。首先需要制定教学工具用书——常用字典、常用词汇以及成语、方言辞典等等。我主张指定在每个地方销行最广的日报上，辟一小栏，每日写一短篇时事要闻，或者是及时的法令、指示，用汉字和拼音字母，对照刊出。尤其应该在青少年及工人报刊上多采用些这样办法，以便养成读者阅读和使用拼音字母的习惯。自然还可以利用广播教学或其他方法推行。不过我有一个意见，汉字注音，只须拼音字母与汉字或者左右或者上下对照排列，各作一行，那怕是单字也只须注在右边或下边，不必要单铸成一个一个的带有拼音字母的汉字”。①

针对有人说文字简化后，写起来就不像样了。沈尹默撰文指出，

① 沈尹默《值得六亿人民鼓舞的事情》，见《人民日报》1958年1月8日。

这是受了以前不许写破体字的清规戒律的影响，以为破体字是不足登大雅之堂的。然后，他列举历代书法方面的实例，说明每一次字体的改变，必有写新体字的书家出现，因此这种清规戒律是错误的。如大篆变为小篆，就有一位小篆书家李斯。小篆变为隶书，又简化成章草，就有了现在尚存在的许多有名汉碑的书家，其中最有名的，如蔡邕、梁鹄、钟繇；草书家有张芝、索靖等人。到了行楷时代，最有名的，要算钟、王，他们无一不是新体字的书家，他们没有一个人菲薄过新体字，只有像韩退之那样好古之士，才说过“羲之俗书趁姿媚”，但这也不过为作文字抬高石鼓文才这样说罢了，本不足为定评。再就六朝碑刻来看，好多名碑中，破体字就不少，不曾看见他们有不满意的说法。他强调：“今天的书家必须为人民服务，若果不愿意写六亿人民所要用的新体字，那是大不应该的。至于有人说，简化后有些字，既不好看，又不好写，那只是不大习惯的缘故，难道旧体字中个个都是好看好写的吗？如‘孑’‘孓’‘凸’‘凹’等字，我觉得写起来就很难得好看。”①

当时进行的文字改革，与之前的拉丁化、日文化、拼音化等相比，要温和很多，至少只是在以楷书为基础的调整与简化上。沈尹默呼吁书法家应该配合文字改革做些力所能及的工作。他在《谈中国书法》一文中说：“字体之变，总是由繁而简，正和现代简化汉字的用意一样，代表着人民大众的意愿，因它便于人民使用。便于用，才能表现出文字实用一方面的功能。书家随着时代的需要，要求把新体字写得美观一些，就有了艺术价值，因而增加了人民的爱好，也就对于广泛应用加了一把推动力量，现行简化字体必须写得好看，这是人人所要

---

① 沈尹默《文字改革与书法兴废问题》，见《人民日报》1958 年 2 月 5 日。

做到的事。但在简字通行表中，有一些字是由草体转化来的，草体本是把正体简化，点画另作安排，它是以使转为形质，点画为性情的。现在又要由草变正，便得从新安排点画，这却不甚容易。如何安排得妥帖方始美观，就须要我们书法界的人士各出新意，把它配合好，这是当前我们必须注意的一件事情。”①

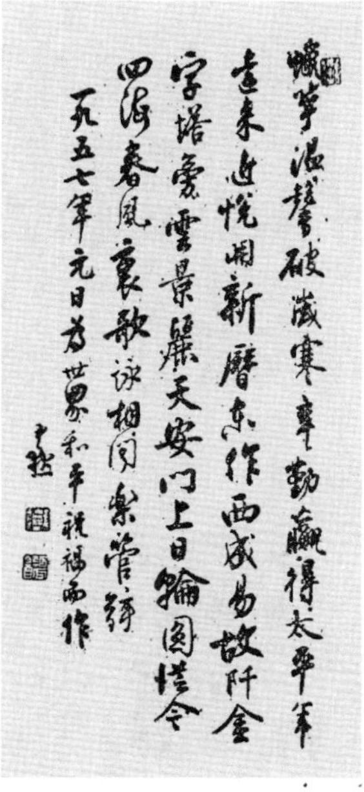
在《新闻日报》1957年元旦发表自作诗（手迹）

沈尹默在《书法艺术的时代精神》中再次强调这一主张。他说：“从书法艺术发展的规律看来，能说明很多问题，其中最重要的一条就是要结合实用。因此，我认为书法艺术家没有理由拒绝简体字，而要拍手欢迎它，努力推行，钻研而且加以美化。目前我们国家用历史上没有过的规模，有组织有计划地推行简体字，目的是便利群众，普及和提高人民文化。这是了不起的跃进，是书法艺术界‘突破’的大好时机。”②

沈尹默一再撰文支持文字改革，充分说明他是一个好学深思、与时俱进的人。

---

① 沈尹默《谈中国书法》，见《人民日报》1961 年 4 月 15 日。

② 沈尹默《书法艺术的时代精神》，见《北京晚报》1963 年 12 月 4 日。

十、书法篆刻有了组织

新中国成立后，上海地区虽然书法家很多，但始终没有组建书法团体。沈尹默作为上海书坛德高望重的领军人物，认为要振兴中国书法事业，仅仅靠个人进行书法实践和理论探索是远远不够的，必须成立相应的书法组织，团结广大书法艺术家共同奋斗，才能为繁荣社会主义文化做出更大贡献。因此他上书毛泽东主席，希望中央能批准成立专门研究书法篆刻艺术的机构。可当时普遍把书法归入美术协会管理，上海市也不例外。经国务院批准，1956 年 8 月成立了上海中国画院筹备委员会，主任委员为赖少其，委员有沈尹默、白蕉、吴湖帆、谢稚柳、王个簃等人。不久“反右”运动开始，筹备工作暂停，直到 1960 年 6 月上海中国画院才挂牌成立。

沈尹默始终坚信书法是一门独立的艺术，迫切希望成立一个独立的书法组织，以便团结广大书法家、篆刻家，为建设新中国服务。何况当时日本的书法发展得越来越好，大有超过中国的趋势，这一点令他十分不安，于是决定再次向中央领导提出建议。1959 年 4 月，他赴北京参加政协第三届全国委员会第一次会议。其间陈毅副总理设宴招待几位老年委员，他也在被邀之列。席间，他乘机对陈副总理说：“陈

参加上海中国画院成立大会（中间穿制服者为沈尹默）

老总，新中国成立了这么多年，国际威望越来越高。你对围棋很重视，已有了组织，但对书法为什么不抓一抓呀？日本现在学书法的人很多，我们再不抓紧，今后怎么与人家交流？”宴会后，陈毅仔细听取了他的意见和设想。当时正值上海解放十周年，他特地赋诗八首相赠，陈毅也回赠了和作。

回沪后，沈尹默很快收到陈副总理委托上海市人民政府转来的信件，说已向毛主席汇报了他的意见，中央同意在上海成立书法篆刻研究会。不久，华东局书记处书记魏文伯邀请他和市文化局一名副局长到锦江饭店，就成立书法篆刻研究会有关问题进行详细研究。次年 11 月，他又接到上海市文化局通知，参加在市人委会议室举行的

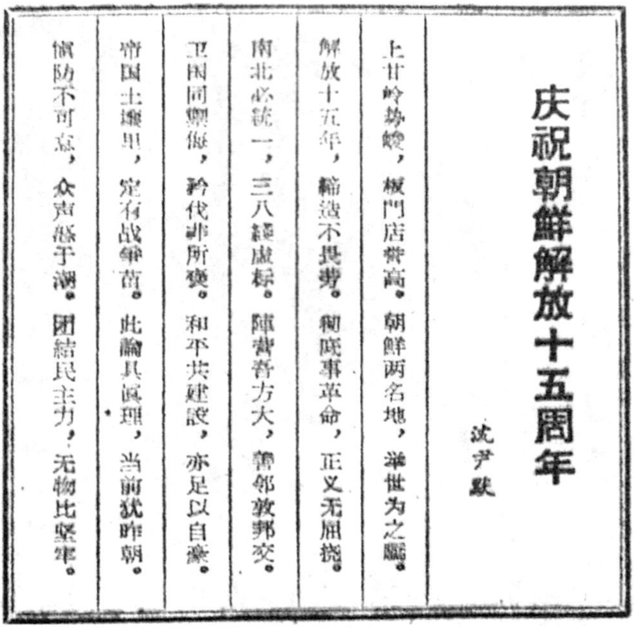

庆祝朝鲜解放十五周年

沈尹默

上甘岭势峻，板門店声高。朝鲜两名地，举世为之騷。

解放十五年，缔造不畏劳。彻底事革命，正义无屈挠。

南北必統一，三八線虚标。陣营咨方大，善邻敦邦交。

卫国同盟做，矜伐非所变。和平共建設，亦足以自豪。

帝国主义里，定有战争苗。此論具真理，当前犹昨朝。

儆防不可怠，众声沸于潮。团結民主力，无物比坚牢。

在《文汇报》1960年8月15日发表诗歌

全市代表性书法家座谈会。会上，他和郭绍虞、丰子恺、潘伯鹰等艺术家一致认为，成立一个研究书法的群众团体非常必要。经会议集体讨论，决定组成以沈尹默为主任的上海中国书法篆刻研究会筹备委员会。

经过近半年的紧张筹备，上海中国书法篆刻研究会成立大会于1961年4月8日在上海市博物馆大厅举行。会议通过研究会章程，推举沈尹默为主任委员，郭绍虞、王个簃、潘伯鹰为副主任委员，选举丰子恺、王个簃、叶潞渊、朱东润、来楚生、沈尹默、沙彦楷、伍蠡甫、周熙良、郭绍虞、曹鸿翥、汤增桐、潘伯鹰、谢稚柳、顾廷龙为专业委员会委员。首批会员八十七人，大多是书法、篆刻方面有一定修养的人，其中不少是上海市文史馆馆员，还有上海中国画院画师、大学教授、机关干部和企业职工。[1]沈尹默在会上作了热情洋溢的讲话。他说："中国的书法篆刻，都有它各自的悠久而光辉的特殊传统历史。但是，这种艺术和其他艺术一样，在今天以前，大抵只是凭着个人的爱好，去随意学习，藉资消遣。有的当作职业，也不过企图赚取一些名利，其作品只供有闲阶级作点缀装饰之用，本无其他崇高远大的目的。也就不能理解它具有促进和提高人民文化生活的功能，所以从来没有人发愿组织一批力量，具体地来认真研究，努力把它推广发展，很好地去为人民事业服务。这自然是受了千百年来旧社会不良制度的影响。……现在可好了，划时代的新中国出现了，在百花齐放、百家争鸣的方针下，一切民间艺术，都得到了应有的安排和发展。书法篆刻研究会也终于在今日成立了，这是多么令人兴奋而愉快的事情，多么值得为发扬祖国文化生活崇高艺术而歌颂赞叹！"[2]

为庆祝书法篆刻研究会正式成立，当天还在上海博物馆举办了中国书法篆刻研究会首届书法篆刻展览，预定展期十天，共展出会员和非会员书法、篆刻作品一百六十余件。沈尹默率领众书家参观了展览，心情十分激动，当场集宋人诗句成诗一首："家家图画有屏风（王安石），每岁烟花一万重（陈与义）。更拂乌丝写新句（陆游），忽惊云海戏群鸿（苏轼）。"

上海中国书法篆刻研究会成立后，沈尹默带领研究会同仁，在书法篆刻理论研究、创作实践和教育辅导等方面进行了扎实稳健而卓有成效的工作。同年6月，沈尹默主持召开研究会第二次专业委员会会议，讨论专业分工，决定成立三个专业组。沈尹默负责理论组，潘伯

---

①《上海中国书法篆刻研究会组织成立》，见《新民晚报》1961年4月8日。

② 沈尹默《为上海中国书法篆刻研究会成立讲几句话》，见马国权《沈尹默论书丛稿》，岭南美术出版社、香港三联书店1981年版，第141页。

鹰负责辅导组，来楚生负责篆刻组，明确各专业组的任务和委员各自的工作重点。同年10月，举行第二次学术专题座谈会，沈尹默等三十余位书法家出席。会上讨论执笔法，对书法艺术表现的语汇也进行探讨，开新中国书法学术专题座谈会的先河。与会者一致认为，讲执笔法是为了运笔，要写好字，执笔法是首先应该讲的。如何才是合理的执笔法，应该自小就养成良好的习惯，传统的“指实掌虚，五指齐力”八个字应该是一个比较基本的原则。至于究竟应该怎样执笔才好，大家发言热烈，意见不一。有人说执笔无定法，从来众说纷纭，有单钩、双钩、三指、五指、龙眼、凤眼等方法，变化很多，但问题在于能合理控制笔锋，做到从心所欲，只要效果好，方法可以不同，学古人而不拘泥于古人。由于各人的书体不同，和书写习惯不同，因此执笔法也难免互异。有的书家写字时转指，有的书家主张实指（不转动指头）。对于执笔的高低、距离笔头远近问题，有人主张执在笔管中段，有人认为要近下一些，才能笔力沉着，写行草书才执得比较高一些。总之要根据字体大小的不同而异，也不可一概而论，但对于书画艺术界的下一代来说，大家认为端正执笔法是很重要的。会议对于古人有关书法的一些错误说法，还初步作了分析批判。①

这一时期，沈尹默主持的上海中国书法篆刻研究会主要开展三项工作。第一项是经常组织会员到学校、青少年宫、工厂等基层单位举办书法讲座，或当面指导群众写字。1961年9月，上海市普陀区“少年之家”举行“我们要学好写字”大会，沈尹默与张叔通、郭绍虞、王个簃及市书法学会党委书记邵洛羊应邀参加，为到会的一百五十多名中小学少年儿童挥毫表演。孩子们提笔练习时，老书法家从旁耐心

①《书画家讨论“执笔法”》，见《新民晚报》1961年10月16日。

辅导，鼓励孩子们多写多练，不断揣摩，持之以恒，学好写字。1962年夏，为满足上海市广大中小学教师提高书法水平的要求，研究会与上海青年宫、上海市教育局联合举办中小学教师书法知识讲座，沈尹默与郭绍虞、白蕉、任政、胡问遂等讲授书法知识和欣赏常识，内容有“学习书法的意义与作用”“书法演变和书法欣赏”“身法、运笔、执笔、笔顺”“点划与结构”“用笔和临摹”等。讲座结束后，还举行了由三四十位研究会会员参加的集体挥毫示范活动，对学员进行实践性辅导，效果很好。①

第二项是经常举办书法篆刻展览。1961年8月，研究会举办“秋季书法展览”，在人民公园内上海美术馆的书画廊展出，展品达八十余件，其中包括沈尹默、沙彦楷、张叔通、王个簃、潘伯鹰等四十余位书法家的新作。这次书法展览，真、草、篆、隶各体俱备，内容有毛主席诗词、古今诗歌和名人格言等，丰富多彩，格式与大小也各不相同。1962年4月研究会成立一周年，举办第二次大规模书法篆刻展览会，展品数量多，水平高，受到广大群众的欢迎。1964年元旦，研究会在上海南京路朵云轩举办以歌颂“人民公社好”为主题的书法篆刻展览，七十八名作者的一百一十余件篆、隶、正、草、行各种书体作品参展，既有气势恢宏盈尺的擘窠大字，也有散朗多姿的蝇头细字。沈尹默送展的是“已觉江山壮城郭，更欣烟雨润桑麻”的丈二长联。展览会还展出研究会与青年宫合办的书法学习班部分学员的习作。

第三项是兴办各种书法篆刻培训班，由会中书法家、篆刻家授课，培养书法后备人才和书法爱好者。

由于沈尹默特殊的社会地位和影响力，更由于他崇尚晋唐，着力

---

①《满足中小学教师提高书法要求　三单位暑假举办书法讲座》，见《新民晚报》1962年7月16日。

探索二王帖派书法的奥妙及其科学笔法，很大程度上当时一大批同样心仪和回归帖学的书家和文人，包括潘伯鹰、白蕉、邓散木、马公愚等人在内，志趣相同，书风相近，自然而然地聚集到沈尹默的旗下，成为新中国最早出现的有理论、有实践、有奋斗目标的书法流派，后人称之为海派。尤其是中国书法篆刻研究会的成立，使上海书法家们的联系更加紧密，成员日益扩大，在新中国成立初期的书坛处于领先地位，对全国书法界产生了导向作用。

十一、身体力行传书道

随着社会的安定和文化教育事业的发展，喜欢书法的民众越来越多。如何用书法为人民服务，使更多的人了解书法，学习书法，欣赏书法，是摆在书法家面前的重要任务。沈尹默多次畅谈书法普及与提高的辩证关系，反复强调："要普及才有提高，要提高就必须普及。普及就能促进交流，就能彼此观摩，那就会出现突出者。"他全面主持上海中国书法篆刻研究会工作后，和同仁们一起，下大力气加强书法教育培训工作，努力改变书法界青黄不接的局面，取得了令人瞩目的成绩。

在沈尹默的带领下，上海中国书法篆刻研究会制订了详细的计划，联合市工人文化宫、青年宫等单位，大量招收业余书法爱好者，定期举办各类书法篆刻培训班。业余书法培训班的招生广告一经登出，前来报名的人非常踊跃，原来拟定的培训时间、地点、教员、班级等都要及时修改，而研究会业务干部开始只有胡问遂一人。那段时间，作为研究会主任委员，沈尹默经常听取胡问遂的情况汇报，反复商量工作安排，花费了极大的心血。

经过长时间的艰苦筹备，上海市第一期业余书法学习班于 1961 年

在上海工人文化宫写春联

8月在市工人文化宫开始举办，担任教师的有书法篆刻研究会骨干白蕉、拱德邻、潘学固、胡问遂、翁闿运、任政、赵冷月、徐伯清、许宝驯、来楚生等。接着，研究会又在上海美术专科学校、朵云轩、青年宫和南市区文化馆设立辅导点，以满足各行各业的人们学习书法篆刻艺术的需要。

上海市青年宫书法培训班受到青年朋友的极大欢迎，招生特别火爆。同年11月12日，市青年宫首期书法篆刻学习班开班。当天，已是七十九岁高龄的沈尹默不顾年迈体弱，亲自前去授课，并现场示范挥毫。作为著名学者和诗人，沈尹默长期在教育系统工作，集学术研究和创作实践于一身，在辅导学员时，既注意学术的普及性，又用创作实践影响和带动大家。学员们有幸聆听大书法家的课，感到异常兴奋，听说他虽然视力很差，平时依旧练字如恒，从不间断，都为他老而弥坚的精神所感动，纷纷表示作为年轻人更应该刻苦习字，继承祖国的传统艺术。《新民晚报》派记者前去听他的这堂书法课，后来记者详细记录了这节课的内容：

青年宫昨天邀请七十九岁的老书法家沈尹默，和青年们度过了一个很有意思的假日下午。他就学习书法问题跟青年们讲了一些有知识而又风趣的话。

距离开讲还有个把钟点，听讲者就已络绎而来。他们有的襟前佩着团徽，有的挂着大学校章，有的穿着印有“安全生产”字样的工作服，一般都是二十岁上下的青年。他们安静地坐了下来，趁着辰光还早，有的翻阅碑帖，有的研习“微积分”，有的一边阅读文学，一边取出袖珍字典来求解其中难识的字……

习字为什么?

当这位书法家跨着清健的步履踱进讲堂时，受到听讲者的欢迎。沈老先生也非常高兴。谈到书法问题，他说，他极愿意把他六十多年来练字的经验告诉大家。当他说到“我比诸君稍长了几岁……”时，青年们都笑了起来。

他先讲“为什么要学习书法？”他说，字，要写得正确、清楚，进而言之，书法是传播思想的东西，好的书法能够有助于使一种见解、一种思想传之以永，流之以远。他说到魏晋六朝的书札，内容大多虽只谈些个人的生活琐事；但因书法精美，所以格外容易流传至今。由此，沈老先生说：如果以好的书法来传播今天的好的思想，好的见解，那岂不是更好！

他还举了一个例子说，毛主席最近为日本朋友写了一首鲁

教孩子们写字　新华社记者王子瑾摄

迅的诗，诗的内容与毛主席的书法一经结合，便能起极大的政治上的作用。因此，他归结到一点：学习书法并不单纯为要做书法家，而是要写好字，以便更好地为传播好的思想而服务。

要多读点书

沈老先生还告诫青年们要在写字之外，多读些书。他说，宋代大书法家黄山谷曾对选集《淳化阁帖》的另一书法家王著讲过，说他若能多读一点书，他的字便能写得更好，就是这个道理。沈老先生又说，苏东坡曾有诗曰："退笔如山未足珍，读书万卷始通神。"可见关键问题还是在于读书，还是在于写字的人的思想感情。他又举杜甫赞张旭草书诗中"峻拔为之主，暮年思转极"这两句为例说，可见，张旭的草书也是他具备了多方面的修养之后才能到达登峰造极的境界的。

怎样习字

最后，沈老先生谈到临摹碑帖和执笔运腕等习字上的一些具体问题。他说，学字的人应该从临摹碑帖入手，从前人的经验中吸取养料，但不能把它作为清规戒律，应该有所发展。

他认为今代理想的书法应该具有三个特色：前人的法度；个人的特色；时代的精神。讲到执笔运腕的方法，根据他的经验，认为顶好是：指实，掌竖，腕平，肩头松开，腕肘并起。所以，总的说来，他是主张多多运用腕力的。最可学习的是：沈尹默老先生以近八十岁的高年，依旧练字如恒，从不间断，他的老

所写的两种习字帖

而弥坚的精神，给青年们的启发很大，印象极深。沈老先生话毕，还由专人作习字讲座，于是青年宫主办的青年业余书法学习班开始了它的第一课。①

1962年4月，上海中国书法篆刻研究会成立一周年，研究会举办的市工人文化宫、青年宫等六个辅导点的书法培训班共计三十个班，参训学员一千三百多人。同时举行各种辅导讲座共二十二次，地点分别在同济大学、上海市实验小学和南市区、普陀区、虹口区的不少学校和区少年宫，听众达一万一千多人。②人气最高的市青年宫书法学习班，从1962年4月15日起，又有八个书法学习班先后开学，参加学习的有四百余人，年龄最小的只有十四岁。其中有青年学生、中小学青年教师、企业职工、部队战士和郊区人民公社社员。有的特地从南汇、川沙、闵行、嘉定等地赶来。研究会十分重视青年宫的这次学习班，制定的学习内容比过去更为丰富，还派出书法家、研究会会员胡

① 之江《青年宫一堂习字课》，见《新民晚报》1961年11月13日。
②《群众学习书法成绩可观》，见《新民晚报》1962年4月15日。

问遂、白蕉、任政、黄西爽等艺术家，分别教授正、草、隶、篆等不同体式的书法。这些学员通过名师辅导，个人刻苦练习，书法水平明显提高。[①]更重要的是青年们通过学习书法，提高了审美能力，加深了对传统文化的认识。其中许多年轻学员，后来成为改革开放时期上海乃至全国书坛的骨干力量。沈尹默兴奋地说："这样多的人学习书法，是过去没有的。"又说："解放前，日本比我们重视书法，因此有人说书法在日本，这种说法到今天还能成立，那就是我们的耻辱了。我们一定要让人说，书法在中国。"

在以沈尹默为首的书法家们的共同努力下，上海中国书法篆刻研究会在成立后的短短几年内，与北京中国书法研究社遥相呼应，工作开展得有声有色，掀起了持续不断的"书法热"。作为江南地区最大的书法社团，上海中国书法篆刻研究会为新中国书法艺术积蓄了持续发展的力量，也为改革开放后书法艺术的蓬勃兴起打下了坚实的基础。沈尹默作为全国书坛的盟主，发挥了极大的作用。

---

①《书法篆刻研究会积极开展辅导活动 帮助工人学生学习书法》，见《解放日报》1962年4月15日。

十二、甘愿为人民书写

沈尹默始终把为人民群众提供文化服务，作为自己应尽的职责。面对社会各界不断而来的书件、题签请求，他总是设法满足，大部分都是义务劳动，有时还自己掏钱出纸张笔墨。

沈尹默的行楷书圆润秀美、清雅脱俗，特别受文化出版部门的青睐，因此经常应邀为书籍题签。他曾为上百种出版物题签，这在同时代书法家中是独一无二的。1951 年 3 月，隶属于国家文化部的人民文学出版社在北京成立。从次年开始，该社陆续出版了《三国演义》《水浒传》《红楼梦》《西游记》等四大名著，以及《儒林外史》《东周列国志》《封神演义》《聊斋志异》等有影响的古典小说。1958 年又出版“中国古典文学读本丛书”，其中包括《诗经选》《楚辞选》《先秦散文选》《韩愈诗选》《金元明清词选》《元人杂剧选》《长生殿》《桃花

四大名著题签

扇》等五十余种。人民文学出版社发出题写书签的邀请，沈尹默欣然接受，为每本名著分别题写多条书签，供出版社选用。出于对古典名著的尊重，这些书件他均未落款。因此无数人百看不厌的人民文学版名著，题签究竟出于何人之手，至今还鲜为人知。

为什么要请书法家题写书签，目的无非是为了书籍的美观，让读者赏心悦目。历史学家柴德赓说："我们姑且不从什么艺术理论上谈，只看看几千年来自甲骨金文以后，文字不但担负着记事符号的作用，还更随时随地起着发人美感的作用，起码端正美观的字体是受人喜爱的，何况更高到特别优秀的作品呢？因此，小到一个书签，大而至于匾额、对联、碑文，都以毛笔书写，写得又好，才能满足人们视感上的需要。这几年重印的《三国演义》、《水浒》、《红楼梦》等书籍，总是请沈尹默先生写个书签。为什么？为了美观，为了符合读者的喜好。"[①] 题签因字少，对书写的要求就很高，不仅要变化丰富，做到畅而不滑，涩而不滞，而且要一气呵成，筋脉相连，达到浑厚含蓄的艺术效果。沈尹默的题签之所以被誉为"无色而具图画之灿烂、无声而具音乐之和谐"，除书法功力深厚，强调笔笔中锋，追求笔画圆润饱满外，更重要的是他具有极高的文化修养，书写时能做到举重若轻，游刃有余。

20世纪五六十年代，作为全国政协委员和全国人大代表，沈尹默几乎每年都要赴京参加"两会"。其间，经常有人到宾馆登门拜访，请教书法问题及求取墨宝。他和时任解放军政治学院院长莫文骅将军同为第四届全国人大代表，关系友善。有一次，他应邀到莫将军家做客，当天受邀的客人还有萧劲光大将、萧华上将、傅钟上将及画家黄胄等。

① 柴德赓《"百花齐放"中论"一花独不放"》，见《人民日报》1956年10月5日。

部分供人民文学出版社选用的题签

他当场书写横幅大字“长征”和毛主席诗词，书毕意犹未尽，又写了横幅手卷，内容是自作诗词七首。喜爱书法的莫文骅十分高兴，欣然命笔为手卷题词。萧劲光大将见墨迹已淡，边提袖研墨边说：“沈老，您的淡墨也不碍神采呀！”视力极差的沈尹默仔细看了看，微笑道：“这是大将墨出来的神采呀！”一问一答，幽默风趣，引得在场的人哈哈大笑。

广西桂林市中心有座名山叫叠彩山，向来是文人墨客赋诗题词的重要场所。20世纪60年代初，桂林有意打造文化名城，酷爱书法的市委书记黄云通过市文管会，写信约请沈尹默题写山名。知道他不收礼物，但又得表示谢意，最终执意送上一袋广西沙田柚子才作罢。1964年8月，沈尹默题写的“叠综山”书件寄到桂林，经放大后镌刻于此山风洞的正上方。题字刻好后，文管会专门拍片寄到上海，请书法家本人过目，沈尹默觉得字体略有变形，但无碍大局，最后照此通过。所写原件现珍藏在桂林博物馆。这幅题字公开后，关于“綵”字

桂林叠彩山题字

曾有过一番争论。沈尹默题写的是古体“綵”字，形容彩锦相叠更为形象，且与风洞内自唐以降的历代石刻相统一，但这个字现在写作“彩”，难怪不少人提出异议。[①]

沈尹默十分关心儿童教育事业，乐意为培养少儿书法人才贡献自己的力量。60年代初，他书写多种中小学生习字帖，交由上海教育出版社出版，供全国的小朋友临写练习，可以说影响了数以万计的年轻学子。1963年，为了给少年儿童提供优秀的精神食粮，提高读写能力和综合素质，在著名作家叶圣陶、茅盾、冰心、张天翼、华君武、严文井、金近的倡导和努力下，共青团中央和中国作家协会决定联合创办一家儿童期刊。经过反复讨论，拟定杂志名称为“儿童文学”，并决定刊名请沈尹默书写。这项任务交给了正好要到上海出差的中国作协理事冰心。8月19日，天空下着大雨，冰心由上海市作协主席巴金、

① 沈东子《浙江沈氏与桂林叠彩山》，见江东《名门之后说名人》，广西师范大学出版社2013年版，第231页。

《儿童文学》书影

萧珊夫妇和作家杜宣陪同，驱车来到上海虹口区海伦路沈宅，受到沈尹默夫妇的热情欢迎。沈尹默得知冰心为儿童刊物之事而来，欣然答应书写刊名。他眼睛高度近视，笔墨纸砚都由夫人准备，一一摆放在书桌前。他拿起一支毛笔，在一张大风堂定制的夹江纸上，“嗖嗖嗖”几笔，便写就“儿童文学”四个漂亮的王体大字。又接连重写数张，供大家挑选。冰心连声道谢，小心翼翼地把所有作品包好，准备回京复命。这时，巴金取出随身携带的一把纸扇，请沈老题字。沈尹默爽快地在扇面上题诗一首，笔势雄健，一气呵成。见巴金久久把玩扇子，爱不释手，老书法家兴致更高了，当即提议由杜宣吟诵一首旧诗，由他当场书写下来，并将当时的情况跋于诗后，赠送给客人。同年10月，由沈尹默书写刊名的《儿童文学》杂志在北京出版。

1965年，沈尹默收到四川省荣昌县安富镇耕读小学校长林传舜的来信，请求为该校书写校牌及“团结紧张，严肃活泼”八个大字，并说这是全校小朋友的愿望。他对贫困地区乡村学校的孩子们特别关心，不仅按要求书写校牌等内容，还写了“横眉冷对千夫指，俯首甘为孺子牛”对联和毛主席诗词立轴寄去。耕读小学师生收到这些珍贵的礼物后，欢呼雀跃，为表示感谢，特地寄赠该校师生合影一帧。

沈尹默对请求书件的同志，无论职位高低，都一视同仁。他的墨宝曾赠送给毛泽东、周恩来、陈毅等老一辈革命家，这绝不是单纯出于私谊，而是因为党和政府对他这样的老知识分子非常尊重和关心，使他觉得唯有发挥自己的特长，努力为国家和人民服务，才能表达自己的感激之情。对普通群众，他也总是有求必应。有一年，他与家人到无锡太湖边疗养。与平常一样，他每到一地，都要为当地书法爱好者写字。一天，他在住处写了一上午，吃饭时间已到，可书件尚未写完。这时，一名女服务员也来求他写一幅字，被在场的一位当地领导阻拦："沈老已经写了一上午，该吃中饭了，不写啦，不写啦！"服务员没有办法，只好默默地退出房间，双眼却含着泪光。沈尹默当时没说什么，等吃完饭回到住处，让家人把那名女孩叫来，轻声细语地说："刚才没有给你写字，我实在太累了。你为我们服务，很辛苦。你爱字，很好。只是下午我要回上海了，时间太紧张。不过你可以把家庭住址留下来，我回上海一定写好寄给你。"事后，他果真这样做了。服务员收到他的字幅后，非常惊讶，她原以为老书法家早已把这件事忘记了，想不到他如此信守承诺。[①]其实，这样的事例对他而言，举不胜举。

---

① 褚家琏《回忆姑夫沈尹默》，见吴耀辉、卢之章《凝静——尹默二十年祭》，北京燕山出版社 1991 年版，第 83–85 页。

十三、青年学子引路人

沈尹默认为学好毛笔字，主要靠个人勤奋努力。他对书法界授徒之风向来不以为然，但年轻人如果愿意学习，他都会热情鼓励，亲切指导。中华人民共和国成立后，全国各地的书法爱好者经常写信来请教，他总是不厌其烦地一一回信，给予详细指导和解答。而登门求教的更多，他几乎来者不拒，免费传授。他时常告诫学生："要遍临古代名帖！"有人觉得古代名帖太多，一生也临不完，问他只临写几本，是否也能成为书法家。他斩钉截铁地回答："不行！"有学生临摹他的字迹，并且下了很大的功夫，他发现后就会阻止："你不要练习我的字，练到最像，也不会超过我，你要从古代书法中吸取精华，才能有所收获。"他不仅教学生写字，还教他们做人。有学生回忆，沈老常讲："青年人学书法，不要讲求名利！"他不仅这样说，还身体力行。有一次，朵云轩派人送来一笔钱，他问这是什么钱，来人回答："上次你老写的几幅字已鬻去，特意送来。"他不高兴地说："我的生活由国家供我薪水，上次写的字是作展出用的，并不出卖，以后你们再这样做，我不再为你店写字了……"他写字从不保密，经常当众写给大家看，这与旧时代书家为各自生活相互竞争，不肯公开技法，截然不同。

学生能近距离观察他执笔、运笔的方法，往往能收到事半功倍的效果。①

晚年书写团扇

沈尹默家里常年有青年人在学习书法，每逢周末人数更多。这些学生中有不少后来学有所成，成为书坛的重要力量，如胡问遂、庄久达、戴自中、周慧珺、胡考、柳曾符、叶建生、陈无闻等。

新中国成立后，沈尹默指导的第一个学生是胡问遂。1951年9月，他收到朋友柳非杞的来信，介绍青年胡问遂拜他为师学书法。几经商谈，终于答应对方每周定期来家里学习。他认为胡问遂习字多年，已有相当的基础，于是一开始便要求其学习晋唐人书，在“读帖、背帖、摹帖、临帖四个方面下功夫”。冬去春来，整整二十多个寒暑，在沈尹默的悉心指导下，胡问遂学书从未间断，进步很快。上海中国书法篆刻研究会成立后，经沈尹默力荐，胡问遂成为一名驻会干部，负责经办研究会的日常事务。胡问遂刻苦学习，从不懈怠，逐渐形成自己的艺术风格，成为全国知名的书法家，还担任中国书法家协会理事、上海书法家协会主席团成员和上海文史馆馆员。

1956年下半年，沈尹默忽然收到一名叫庄久达的青年来信，随信还附有几张大字习作。信中大致说自己是上海新文艺出版社的一名青年编辑，从小喜爱书法，最近在北京进修，从报纸上看到对沈老的报

① 李其德《回忆敬爱的老师、师母》，见吴耀辉、卢之章《凝静——尹默二十年祭》，北京燕山出版社1991年版，第74-75页。

庄久达

道，便冒昧写信来求教，不知是否能够如愿。沈尹默立即回了一封长信，真诚地指出习作中的一些问题，鼓励对方只要肯勤学苦练，最终都会取得成功的。庄久达本来是抱着试试看的心情写信的，不料竟很快收到了老先生的长信，信中字里行间充满着对青年的爱护和鼓励。庄久达后来回忆说，受到沈老的鼓励后，自己立即跑到琉璃厂，买来笔墨纸砚和字帖，决心照他说的刻苦练习书法。以后，双方又有几次书信来往，谈的都是如何写字临帖。次年初，庄久达从北京回沪，即到海伦路沈宅拜访，沈尹默很高兴。此后，庄久达每逢星期天必来学习书法。因为他从事编辑工作，沈尹默的一些文稿都交给他整理。庄久达后来担任上海中国画院书法组负责人，为加强中日书法交流做出了贡献。①

和庄久达一样，童涵春堂药店学徒戴自中也是通过书信联系成为沈尹默学生的，时间是1958年秋天。以后，戴自中成为走沈家最勤的人，几乎每周必到，即使“文化大革命”中也不间断，直至主人1971年6月去世。第一次会面，沈尹默发现戴自中写字虽有一定的基础，但执笔和选帖都存在问题，便拿出一枝散开的长锋羊毫笔，边讲边演

① 庄久达《我与“书刻会”》，见《书法赏评》2001年第4期。

示，把五指执笔和掌竖腕平的方法作了深入浅出的讲解，同时指出腕、肘悬离桌面的道理。接着，用干笔在桌上作写字状，告诉戴运腕的目的就是把笔毛平铺在纸上，这就是中锋。若笔毛扭结起来，提腕可以使笔毛保持正常的书写状态。所以腕贵提按，特别在横、竖相连的转折处，笔锋必须提起，将锋收起，然后再按下去，这样笔毛不会发生扭结的现象。他又说，学书法重点要放在点画的训练上，积点画以成字，无论何种书体，没有点画，就不成其字，结构虽然重要，比起点画来只好居于次位了。临别时，他建议学生回去临写赵孟頫的《三门记》。第二个星期天，戴自中将一张临写的赵体字请先生指点，沈尹默仔细点评后，当场示范作了一张《三门记》（局部）赠给学生。几个月后，戴因赵体与自己的个性不合，想改临其他书帖，沈尹默建议改写褚遂良的《伊阙佛龛碑》。后来，曾用此帖笔法写了一张毛主席《浪淘沙·北戴河》词送给学生，以为临池之助。当戴生习字稍有进步，他便加以鼓励。晚年戴自中每当回忆起与沈先生单独相处的日子，依然激动不已。[1]

为柳曾符示范执笔

随沈尹默学习书法的年轻人中，柳曾符是最特别的一个。柳曾符的祖父柳诒徵是江苏镇江人，著名历史学家、古典文学家和书法家，早年曾先后执教于清华大学、北京女子大学，与沈尹默是老朋友。新中国成立后，沈、柳同为上海文物管理委员会委员，经常在一起鉴定书画古物。柳曾符听祖父说过，中国会写字的人很多，但沈尹默是做

① 戴自中《我所认识的沈尹默先生》，见《写字》2003年第4期。

专门研究的，是名副其实的书法家。1962年4月的一天，沈尹默在上海青年宫为学员作书法表演，柳曾符也在旁边观看。写毕，主办方要学员和他合影，柳曾符自告奋勇，向他报告姓名来历，老书法家欣然示以执笔方法，与柳合影留念。以后，柳曾符开始到沈家求教书法，沈先生亲自执笔示范，耐心指导如何选帖、临帖。一次，沈先生问："你写过米字没有？"柳曾符回答："没有。"沈先生说："米南宫中年便定居镇江，你可以临'米书'。"柳曾符觉得自己的喜好与米南宫相似，所以特别爱练米字。在沈家，柳曾符第一次看到沈老使用茅龙、竹丝、鸡毛作笔。沈尹默还用竹丝笔写成一首唐诗相赠，勉励学生认真学习书法。后来，柳曾符任教复旦大学中文系，开设书法课，在书法界享有盛誉。

1963年夏，沈尹默家里来了一位外地求教者，此人就是西南师范学院青年教师徐无闻。四川成都人徐无闻自幼受父亲影响，喜好书法篆刻，书法遍临各碑，尤工篆书和行书。因一向敬仰沈尹默，便乘到复旦大学进修的机会，由亲戚介绍到海伦路登门求教。客人原想沈老是"五四"时代的新诗人，名重中外的大书家，对他这样素昧平生的后生写的字，也许随便看看，说几句便打发了事，若能要得到一张字，也就不虚此行了。可是，沈尹默看了客人带来的两张书法习作后，不仅耐心给予指点，还亲自示范书写技法，仔细讲解执笔、用笔和得笔等要点。看到年迈的沈老冒着酷暑，连续讲解和书写两个多小时，徐无闻非常感动，对来前的想法十分内疚，认为眼前分明"是一位平易近人的蔼然长者"。过了两个多月，徐无闻再次来访，沈尹默又向客人详细介绍学习书法应注意的要点及如何读帖、临帖等问题。临别时，主动书写一幅自作词《沁园春·用后村词韵》赠送给客人。[1]

这两次访问对徐无闻的书法研究和创作产生了很大的影响。以后，他特别重视笔法的研究和运用，并在行楷书技法方面下了极大的功夫。他曾指出："打破藏锋、中锋正宗论，认真研究和学习古代书法名作中丰富多样的笔法，是发展当代书法的重要课题。"这种观点是颇具新意的。到了20世纪80年代中期，他的执笔法又有很大的变化，行草书刚健、遒劲、爽利、清雅，受到许多人的喜爱。他历任西南师范大学中文系教授，古典文学研究室主任，唐宋文学、书法篆刻两个专业的硕士研究生导师，成为著名学者和书法篆刻家。为感谢沈尹默的帮助和指导，1985年他将个人珍藏的沈尹默抗战时期自书词四十四首本子编成《沈尹默先生入蜀词墨迹》，并"依原次序楷书断句"，交巴蜀书社出版。此前还特邀周汝昌、谢稚柳、沙孟海等名家为该书题签。作者在跋文中说："这本墨迹应当影印流传，自然是沈老的词和书法，都值得后人学习借鉴。沈老的墨迹传世较多，但像这本信笔挥洒，弥见真趣的却是少数。反复寻味可悟古人所谓'一笔书'的旨趣。"

① 徐无闻《记从沈尹默老人学书法》，见《龙门阵》1982年第4期。

第十章

暮年时光

一、逢盛会故地重游

西泠印社位于江南名城杭州，创建于清末光绪年间，是海内外久负盛名的金石篆刻研究团体。它以“保存金石，研究印学，兼及书画”为宗旨，有“天下第一名社”之称，著名绘画篆刻家吴昌硕为第一任社长。1949 年前，由于社会动荡，民不聊生，西泠印社命途多舛，历经劫难。新中国成立后，印社部分庭园建筑得到修缮和保护，但有组织、有影响的各种学术活动几乎停顿。1962 年春，浙江省和杭州市文化部门决定恢复印社的组织和活动，并计划于 1963 年重阳节该社成立六十周年时召开纪念大会。

为开好纪念大会，有关部门决定邀请遍布全国各地的社员代表、相关领导及有影响的书画家、鉴赏家，于 1962 年 12 月 12 日至 17 日参加西泠印社新中国成立后第一次社员及书画艺术家座谈会。作为全国著名的书法家、上海中国书法篆刻研究会主任委员，沈尹默也受到了邀请，在夫人褚保权陪同下，于同年 12 月初抵达杭州出席会议。座谈会的地点定在西湖边刚刚修葺一新的杭州饭店，来宾也大多下榻于此。除沈尹默夫妇外，参会的领导和艺术家还有张宗祥、唐醉石、王个簃、邵裴子、沙孟海等三十多人。

1963年西泠印社六十周年庆祝大会合影。前排右起为：唐醉石、张宗祥、马一浮、沈尹默、邵裴子、许钦文

12月12日上午八时三十分，座谈会正式开始，由浙江美术学院院长潘天寿主持，浙江图书馆馆长张宗祥致欢迎词。接着，由中共浙江省委宣传部副部长商景才、杭州市副市长陈礼节等领导讲话，外地书法篆刻协会、美术协会代表通报各地开展书法、篆刻活动情况，通报推荐“庆祝西泠印社创建六十周年筹备委员会”委员候选人名单，报告庆祝西泠印社创建六十周年活动计划草案。后面接下来的会议，分别由张宗祥、潘天寿、王个簃、许钦文等主持，分组讨论座谈筹委会名单和社庆活动草案；全体与会人员参加张鲁庵捐献仪式；举办“赵之谦金石书画艺术专题讨论会”，由钱君匋作中心发言，大家一起交流学术研究的心得。其间还举办两次集体书画活动及个人交流等。17日上午会议结束，筹备委员会副主任许钦文作会议总结。[①]

① 王佩智《西泠印社 1963》，西泠印社出版社 2006 年版，第 38–41 页。

这次座谈会得到地方党委和政府的高度重视，会议期间省、市领导到会讲话，结束时省委书记处书记林乎加等还接见了与会代表。会议明确了西泠印社的性质、任务和发展方向。根据国家政治、经济、文化形势，与会人员经过充分讨论，一致认为西泠印社是在党和政府领导下的国内印学家自愿参加的学术团体，必须坚决贯彻文艺为工农兵服务，为社会主义服务的方向和“百花齐放、百家争鸣、推陈出新”的方针，团结全国印学家，培养新生力量，继承和发扬祖国传统印学艺术，兼及文字学和书法、绘画研究，整理、出版、座谈会、报告会、展览会等方式，积极促进印学艺术的繁荣和发展。可以说会议内容丰富，达到了预期目的，圆满、务实、成功。

沈尹默故地重游，又欣逢盛会，心情无比愉悦。杭州是故乡的省会城市，也是他年轻时生活过的地方。当年他与陈独秀、刘三、马一浮、苏曼殊等友人泛舟西湖，畅游孤山，共同度过了美好的时光，这些往事仿佛就在眼前，怎能不令他思绪万千呢。让他更为高兴的是，上海中国书法篆刻研究会刚刚成立，近邻浙江的西泠印社又将恢复重建，书法篆刻艺术的春天已然来临。他坚信只有在社会主义的中国，古老的文化艺术才能焕发出勃勃生机。

1963 年，沈尹默又接到杭州方面的邀请函，准备参加于同年 10 月召开的庆祝西泠印社创建六十周年纪念大会。回忆起上年到杭州参加座谈会的情景，他特作《水龙吟》一阕。词云：

去岁应西泠印社之邀，来湖上小住，

用稼轩词韵赋呈与会诸公

印人皖浙分疆，千秋各有风云际。承先启后，赵侯袖腕，吴翁簪髻。更看孤山，西泠结社，莘莘诸子。到六十年代，升平今日，才满足，复兴意。

久罢游湖笠屐，最关怀老梅开未。薄荫笼水，同云酿雪，新来天气。高阁筵开，远方朋至，豪情堪此。待春来听取，流莺哽语，破花间泪。

10月25日，西泠印社建社六十周年纪念大会在杭州市华侨饭店开幕。沈尹默提前数天偕夫人褚保权抵达杭州，并按时出席开幕式。当天参加会议的还有张宗祥、潘天寿、邵裴子、马一浮、唐醉石、傅抱石等三十八位艺术家。浙江省省长周建人、中共浙江省委宣传部副部长盛华、杭州市副市长陈礼节、中共杭州市委宣传部副部长徐俊等也出席了大会。沈尹默与张宗祥等老年社员一起受到周建人省长的亲切接见。周省长鼓励大家老当益壮，积极从事学术研究和艺术创作，为我国社会主义文化艺术的繁荣而努力。①

会议期间，沈尹默等与会人员听取了孙晓泉作的《关于西泠印社的历史作用和今后的任务》的报告，通过了《西泠印社章程》，选举产生印社第一届理事会、社长和副社长，通过了印社五年规划和1964年工作计划，出席了“篆刻史上的几个问题”和“西泠八家的艺术特点”两次学术座谈会，参加了题材鲜明的金石书画展览会及篆刻书画鉴赏活动。有关方面还组织参观游览桐庐桐君山、建德新安江水电站，激发了艺术家们的创作热情。庆祝大会内容丰富多彩，沈尹默和大家始终热情高涨，精神饱满。为配合此次大会的宣传工作，《杭州日报》还辟出专栏刊登部分艺术家的书画作品，其中有沈尹默的行书对联“万

① 王佩智《西泠印社1963》，西泠印社出版社2006年版，第67–75页。

发表在《杭州日报》1963 年 10 月 27 日的对联

顷烟波鸥境界，九秋风露鹤精神”。

10 月 29 日上午，沈尹默出席闭幕式。下午，他与张宗祥、马一浮、唐醉石、诸乐三、方介堪等部分社员，受到中共浙江省委书记处书记、副省长霍士廉，中共浙江省委常委吕志先，中共杭州市委书记王平夷，杭州市副市长顾春林、陈礼节等省市领导的接见。其间，霍士廉做了简要的讲话。他希望艺术家们遵循党的文艺方针，在继承传统的基础上推陈出新，积极进行学术研究和艺术创作，使古老的篆刻艺术更好地为繁荣社会主义文艺服务。①

当晚，沈尹默应举办方的邀请，为有关领导和与会代表写字。写毕休息，大家喝茶聊天，从书法艺术谈到毛笔的质量问题，气氛轻松活跃。忽然，座中有人建议，西泠印社应该制作自己牌号的毛笔，要切实保证质量，还要有自己的特色。这时，省委书记处书记霍士廉走进来，听了大家的意见，热情地说：“听说湖笔质量下降，我想请你们到湖州王一品笔庄去试试笔，分析一下问题。你们想去吗？”大家听

---

①《西泠印社社员大会圆满结束》，见《浙江日报》1963 年 10 月 30 日。

1963年底，参观湖州爱山台时合影，（从左至右）邱鸿炘、杨莘耜、沈尹默、褚保权

了，不约而同地产生一种敬意，都表示愿意去。

湖州是制笔之乡，湖笔自古以来闻名天下。作为书法家和湖州人，沈尹默对湖州的制笔工艺一直都很关注。他平常用笔十分讲究，喜欢用上海老字号杨振华笔庄的毛笔，这个习惯已保持几十年，有时还把这种毛笔当作礼物馈赠给亲友。杨振华笔庄为他特制一种“尹默选颖”的笔，据说极适宜书写晋代王羲之、王献之父子这一派的书法，不仅他特别珍惜，而且许多书画家都喜欢使用。可惜由于种种原因，近些年来市面上毛笔的质量有所下降，这对书画艺术的繁荣和提高影响很大。两年前，他在上海家中曾接待湖州来征求湖笔意见的客人费在山。那天，他一边仔细观察客人带来的毛笔，一边说湖州的毛笔闻名全国，自己是湖州人，感到很光荣。然后从选毫、扎头、入管等方面提出不少意见，还建议制笔厂的技术人员要南北交流，吸收各地制笔工艺的优点，甚至将来可与邻国朝鲜、日本交流经验，不断提高毛笔的质量。后来费在山将这次访问过程写成一篇专稿，寄给他修改并签名。[1] 如今听说湖笔的质量仍不尽如人意，究竟是什么原因造成的呢？这是他所格外关心的问题。离别湖州已近半个世纪，故乡的山山水水时刻在他的脑海中浮现，做梦都想回去看看。这次有这么好的机会，他怎肯错过呢。

就这样，沈尹默和夫人褚保权在霍士廉书记、省政府王黎夫秘书长、西泠印社社长张宗祥和杭州市文化局长孙晓泉的陪同下，分乘两辆轿车离开杭州，一路前往湖州，时间是 1963 年 11 月 1 日。抵达湖州后，沈尹默夫妇下榻在飞英塔畔的嘉兴地区招待所（现湖州宾馆）。行装甫卸，大家就赶到黄沙路王一品笔庄参观。那天正好是这家全国著名的湖笔老店创建二百二十二周年的日子，全体员工都沉浸在喜悦之中。参观结束，有关部门安排大家出席在最新落成的王一品斋大楼陈列室举行的座谈会。沈尹默进入陈列室，发现室内四壁墙上悬挂着董必武、陈毅、康生、何香凝、郭沫若、谢觉哉、沈雁冰、周建人、叶圣陶等的贺诗、贺词，还有著名书画家沈尹默、潘天寿、吴作人、傅抱石、叶浅予、丰子恺等人的书画作品。

座谈会开始后，霍士廉勉励全店职工努力做好工作，进一步提高产品质量外，殷切希望老工人带好徒弟，把优良的湖笔制笔技艺一代代传下去。沈尹默根据自己数十年使用毛笔的体会，提出进一步改进湖笔的意见。他还向制笔工人详细询问制笔工艺和生产、销售等情况，

---

① 费在山《回忆沈尹默先生》，见《湖州文史》第 17 辑。

沈尹默在湖州

祝愿老店越办越好。会后，笔庄领导和职工拿出一大把不同型号的毛笔，邀请沈尹默、张宗祥两位书法家试用。沈尹默挑选一支楂笔，在四尺宣纸上写下“弘逸”两个大字。张宗祥接着书写“圆健”两字，还用玉笋笔写了《西厢记》里的一句话。见两位老人兴致很高，有人当场提议他们合作一幅画，于是沈尹默展纸挥毫，即刻画就一簇风竹，张宗祥在竹旁添了一丛菊花，并加跋文：“尹默画竹以书法出之，余画菊，既非画法，亦非书法，真可笑也，留此笑迹在湖州供人大笑。”沈尹默见后微微一笑，又赶忙题上诗一首：“胸无成竹却画竹，赖他黄菊补不足。谓为清秋二友图，阆老自谦（也）多余呵。”这幅墨宝现收藏在湖州市博物馆。[①]

---

① 费在山《回忆沈尹默先生》，见《湖州文史》第 17 辑。

在故乡湖州考察

第二天，沈尹默夫妇由费在山等陪同，参观了市容市貌。众人漫步爱山台、韵海楼和骆驼桥，观鸟赏花，怡然自得。参观爱山书院遗址（当时为博物馆）时，沈尹默的心情最为兴奋，因为四十多年前他执教的湖州府中学堂就由书院改建而成。此处北宋时建有墨妙亭，据说苏东坡曾慕名游览过，并留下一篇《墨妙亭记》，闻名遐迩。参观结束后，沈尹默挥笔为墨妙亭题写了匾额。告别墨妙亭，大家还特地到天宁寺（当时为湖州师范）旧址观看赵孟頫书写的“天宁万寿禅寺”六个石刻大字。经一番仔细考察，沈尹默对陪同人员说：“靠得住，是真迹。这样大的字，存世甚少。”这一天，看到家乡面貌日新月异，一派欣欣向荣的景象，颇有“少小离家老大回”之感，心情十分激动。晚上回到招待所，他还详细询问有关湖州邱城、钱山漾遗址的发掘情况。当听说这两处新石器时代遗址发现大量稻谷、花生、芝麻、丝织品、木器、陶器等，他自豪地说湖州也是中华文明的发祥地之一。当地领导还介绍了湖州的经济发展情况，以及老百姓的幸福生活，他当即填写《采桑子》一阕：

清远湖州

眼明今日湖州路，原野秋阳，新样风光，清远湖山见故乡。
太平时代人难老，八十寻常，文艺逢场，要为工农服务忙。

写毕，请在场的湖州博物馆邱鸿炘用吴兴话吟唱。后来湖州人民广播电台专门把这首词编入“古今名人咏湖州”配乐诗词朗诵录音带和碟片，取名“龙吟·湖韵”。有关部门又请金石家将这首词作刻成石碑，陈列于湖州碧浪湖畔的碑廊里。[①]

① 邱鸿炘《我所知道的沈尹默先生》，见《湖州晚报》2015 年 10 月 18 日。

二、《兰亭序》公案始末

1965年6月，《文物》杂志6月号刊登郭沫若的长文《由王谢墓志的出土论到〈兰亭序〉的真伪》，不久《光明日报》全文予以转载。该文断言《兰亭序》并非大书法家王羲之所作，而出自其七世孙智永之手。此言一出，在学界引起轩然大波。

事情的起因是这样的，此前南京郊外先后出土东晋《谢鲲墓志》和《王兴之夫妇墓志》，墓志上的字体都是带隶意的楷书，与南朝的《爨宝子》相近，用笔多方，结体奇拙。因为墓主与王羲之是同时代人，而王谢墓志字体与《兰亭序》迥异，所以郭沫若同意清代李文田"世无右军之书则已，苟或有之，必其与《爨宝子》《爨龙颜》相近而后可"的观点，认定《兰亭序》的作者和书写者都不是王羲之。此说一时风起，唱和者很多，反对者也大有人在，逐渐酿成一桩争鸣达半年之久的历史公案。

沈尹默与郭沫若是交往四十多年的老朋友，互相都很推崇。王羲之被后世尊称为"书圣"，《兰亭序》也被公认为天下第一行书，否定《兰亭序》的作者，也就在相当程度上动摇了其"书圣"的地位。沈尹默一生以钻研、继承王羲之、王献之法书为己任，并取得了非凡的成就，自然不同意老友的这个观点。不久前，他所作《二王法书管窥》由上海教育出版社影印出版，曾寄赠各地朋友求正。好友赵朴初从北京寄来七律《尹默先生以所著〈二王法书管窥〉手稿印本见赠，赋此答谢，并求教正》，诗云：“好凭一勺味汪洋，剖析精微论二王。运腕不违辩证法，凝神自是养生方。功深化境人书老，花盛东风日月长。一卷感公相授意，岂徒墨海作津梁。”他收到赠诗非常欣慰，即以赵朴初诗韵回赠一首：“君诗赞我意洋洋，差胜当年西楚王。信手之间仍有象，精心而外更无方。三端已试过人慧，一得终惭说己长。常语相闻莫轻讶，汉唐通变赖齐梁。”诗中提及“三端”，即古人“谓文士之笔端，武士之锋端，辩士之舌端”。卫夫人《笔阵图》曰：“夫三端之妙，莫先乎用笔。”他在此处赞扬赵朴初屡次参加国际会议，口辩笔力，友结四海。[1]赵朴初又回和《尹默先生赐和诗二章，深感诲我不倦之意，爰迭前韵奉答，籍博一粲，并乞教正》一首。这时关于《兰亭序》真伪的笔战刚刚拉开序幕，沈尹默立即作七律《朴初再用前韵见寄，戏答三首》，表明自己坚信《兰亭序》是王羲之的真迹，对“文外寻矛盾”式的考证不感兴趣。诗云：

赵朴初

沙门且莫喜洋洋，《禊帖》仍归俗姓王。万卷枉经今日眼，千金惟买古时方。不劳文外寻矛盾，且听人间论短长。却怕谢公

① 江东《沈尹默与赵朴初诗书相酬》，见《人民日报》1987年2月6日。

批札尾，何来鼠子敢跳梁。

兰亭聚讼闹洋洋，今日连根铲大王。虞写褚临都是幻，鼠须茧纸定何方。隶行异代殊妍质，碑简分工各短长。二篆八分相递让，不然安见宋齐梁。

南北书流汇海洋，隶分章草代相王。一源羲献分师古，三体钟繇异用方。艺苑花争千种艳，史车轮转万年长。追随时代开新局，欲渡盈盈要石梁。①

江苏省文史馆馆员高二适对郭沫若的观点也不以为然，撰写了一篇《〈兰亭序〉的真伪驳议》，坚持《兰亭序》是王羲之的作品，与郭文的内容针锋相对。高二适的文章写好后，寄给有关报刊却被退回，因为没有哪一家敢登载。当时正处在"以阶级斗争为纲"的年代，文章所反对的又是学术界的泰斗，而且郭文中又援引中央书记处书记康生的观点为同调，这更是令人谈虎色变！高二适一筹莫展，想起重庆时的诗友、老前辈章士钊，而眼下又是中央文史馆的馆长，于是把文稿寄给章士钊，请求指教。章士钊看了高文，深表同情，并在来稿上略作改动，退回再作修改，并表示愿意为之帮忙。高二适将文章改好后，第二次寄去，请章士钊推荐给毛泽东主席"评鉴"，希望"得以公表"。章士钊没有耽搁，遵嘱转呈。毛泽东收到章士钊的信和所附高二适的文章，第二天即复函给章士钊："……又高先生评郭文已读过，他的论点是地下不可能发掘出真、行、草墓石。草书不会书碑，可以断言。至于真、行是否曾经书碑，尚待地下发掘。但争论是应该有的。我当劝说郭老、康生、伯达诸同志赞成高二适一文公诸于世。"同日，

① 马国权《沈尹默论书丛稿》，岭南美术出版社、香港三联书店 1981 年版，第 227 页。

毛泽东也给郭沫若发去一信，内云：“郭老：章行严先生一信，高二适先生一文均寄上，请研究酌处。我复章行严先生信亦先寄你一阅。笔墨官司，有比无好，未知尊意若何？”

在毛泽东主席的关心和支持下，《光明日报》和《文物》杂志先后刊载了高二适《〈兰亭序〉的真伪驳议》一文和影印的手稿。郭沫若针对高文再次发表《〈驳议〉的商讨》和《〈兰亭序〉与老庄思想》两文，与之辩论。以后，高二适也再次撰写《〈兰亭序〉真伪之再驳议》，回敬郭沫若。由于高层领导的重视和鼓励，国内学术界很快兴起“百家争鸣”的局面，从中央到地方的报刊陆续刊登有关《兰亭序》真伪的署名文章。参加辩论的学者除郭沫若、高二适和沈尹默外，还有龙潜、启功、于硕、徐森玉、赵万里、史树青、高承祚、严北溟等专家学者。双方争论的焦点在于流传至今的晋代王羲之所写的《兰亭序》是真迹还是后人的伪作。因双方都没有充足的证据，所以最后也没有结论。

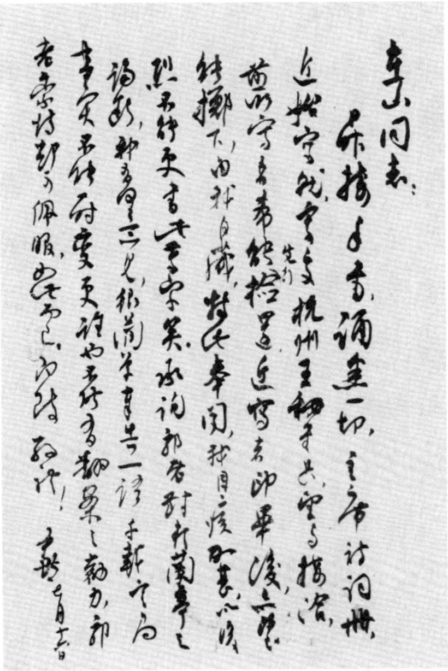

致费在山信札

其间，时任全国人大常委会副委员长陈叔通曾多次驰书沪杭两地的朋友交换意见，鼓励他们著文参与这场争辩活动。沈尹默收到陈叔通的来信后，立即回信表明态度：“公谓南京出土之王、谢墓志，自别是一事，与兰亭无涉，确是如此。郭公对此忽尔兴发，写此弘文，实不可解也。”而另一封回复家乡好友费在山的信中，他讲得更明白，说：“承询郭老对于兰亭之论断，我有何意见，很简单，奉告一语：千载定局事实，不能一时变更，谁也不能有翻案之功力。郭老豪情却可佩服，如此而已。”在与《光明日报》驻沪记者的谈话中，沈尹默再次明确表示不同意郭沫若的观点和结论：郭沫若提出这个问题讨论，是很大胆的。这关系到书法自东晋以后，宋、齐、梁、陈以来的传统问题，这不单是王右军一人，王否定了，与王同时的一大批书法家你又怎么摆？你怎能否定得了？关于《兰亭序》帖的时代性，应该根据书法的发展来看。他还称赞唐太宗是很厉害的，其本人懂书法。这句话明显是有所指的，因为郭沫若反驳高二适文中有“高先生之信仰唐太宗，似乎比唐初群臣有过之而无不及了”的话。时值“文化大革命”前夕，缺乏正常的学术争鸣空气，所以沈尹默有关论证《兰亭序》非伪作的几首诗就没有发表，两位老朋友也未能好好商榷一番。

直到三十多年后的1998年，郭沫若“等到以后出土了（其他书体）再说吧”的话才得到验证。南京市博物馆在东郊发掘六朝古墓群，出土了两方砖质墓志，为东晋贵族高崧夫妇合葬墓。高氏夫妇与王羲之为同时代人，而这两块墓志上的文字为楷体，这就为《兰亭序》帖的真伪之辩提供了实物佐证。此后，有关部门又陆续出土各种同时期墓碑三十多块，碑文不仅有隶书，还有楷书和行书，充分证明王羲之以行书写成的《兰亭序》并非伪作。可惜沈、郭两位已归道山，否则又会有一场笔墨之争呢！

三、与大海永存

1966年1月25日农历正月初四，家家户户正张灯结彩，沉浸在新年的喜悦中。年已八十四岁的沈尹默忽然患肚子痛，吃不下东西。第二天，家人把他送到华东医院治疗，经医生仔细检查，确诊患肠梗阻症，需动手术切除。这次手术极为成功，老人的肠子被割去九寸左右，住院一个多月，基本恢复了健康。五寸长的切口刀疤只留下一条白白的细线，看不出缝合的痕迹。他对主刀医生的精湛医术大为赞赏，凡来探望他的朋友，他都会撩起衣服，露出右腹部说："你们看看，医生给我做的手术漂亮不漂亮！"这时，旁边的夫人褚保权总会埋怨几句："侬献宝要献到啥辰光？再要献下去，侬要感冒了。"

沈尹默住院期间，中共上海市委统战部部长陈同生经常来探望慰问，并送来自己栽培的水仙花摆在病人床头。这些花开得非常茂盛，生机勃勃，沈尹默非常喜欢，便赋诗一首答谢："玉花翠叶水中仙，息息生香发妙妍。相视与君同一笑，门前江水远连天。"出院后，他在夫人陪伴下，由市人民政府安排，去杭州西湖休养，住在大华饭店。他们一直住到"文化大革命"开始，接到市政府回沪的命令，才匆匆赶回上海家中。随后，他的组织关系由市政府转到上海中国画院。

这年夏天，有人在海伦路寓所外张贴“打倒反动学术权威沈尹默”的大字报，并勒令他写检讨书。他不明白这是个什么样的运动，甚至连检讨书都不知道怎么写，心情比较沉重。他不得不请年轻有文化的亲戚吴耀辉帮忙，自己再用毛笔抄写一遍，贴到外墙上。可是，因为他的字太漂亮了，检讨书贴出去不久，就被人偷偷撕走。吴耀辉曾撰文回忆道：

> “文化大革命”开始初期，记得是夏天，天气很热。一天，我表姐褚保权来电，要我下班后就去她家，有要紧事情商量。我匆匆赶去，只见沈老精疲力竭地躺在床上。夫妇俩告诉我，造反派在他们家外墙上贴了“打倒反动学术权威沈尹默”的大字报，并勒令他写检讨。沈老不知所措地问我：“怎么写检讨？”我说：“你准备检讨什么？”他说：“我也不知道。”表姐说：“你认为怎样写好，就怎样写，我们心里都乱了，不知道如何办好！”我说：“你当过国民党时期的教育厅长、大学校长，是不是可以批教育救国论？”他说：“好吧。但要赶快写，明天就贴出去，否则造反派可能会上门来。”于是，我根据沈老的意见，结合自己的一些认识，很快将检讨书写好，并读给他听。然后，他用颤抖的右手拿起毛笔，将这份检讨书抄一遍。第二天，这份检讨便贴到别人写的那张大字报上。因为他的字太漂亮了，贴出去没多久，便被人撕走了。[1]

不久，沈尹默遭到造反派的无情迫害，被划为“反动学术权威”，

---

① 吴耀辉《万紫千红尽是花　致知格物亦多途——怀念沈老》，见吴耀辉、卢之章《凝静——尹默二十年祭》，北京燕山出版社 1991 年版，第 59-61 页。

接连被揪斗批判。第一次被押去批斗时，由还在上中学的养子褚家立陪同，造反派逼褚家立上台表态说“沈尹默是牛鬼蛇神”，结果养子对着麦克风大喊：“我爸爸不是牛鬼蛇神。”后来，这件事被造反派告发到学校，说褚家立政治立场有问题，学校应该严厉处罚。又一次批斗会，沈尹默刚被押上场，一个中国画院的女造反派就冲上来对准老人一个巴掌。他立足未稳，一个踉跄跌倒在地，头撞在墙角上，近视眼镜也掉了。他在地上摸索好几分钟，才找到眼镜戴上，模模糊糊看到台下聚着不少人。因不愿家人为他担心，他回去后从来不提起这件事，只是把屈辱埋在心里独自承受。尽管受到种种不公平的批斗和责难，但沈尹默依然对国家和前途充满信心。有一次，他与一名来访的青年朋友聊起挨批的事，还乐观地说被造反派冲一下也许是好事，毕竟自己某些思想观念还跟不上时代的脚步。这是一个善良、大度、朴实的老知识分子的肺腑之言，充分表明他对共产党和人民政府的无限信任。

上海沈尹默旧居

随着运动的不断升级，沈尹默遭受批斗的次数越来越多，而周围的邻居、亲戚、朋友也纷纷被抄家，令他十分不安。他精心保存着个人历年创作的十多本诗稿，都用工整的小楷抄录，具有较高的文学和艺术价值，是他最宝贵的东西。因害怕被造反派抄走，歪曲其意，无限上纲，被当作不肯认罪的证据，他被迫同意家人将它们全部撕碎，

生前用过的部分笔墨和眼镜

放在澡盆内浸糊挤干后，由养子半夜从后门骑自行车偷偷带出，丢到苏州河内或郊区农田里。[1]这些诗集凝聚着他的心血，是他一生勤奋创作的成果，却被这样轻易地毁弃了，这对他的打击可想而知。

1967 年初，由于造反派忙于内斗，无暇顾及批斗对象，沈尹默暂时过了一段相对轻松的日子。他的身体已经很衰弱，整天躺在床上，只有用餐时起来到客厅坐坐。由于褚家立的再三恳求，他强打起精神，用颤抖的手，开始写毛笔字，以便留下一些墨宝。写字本是他每天必做的功课，也是最乐于做的事，可惜由于"文化大革命"爆发，他已很长时间没有动笔了。就这样，每天由褚家立磨好墨，他一连写了十几天，把柜中所有剩下的纸全部用上，包括毛边纸、有水渍的纸和有蛀洞以前不用的纸。他的眼睛几乎看不见笔和纸，全靠手上的感觉，

① 褚家立《我的回忆》，见吴耀辉、卢之章《凝静——尹默二十年祭》，北京燕山出版社 1991 年版，第 34 页。

得由别人扶着他握着毛笔的手放到纸的开头处，当笔一着纸，他就知道怎样写下去。这批字的内容全是“文化大革命”中流行的毛主席语录、诗词等，全是行草，而且字比较大，几乎都不写日期，也不署名，总共写了几十幅，都收藏在亲戚朋友家中。这是他最后的书法作品，幸存下来的有横幅“江山如此多娇”、八尺直幅“全心全意为人民服务”等。

因为沈尹默的精神状态越来越差，又身患多种疾病，夫人褚保权不得不写信给他的好友章士钊求助。时任中央文史馆馆长的章士钊十分重视友情，曾多次给他寄赠药物，并把他的近况及时转告周恩来总理。后来，周总理开会时向上海的同志问起沈尹默还能写字吗。可惜上海方面没有给予任何医疗上和生活上的照顾，直到他去世时，每月仍只给一百元生活费。

1971 年的春天姗姗来迟，沈尹默生命的火焰慢慢黯淡下来。多年来他饱受摧残，身体状态每况愈下。他整天躺在床上，很少与人说话，默默地忍受着病痛的折磨。有一次，外甥魏新登门探望，临走时进屋向他告别，他那苍白的脸上露出一丝笑容，费劲地伸出枯瘦的双手，握着外甥的手殷殷嘱咐：“要把身体养好，要好好工作。”不久，他因病住进上海第一人民医院。因为病人很多，医院把他的床位安排在楼道里，没有得到好的治疗。6 月 1 日，天下着大雨，他怀着忧郁的心情安静地合上双眼，永远离开了亲人和朋友，享年八十九岁。第三天，亲朋友好约八十余人，在上海市西宝兴路殡仪馆大厅为他举行追悼会，许多人流下了悲痛的眼泪。他生前特别喜欢大海，家人遵照他的遗愿，将他的骨灰撒在吴淞口外的大海里。从此，一代学者、诗人、书法家沈尹默将与大海永存。

1978 年 12 月 29 日，经中共上海市委批准，在上海龙华革命公墓大厅为沈尹默举行骨灰安放仪式，并为他平反昭雪，恢复名誉。安放仪式由市革委会副主任杨恺主持，市革委会副秘书长张苏平致悼词。出席仪式的有张承宗、巴金、洪泽、张耀辉、郭绍虞等各有关部门负责人和生前友好，以及沈尹默夫人褚保权和其他亲属。

沈尹默虽然离开了人世，但他生前书写的一段话却值得人们深思。这段话也是他一生做人的真实写照：

> 革命的事情要天天去做，重要的事情要耐心去做，未来的事情要准备去做，别人的事情要帮助去做，复杂的事情要细心去做，不懂的事情要虚心去做，大家的事情要带头去做，个人的事情要抽空去做。工作繁忙时要细心些，处理问题时要慎重些，了解情况时要全面些，受到刺激时要忍耐些，碰到问题时要冷静些，遇到困难时要坚强些，待人接物时要热情些，工作方法上要灵活些。[①]

---

① 吴耀辉《万紫千红尽是花　致知格物亦多途——怀念沈老》，见吴耀辉、卢之章《凝静——尹默二十年祭》，北京燕山出版社 1991 年版，第 59-61 页。

沈尹默年表

1883年　清光绪九年癸未　1岁

6月11日，出生于陕西省兴安府汉阴厅（今陕西省汉阴县），名君默、君墨、实，后改名尹默，字中，号秋明、匏瓜、闻湖蘧庐生。沈氏原籍浙江吴兴竹墩村（今属湖州市南浔区菱湖镇）。

1887年　清光绪十三年丁亥　5岁

是年，入家塾读书，从李姓启蒙老师学诗。

1894年　清光绪二十年甲午　12岁

是年，开始学习书法，从塾师湖南宁乡吴姓老师临习清代书法家黄自元（字敬舆）所临欧阳询《九成宫醴泉铭》，读《古诗源》和《唐诗三百首》。

1896年　清光绪二十二年丙申　14岁

是年，因背不出书而急至生病。在家疗养时，连读《红楼梦》数遍，又读袁枚著作及唐诗。

1897 年　清光绪二十三年丁酉　15 岁

约是年，从父命书写三十把带骨扇面。又从父命把祖父在正教寺高壁上所书赏桂花长篇古诗，用鱼油纸钩模下来。

1902 年　清光绪二十八年壬寅　20 岁

是年，奉父母之命，与小自己两岁的四川籍朱姓县丞之女朱芸结婚。以后夫妇俩共生养四个儿子和四个女儿，儿子依次为令扬、令翔、令年、令昕，女儿依次为令融、令筠、令莹、令昭。

1903 年　清光绪二十九年癸卯　21 岁

春，父亲沈祖颐逝世，举家由汉阴迁居西安。

1905 年　清光绪三十一年乙巳　23 岁

10 月，和三弟沈兼士自费赴日本留学。

1906 年　清光绪三十二年丙午　24 岁

夏，因家庭经济困难，提前结束学业，从日本归国。

1907 年　清光绪三十三年丁未　25 岁

是年，与母亲彭氏一起回故乡浙江吴兴生活，在南浔正蒙学社任教。

1909 年　清宣统元年己酉　27 岁

下半年，在浙江高等学堂教授掌故史，学生中有陈布雷等。

年底，结识在杭州陆军小学堂任教的陈独秀。一次，陈独秀来访，评论其昨日所作“诗做得很好，字其俗入骨”。受陈这“当头一棒”的刺激，从此发愤钻研书法。

1910 年　清宣统二年庚戌　28 岁

12 月，参加由周梦坡主持的杭州灵峰补梅庵雅集。

1912 年　民国元年壬子　30 岁

是年，在浙江两级师范学校任国文教员。

1913 年　民国二年癸丑　31 岁

年初，经许炳堃向北京大学代理校长何燏时、预科学长胡仁源推荐，决定去北大预科执教。

2 月，正式应聘到北大预科任中国历史教员。

是年，课余继续临池不辍，书艺有了提高。

1914 年　民国三年甲寅　32 岁

是年，改教授北京大学预科国文，学生中有沈雁冰（茅盾）等。

1915 年　民国四年乙卯　33 岁

2 月 14 日，与鲁迅、钱玄同、朱希祖、马裕藻等赴章太炎寓所拜年。

是年，章太炎代刘伯温后人求书写《诚意集》序，以为刻石之用，后因故未写。

1916 年　民国五年丙辰　34 岁

是年，在北京医学专门学校兼课，曾告诉医专校长汤尔和，认为蔡元培应该到北大任校长。

1917 年　民国六年丁巳　35 岁

1 月 4 日，蔡元培正式就任北京大学校长。不久，登门拜访蔡元培，向其提出三点治校建议：一、北大经费要有保障；二、组织评议会，教授治校；三、规定隔一定年限派教员和学生到外国留学。蔡深以为然，完全采纳。

1 月 13 日，教育部任命陈独秀为北京大学文科学长，《新青年》也随之搬到北京。此前，曾向校长蔡元培推荐陈独秀任北大文科学长。

12 月 25 日，北京孔德学校成立，任该校教务评议会会员。

1918 年　民国七年戊午　36 岁

1 月 15 日，在《新青年》第四卷第一号发表新诗《鸽子》《人力车夫》和《月夜》。

1 月，《新青年》改为同人杂志，与陈独秀、胡适、钱玄同等分期轮流编辑。

2 月 27 日，北京大学发布加入进德会人员名单，被列为甲种会员。

10 月 23 日，被北京大学公布为该校评议会评议员。

1919 年　民国八年己未　37 岁

5 月 4 日，五四运动爆发。

5 月 13 日，参加北京大学评议会和教授主任会联席会议，商量蔡元培校长离校后维持学校的办法。

6 月 22 日，与汤尔和、马裕藻等代表北京教职员联合会、学生联合会、北京大学师生以及教育部，到杭州迎接蔡元培回京复任北大校长。

1920 年　民国九年庚申　38 岁

1 月 20 日，与胡适、陈大齐、马裕藻、李大钊、马叙伦、周作人、马寅初、朱希祖等共五十五人，发起成立北京大学教职员会。

11 月 27 日，抵达日本京都，按照北大教授任职满一定年限可出国进修一次的规定，开始在京都大学的学习生活。

1921 年　民国十年辛酉　39 岁

5 月，在日本京都张凤举寓所结识郭沫若。

1922 年　民国十一年壬戌　40 岁

4 月 6 日，在日本京都大学进修结束，于上午回到北京。

8 月，早期新诗《月夜》《月》等五首被选入北社编《新诗年选》。诗人康白情评论《月夜》："这首诗大约作于一九一七年的冬天，在中国新诗史上，算是第一首散文诗。其妙处可以意会而不可以言传。"

1923 年　民国十二年癸亥　41 岁

4 月 18 日，北京大学发布造型美术研究会通告，被聘为该会书法篆刻导师。

9 月 30 日，参加北京大学研究所国学门恳亲会。

1924 年　民国十三年甲子　42 岁

2 月 18 日，《申报》刊登消息，称蒋梦麟、陈大齐、沈尹默等四十七名北大教授联名致函北洋政府外交部顾维钧、王正廷，要求立即宣布恢复中俄邦交。

3 月 15 日，与胡适、李大钊、钱玄同等北京大学共六十名教授联名致函校长，批评教育部制定的《国立大学校条例》。

8 月 3 日，为北京大学教授刘复（半农）校点的唐韩致尧《香奁集》作序。

1925 年　民国十四年乙丑　43 岁

5 月 27 日，与鲁迅、钱玄同等共七名女师大教员，联名发表《对于北京女子师范大学风潮宣言》，公开支持女师大学生反对校长杨荫榆无故开除学生自治会成员的行为。

8 月 8 日，参加北京女子师范大学校务维持会，并被推选为教务主任。

8 月 26 日，与李石曾、李书华等共四十二名北大教职员联名发表《反对章士钊的宣言》。

1926年　民国十五年丙寅　44岁

4月，当选为中法教育基金委员会中国代表团代理主席。

8月13日，与鲁迅、朱希祖、许寿裳等参加即将毕业的女师大学生许广平、陆晶清、吕云章的谢师宴。

1927年　民国十六年丁卯　45岁

4月6日，得知北大同事李大钊被奉系军阀张作霖逮捕的消息，急忙打电话给兄长沈士远将李大钊儿子李葆华保护起来。

4月29日，得知李大钊被军阀杀害，便与周作人等商量，计划送李葆华去日本留学。

1928年　民国十七年戊辰　46岁

6月26日，被国民政府任命为河北省省政府委员。

10月27日，被国民政府大学委员会推定为北平大学区分会委员。

1929年　民国十八年己巳　47岁

1月，自作诗词集《秋明集》（上、下册），由北京书局印行。

7月5日，被国民政府任命为河北省教育厅厅长。

7月29日，赴河北省教育厅筹备处视事，并派人赴北平大学办公处商洽接收手续，检定所有卷宗档案。

1930年　民国十九年庚午　48岁

1月6日，主持召开河北省省立师范学校校长会议并讲话。

3月5日，参加河北省中学校长会议，任会议主席并作工作报告。

4月28日，参加河北省高等教育行政会议，担任会议主席。

5月15日，参加河北省地方教育行政会议开幕式，担任大会主席并报告开会宗旨。

12月18日，被北京大学研究所国学门确定为研究生导师，指导科目为唐诗（一）、初唐诗（二）、中晚唐诗（三）、杜甫诗。

是年，开始学写行草，从米芾入手，进而师法智永、虞世南、褚遂良，作为上溯“二王”的阶梯。其中对褚遂良书法用力最深，以期能推陈出新、树立唐楷新规，曾遍临褚遂良传世诸碑。

1931 年　民国二十年辛未　49 岁

2 月 7 日，被国民政府行政院任命为国立北平大学校长。

1932 年　民国二十一年壬申　50 岁

年底，辞去北平大学校长职务，南下上海，任中法文化交换出版委员会主任兼孔德图书馆馆长。业余时间，继续钻研和临写褚遂良等古代名家书帖。

1933 年　民国二十二年癸酉　51 岁

是年，受鲁迅邀请，和沈兼士共同为鲁迅、郑振铎编印的《北平笺谱》题签。

1934 年　民国二十三年甲戌　52 岁

6 月 1 日至 3 日，与族曾孙、画家沈迈士合作，在上海北京路贵州路口湖社举办竹溪二沈书画展览会。

9 月 26 日，故宫博物院理事会召开第三次常务理事会，被公布为该院专门委员。

1935 年　民国二十四年乙亥　53 岁

1 月 19 日，参加在上海威海卫路中社举行的第一次文化建设座谈会，并作简要发言。

2 月 16 日，任北京大学中国文学系名誉教授。

10 月 15 日，朱自清主编《中国新文学大系·诗集》由上海良友图书印刷公司印行，内收其早期新诗《三弦》。

1936 年　民国二十五年丙子　54 岁

是年，为《元赵孟頫尺牍诗翰》（故宫博物院 1936 年珂罗版）和《词选续词选校读》（生活书店 1936 年版）题签。

1937 年　民国二十六年丁丑　55 岁

春，为画家朱屺瞻《梅花草堂图》题诗二首。

7 月，安排刚从日本秘密回国的郭沫若暂居于中法文化交换出版委员会办公处。

1938 年　民国二十七年戊寅　56 岁

8 月 26 日，作《题蒋榖孙所藏怀仁〈圣教序〉（有韩逢禧收藏印记无跋）》。

1939 年　民国二十八年己卯　57 岁

1 月 1 日，为吴湖帆所藏元代画家黄公望《富春山居图》（剩山图卷）题款，记述此画收藏及鉴定过程。

5 月，为躲避战火，乘船西迁重庆。

约 9 月，应国民政府监察院院长于右任之聘，出任监察院监察委员。

秋冬间，与章士钊、曾履川、潘伯鹰、汪东等在重庆掀起寺韵“诗战”，轰动一时。

是年，继续钻研书法，尤致力于米芾《七帖》。又临《张黑女志》、柳公权书《李晟碑》，并将《阴符经》真迹印本与同一时期的《伊阙佛龛碑》对勘，对书法的意义有了进一步的体会与认识，因而开始试写论书法的文字。

1940 年　民国二十九年庚辰　58 岁

11 月 18 日，作《跋溥泉所藏张廉卿草藁》。

12 月 16 日，将抵重庆后所作诗词辑成《漫与集》《写心集》《山居集》

三卷，用小楷书录。

是年，收在教育部任职的张充和为徒，教授诗词和书法。

是年，与章士钊、乔大壮、江庸等发起组织饮河诗社，章士钊、江庸任社长。

1941 年　民国三十年辛巳　59 岁

1 月 1 日，在《读书通讯》第十七期发表论书文章《执笔五字法》。

11 月 16 日，在《新华日报》发表五言诗《赠郭先生》，以庆祝郭沫若五十岁生辰暨创作生活二十五周年。

1942 年　民国三十一年壬午　60 岁

10 月 18 日，参加歌乐山重阳登高赋诗活动，并作五言诗二首。

1943 年　民国三十二年癸未　61 岁

4 月 2 日，与于右任、潘伯鹰等发起的中国书学研究会，在重庆两浮支路国立中央图书馆举行成立庆典。这是有史以来第一个全国性书法专门组织。

5 月 1 日至 3 日，与章士钊、潘伯鹰等共二十三人，在重庆中一路黄家垭口中苏文化协会，联合举办癸未金石书画展览会。

1944 年　民国三十三年甲申　62 岁

是年，为章士钊、潘伯鹰线装诗合集《游泸草》题签。荷兰汉学家高罗佩来访，畅谈诗词、书法，后高罗佩主编《世界美术大辞典》，在书中称其为民间第一大书家。

1945 年　民国三十四年乙酉　63 岁

2 月，在《书学》第四期刊登书法润例。

6 月 9 日至 13 日，在江苏旅渝同乡会举办个人书法展览，得款半数捐作《书学》杂志基金。

1946 年　民国三十五年丙戌　64 岁

10 月 2 日，在《中央日报》副刊《泱泱》发表《匏瓜庵小令》，内容为抗战时期所作散曲三十七首。

11 月，从重庆回到上海，寓居海伦路五〇四号。

1947 年　民国三十六年丁亥　65 岁

1 月 1 日，重订书法润例。

9 月 27 日至 10 月 1 日，与沈迈士合作在上海成都路中国画苑举行二沈书画展览会。

10 月 7 日，辞去监察院监察委员职务。

10 月 10 日，与褚保权结婚，并亲笔书写结婚证书。

1948 年　民国三十七年戊子　66 岁

1 月 1 日至 5 日，书法作品参加清远艺社在上海湖社举办的展览。

春夏间，夏敬观为其《念远词》作序，大加赞赏。

1949 年　己丑　67 岁

5 月 29 日，上海市军管会主任、市长陈毅偕李亚农登门访问，宾主亲切交谈。

9 月 17 日，上海市古代文物管理委员会成立，被市政府聘请为该会委员。

1950 年　庚寅　68 岁

4 月 15 日，作为特邀代表，参加在市人民政府大礼堂开幕的上海市第三届各界人民代表会议（后改为一届三次各界人民代表会议）并发言。

4 月 28 日，参加上海市高教联举行的纪念“五四”运动座谈会并发言。

7月28日，参加上海市第一届文学艺术工作者代表大会并在会上发言。

12月25日，上海市人民政府报请中央人民政府批准，任命其为上海市人民政府委员会委员。

1951年　辛卯　69岁

4月28日，参加上海市人民政府委员会与市协商委员会联席会议，听取前日逮捕反革命分子经过的报告，并发表意见。

9月15日，在《文艺新地》一卷八期发表回忆散文《忆鲁迅》。

12月2日，参加在《大公报》馆举行的胡适思想批判座谈会，并作长篇发言。

1952年　壬辰　70岁

6月，作《谈书法》一文。

10月19日，被上海市公布为市中苏友好协会理事。

1953年　癸巳　71岁

3月31日，被任命为上海市文史研究馆委员。

秋，应文物收藏家曹美成所请，为曹收藏的黄宾虹《蜀游画册》题跋。

1954年　甲午　72岁

1月28日，参加上海市人民政府文化教育委员会第五次全体委员会议，并在讨论中发言。

5月底，参加上海市人民政府委员会扩大会议，讨论初中、高小毕业生升学和参加劳动生产问题，并作了发言。

1955 年　乙未　73 岁

4 月 29 日，参加上海市人民委员会第三次会议，讨论《中华人民共和国兵役法（修正草案）》，在会上作了发言。

5 月 8 日至 30 日，在《新民报晚刊》连载《书法漫谈》一文。

1956 年　丙申　74 岁

8 月 1 日，上海中国画院筹备委员会成立，任该筹委会委员。

9 月 1 日、7 日，两次应邀参加中国作家协会上海分会古典文学研究组召集的关于李煜词评价问题的座谈会并发言。

10 月 8 日，在《文汇报》发表《接受民族遗产的正确态度》一文，认为我们要虚心地老实地学习前人的东西，懂得了，才能提出批评。

10 月 10 日，在《文艺月报》10 月号发表《鲁迅生活中的一节》，回顾了鲁迅在北京时的生活以及与朋友们的交往。

1957 年　丁酉　75 岁

1 月 9 日，在上海市第二届人民代表大会第一次会议上，被选举为市人民委员会委员。

1 月 10 日、2 月 10 日，在《学术月刊》第一、二期连载长篇书论文章《书法论》。

3 月 5 日，政协第二届全国委员会第三次会议在北京开幕。为此次会议增选的特邀委员。

11 月 15 日，在《文字改革》11 月号发表《我对文字改革的粗浅意见》一文。认为文字必须改革，必须走拼音道路。

1958 年　戊戌　76 岁

1 月 8 日，在《人民日报》发表散文《值得六亿人民鼓舞的事情》。认为汉语拼音方案草案的公布，有利于全国六亿多人民的情感交流，有利于人民文化水平的普遍提高。

1 月 20 日、23 日、27 日及 2 月 6 日、7 日、24 日，在《文汇报》连载《学书丛话》一文。

2 月 5 日，在《人民日报》发表《文字改革与书法兴废问题》。

11 月 6 日，在上海市第三届人民代表大会第一次全体会议上，当选为市人民政府委员会委员。

1959 年　己亥　77 岁

4 月 18 日，列席在北京中南海怀仁堂举行的第二届全国人民代表大会第一次全体会议开幕式，会议于 28 日闭幕。其间，受到毛泽东主席的接见。

5 月，在《学术月刊》5 月号发表《纪念五四运动四十周年》。

1960 年　庚子　78 岁

2 月 22 日，与王一平、王个簃等共四十六名上海文史界人士联合发出抗议书，对美国掠夺我国在台湾的大批珍贵文物提出严重抗议。

6 月 5 日，被国务院聘任为中央文史研究馆副馆长。

1961 年　辛丑　79 岁

4 月 8 日，在上海市中国书法篆刻研究会成立仪式后举行的第一次委员会议上，被选举为主任委员。

4 月 15 日，在《光明日报》发表《谈中国书法》。

6 月 22 日，在《文汇报》发表《答人问书法》。

11 月 1 日，在《人民日报》发表《也谈毛主席书赠日本朋友的鲁迅诗》。

1962 年　壬寅　80 岁

5 月 16 日，上海市第二次文学艺术工作者代表大会闭幕。在会上作了发言，并被选举为上海市文学艺术界联合会第二届委员会副主席。

9 月 11 日、13 日、15 日，在《光明日报》连载《历代名家学书经验谈辑要释义（一）》。

9 月，在《人民教育》9 月号发表《怎样练习用毛笔写字》。

12 月，应邀赴杭州参加西泠印社座谈会。

1963 年　癸卯　81 岁

2 月 25 日，作《〈马叙伦墨迹选集〉序》。

8 月 19 日，为即将创刊的《儿童文学》题写刊名。

9 月，撰成《二王法书管窥——关于学习王字的经验谈》。

10 月，赴杭州参加西泠印社建社六十周年纪念大会。

11 月，应邀赴故乡湖州参观访问。

1964 年　甲辰　82 岁

1 月 16 日，参加上海文艺界举行的座谈会，赋诗声讨美帝国主义屠杀巴拿马人民的罪行。

9 月 15 日，作为特别邀请人士，被通过为政协上海市第四届委员会委员。

9 月 26 日，在上海市第五届人民代表大会第一次会议上，被选为市人民委员会委员及第三届全国人民代表大会代表。

1965 年　乙巳　83 岁

8 月 20 日，撰成书法论文《历代名家学书经验谈辑要释义（二）》。

是年，应四川省荣昌县安富镇耕读小学校长林传舜之请，为该校书写校牌及对联。

1966 年　丙午　84 岁

1 月，撰写长篇回忆文章《我和北大》。

夏，“文化大革命”开始后，有人在海伦路寓所外张贴“打倒反动学术权威沈尹默”的大字报，并勒令写检讨书。

8、9 月间，遭造反派迫害，被划为“反动学术权威”，大量书法作品被迫毁弃。

1967 年　丁未　85 岁

年初，拖着衰弱的身体，坚持写了几十幅字。

1971 年　辛亥　89 岁

年初，病中得知周恩来总理问起自己的近况，脸上露出了微笑。

6 月 1 日，病逝于上海。